「そだちあい」のための
子ども家庭支援

吉村美由紀・吉村譲・藤田哲也
【編著】

ミネルヴァ書房

まえがき

　子育て家庭の「心のよりどころ」について考えてみる。人間の愛着行動に関する概念として,「心の安全基地」についてよくいわれている。心の安全基地とは,子どもにとっての愛着対象（母親などの主たる養育者）が幼い子どもに提供する心地よい安定や保護などを保障した環境を意味する。子どもは母親など愛着対象となる養育者を安全基地のように感じると,心が外の世界に向けられ,外的世界を探索することができるようになる。一方で,危険な状態を感じると自分を保護してくれる愛着対象にしがみつく。そして,その危険が過ぎると再び探索を行う。子どもは必要に迫られた時に心のよりどころとなる「安全基地」をもつことによって,辛い境遇や危険を乗り越えていけるようになるという。子どもと関わる保育者も母親等とともに子どもにとっての代替的な愛着対象となり得る。つまり,保育者も保育の現場において子どもの心の安全基地としての役割を果たすであろう。そして現代社会における保育実践の場や,子ども家庭福祉に関わる施設・機関は,"子どもを育てる母親や家族にとっての「心の安全基地」（心のよりどころ）"の一つとなることが求められてきているのではないだろうか。

　近年の法律的な主な動きとして児童福祉法が2016年に改正され,「児童の権利に関する条約の精神」と「子どもの最善の利益」の文言が総則に盛り込まれた。支援の対象は,特別な支援・保護が必要な要保護児童だけではなく,地域のすべての子育て家庭へのきめ細かな支援も示されている。特に妊娠期から乳幼児期を重点にしながら切れ目のない支援が求められている。それに伴って,保育・子育ての専門職である保育者による子育て家庭支援という役割について,より一層の期待が高まっているといえる。また,2015年に子ども・子育て支援新制度がスタートし,保育所と幼稚園の両方の機能をもつ幼保連携型認定こども園が創設され,今後は幼保連携が進められる中,すべての保育者に子どもと子育て家庭の福祉に関する知識,実践力が求められている。さらに保育所保育

指針の改定においては，新たに「子育て支援」という章が設けられ，保育者が保護者の子育てを支援するために子育て家庭の支援ニーズの理解のあり方，支援に必要な基本姿勢や視点，相談支援の技術や機関との連携等を身に付けておくことが求められている。

　本書は保育所，乳児院，児童養護施設，障害児施設等の様々な児童福祉施設や機関，また，認定こども園，幼稚園等の保育者・支援者が行う家庭支援について基礎的なことを取り上げ，また支援の展開，具体例，実践事例などを交えて解説している。主な視点として，以下の4点を中心に学びを深められるようまとめている。

　　①　現代の社会においてなぜ子ども家庭支援が必要なのか，子育て家庭に
　　　　向けた支援の意義・目的の理解。
　　②　子育て家庭に対する支援の実施体制や支援施設・機関の役割，子育て
　　　　家庭のニーズに応じた多様な支援展開の理解。
　　③　子どもと関わる支援者が様々な実践の場において，専門職として子ど
　　　　も家庭支援を行っていくための基本的な考え方，捉え方，実践方法の理
　　　　解。
　　④　社会状況や子ども家庭支援の現状から，今後の課題についての考察。

　本書では，実際の保育・子ども家庭福祉領域で豊富な経験のある方々に具体的な実践事例を多数執筆していただいた。家庭の状況や支援の展開について，可能な範囲でリアルに実情に近づけて描いてあり，具体的にイメージして理論と実践をつなげて考察できるようにまとめた。そのため，本書の事例は現実の経験に基づいて執筆されているが，プライバシー保護にはできるだけ配慮しており，子どもや家族の名前はすべて仮名，趣旨を損ねない範囲で事実の改変・創作を行っている。さらに，意義の理解や知識の習得だけでなく，実践で役立つと思われる技術や応用力を身に付けてもらえるよう，各章や節ごとに設けたグループで話し合うワークを活用しながら疑似体験的に学ぶことができる構成となっている。事例の中にある一つひとつの家族の課題に向き合い，子どもと子育て家族が真に幸せな生活，豊かな人生を歩んでいけるように，保育者として，また人として子育てを支え合うことについて，読者の方々とともに考え，模索する機会となることを願う。

　そして，タイトルにある「そだちあい」には，子どもを中心としてその家族，支援に関わる人も子どもの育ちを支えるプロセスの中でともに世代をつなぎ，相互にエンパワメント（潜在的な力を引き出すこと）されながら，"人としてそだちあっていく"という思いがこめられている。また，文中における「しょうがい」という言葉について，法律等においてはそのまま「障害」と記載しているが，当事者やその家族の方の心情を配慮する意図から，基本的には「障がい」と表記させていただいた。

　本書が皆様にとって，子育て家庭の様々な課題を身近に感じていただき，子ども家庭支援とは何かについて，その根幹を捉えるきっかけとなれば幸いである。そして子どもや家族の思いに耳を傾け，心に寄り添いながら，時には言葉にできない思いを，その方に代わって声を発信するなど，自己決定や意思表明を支援するアドボケーター（代弁者）となってもらえること，また子育て家庭の子どもの育ちを考え，支える存在となって，子育てしやすい社会を構築・創造する担い手となってもらえることを願う。

　最後に，子どもと関わる現場に身を置かれ，事例を執筆して下さった職員の皆様，各専門分野について執筆いただいた専門家の皆様には，編者を代表して心よりお礼を申し上げます。また，ミネルヴァ書房の音田潔さんには本書発刊にあたってのご提案とご尽力を頂き，心より感謝を申し上げます。

2022年3月

吉村美由紀

参考文献

ボウルビィ，J.／二木武監訳／庄司順一訳者代表『ボウルビィ母と子のアタッチメント──心の安全基地』医歯薬出版，1993年。

目　　次

<table>
<tr><td>第 1 章</td><td>子ども家庭支援の意義・役割</td></tr>
</table>

1　子ども家庭支援の意義

　子ども家庭支援の意義（価値・重要性）とは何か。社会の変容に伴って家族形態や家族機能が変化してきている。現代社会では，子どもが育つ家庭や環境等の子どもを取り巻く様々な課題が生じている。そのような社会において，子ども家庭支援とは，子育て家族の機能を補足的，代替的，あるいは一時的，長期的に補う社会のセーフティ機能を果たす意義をもっている。そして，子ども家庭支援はすべての子育て家庭を対象として，子育てに関わる何らかの困難を抱えている家庭を支え，社会全体で子育て家庭の支援とともに子どもの育ちを支える地域，社会の仕組みづくりを行う役割を果たしている。

2　社会状況・環境を含めた支援の必要性
——今，なぜ子ども家庭支援なのか

（1）現代の子どもが育つ家族とは

1）育児不安・子育ての孤立・経済的困難と児童虐待

　子どもを育てている家族について考えてみる。どのようなことを思い浮かべるだろうか。子育て中の家族には，子どもの身の周りの世話はもちろん，子どもが社会に適応していく力や生活に必要な力の獲得等の成長発達を支える多くの役割が担われている。

　近年は家族の形態が多様化して，従来家族が担ってきた子育ての役割や機能に変化が生じている。たとえば，核家族化や共働き家庭の増加，ひとり親家庭の増加によって，家族の中だけで子育ての多くの機能を担うことが難しく，また親族や近隣・知人などに頼るといった地域の子育て力も弱まっている現状がある。このように社会が変容する中，家族の子育ての役割・機能を支える社

会・地域づくりとしての「子ども家庭支援」が重要となってきている。

子育ての仕方がわからない，子どもの育ちに大きな不安をもつなど育児不安を抱える家庭，周りに頼れる人がいないといった孤立した子育てをしている家庭も増えている。近年における家族や保護者が抱えている子育てに関する悩みや不安，課題には，どのようなことがあるだろうか。また，ひとり親家庭が増えている現代では，仕事と家事・育児の両立が厳しく，生活が不安定になり，経済的困難となるリスクも高い。こうした中では，家庭での様々なストレスを子どもに向けてしまう児童虐待が生じやすいといわれている。

子育ては，家庭の中で家族によって行われる大切な役割である。社会の変容や時代とともに子育てのあり方も変化していくものである。これから「子ども家庭支援」を学び，考えるにあたって，現代の子育て環境を視野に入れながら子育て家庭の家族状況の変化を理解することは大切である。そこで，まずは家族，家庭のあり方，子育て家族を取り巻く課題について見ていきたい。

2）家族・家庭とは何か

家族社会学の立場から，森岡清美は「夫婦・親子・きょうだいなど少数の近親者を主要な成員とし，成員相互の深い感情的かかわりあいで結ばれた，幸福（well-being）追求の集団である」と家族を定義している。つまり「家族」とは，血縁や婚姻によってつながりがあるもの，養子縁組などによってつながりをもったもので，精神的な結びつきがある人，またはそうした人々の集まりといったイメージや認識が一般的であろう。また「家庭」とは，家族などが一緒に集まって暮らす生活の場や生活共同体という意味合いで使われることが多い。一緒に生活を送る場所，衣食住・家事・子育て・介護等が営まれる拠点という意味をもっている。

家族の機能について，社会学者のオグバーン（W. F. Ogburn）は近代以前の家族には，①経済，②地位付与，③教育，④保護，⑤宗教，⑥娯楽，⑦愛情の7つの機能があるとした。しかし産業化の進展により，愛情つまりパーソナリティ機能のみ維持され，それ以外の6つの機能はおおむね企業・学校などに吸収されたとして家族機能の縮小論を述べた。また，アメリカの社会学者パーソンズ（T. Parsons）は核家族について2つの機能があるとし，①子どもの社会化，②成人のパーソナリティの安定化を挙げている。社会システムの分化や進

図1-1　世帯の家族類型の推移（1980〜2015年）

	核家族世帯	核家族の内訳			その他の親族世帯（三世代同居含む）	非親族世帯	単独世帯
		夫婦と子どもの世帯	ひとり親と子どもの世帯	夫婦のみの世帯			
1980年	63.3%	44.2%	6.0%	13.1%	20.7%	0.2%	15.8%
	減少	減少	微増	増加	減少	微増	増加
2015年	55.9%	26.9%	8.9%	20.1%	8.6%	0.9%	34.6%

出所：総務省「国勢調査」を基に筆者作成。

化に伴い，家族は専門分化し，家族固有の2つの機能のみを残すとしている。特に子どもの社会化は，他者との相互作用の中で子どもが生活する社会に適切に参加することができるように価値や知識，技術や行動を習得するプロセスであり，家族で子どもを育てる行為そのものがそれにあてはまるだろう。

　現代社会では産業化に伴い核家族化が進行し，家族の小規模化が進み，前述した家族機能を家庭の中だけではなく，家庭外の専門的な施設や機関等によって補う家族機能の外部化が行われている。たとえば，核家族で共働き夫婦とその子どもの家庭において，両親が働きに出ている間，子どもを保育所や託児施設に預けることで家庭の保護機能を補っている。また，家庭での教育機能を学校教育や塾，習い事等を活用して補完している。

3）現代の家族の特徴──家族形態の小規模化・多様化・孤立化の背景

　第2次世界大戦前の日本では，祖父母との同居家族である直系家族制に基づく三世代家族（いわゆる「家制度」）が家族モデルとして理想の家族となっていた。しかし戦後は三世代家族が減少し，夫婦家族制に基づく夫婦と未婚の子どものいる核家族が家族モデルの主流となった。このような家族は，日本では第2次世界大戦後に広がり，1960〜1970年に一般化したといわれている。

　しかし，近年は核家族世帯の数としては増加しているが全体から見た割合は年々減少している（図1-1）。核家族世帯の内，「夫婦と子どもからなる世帯」の割合は減少，三世代同居を含む「その他の親族世帯」も減少している。一方で「単独世帯」および核家族の内，「夫婦のみの世帯」の割合が増加，「ひとり親と子どものいる世帯」が微増しており，家族が小規模化している。その背景

には晩婚化の進行や未婚率の上昇，少子高齢化の進展，離婚の増加がある。

　このように，近年は夫婦とその子どもという核家族が家族の典型ではなくなっており，家族形態が小規模化しているのが特徴である。また，血縁や親族だけでない里親家族，養子縁組家族，子どもを連れての再婚家族（ステップファミリー），事実婚も家族としてみなすこともあり，家族形態や捉え方も時代や社会の流れ，価値観の変容とともに多様化している。また，子育て家族においても家族形態の小規模化が生じており，祖父母との同居家族の減少，一人っ子の増加，きょうだい数の減少により一世帯当たりの人数が減少し，少人数化している。また夫が遠方に単身赴任であり，仕事の休日等に帰省するが多くは家庭に不在という核家族，離婚等によるひとり親家庭の増加がある。そのため，家庭基盤が弱く，特に子どもを育てている世帯においては子育てが母親中心となり，母親のみに子育ての負担が多くかかっている状況も少なくない。

　今日の世帯の多くは，都市に就労先をもつ雇用労働者の世帯である。都市には会社や工場，商店などが多く，様々な職業があり就職の機会も多い。日本では1960〜1970年代の高度成長期を通して，多くの人々が農村地域から都市に出て，商工業等の仕事に就くようになった。こうした都市化された社会では，農村社会とは異なり，個々に勤務先や仕事内容が違うため，生活スタイルが異なり，共通の話題ももちにくくなっている。勤務先や住宅事情の変化により引っ越しも多くなり，その地域に住み続けるといった定住性も弱くなっている。そのため，地域社会の連帯感は弱まり，近隣であっても疎遠であることが多く，地域のコミュニティが形成されにくい。農村社会では近隣が顔見知りであり，地域の中で子どもを見守る風潮が見られ，子育てなどで困った時には近隣や親族間でお互いに助け合ってきた。

　しかし，都市化された現代では，住居形態がアパートやマンションが多く隣近所とのつながりがもちにくいことや，少子化で近所に子どもがいないため，戸外に出て子ども同士遊ぶ機会もなく，世帯間の交流といったつながりも減少し，近隣関係の希薄化，家族の孤立化が起きているといえる。

　さらに1980年代後半から，経済の拡大に伴って外国人労働者が増加し，外国籍人口や国際結婚が増加し，家族内で国籍，文化的背景が異なる多文化家庭の増加といった特徴も見られる。

図1-2　出生数及び合計特殊出生率の年次推移（1947～2016年）

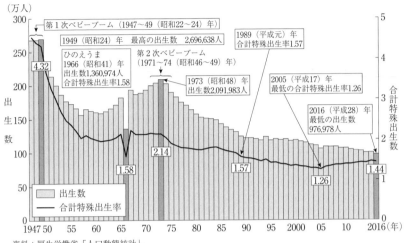

資料：厚生労働省「人口動態統計」。
出所：内閣府HP「出生数・出生率の推移　出生数及び合計特殊出生率の推移」（2020年3月10日閲覧）より抜粋。

（2）子どもを取り巻く社会状況

1）少子社会と育児不安

　まず，現代の子どもの育つ環境でいえることは，子どもの数の減少である。現代における合計特殊出生率（出産可能な年齢〔15～49歳〕において1人の女性が生むと考えられる子どもの数）が人口を維持するために必要とされる水準である2.07を大きく下回り（2018年で1.42），少子化と高齢化が同時に進行する少子高齢社会となっている（図1-2）。少子化が進行すると，きょうだい数の減少，地域に子育て家庭がいないため，子育て世帯との交流が減少する。家族形態の変化による三世帯家族の減少や転勤家庭の増加もあって親族との頻繁な交流も減少し，子育て家庭が孤立しやすくなっていく。また，母親の中には自分の子どもを出産するまで赤ちゃんを抱っこしたことがない，乳幼児と関わったことがないという人も少なくない。待望の赤ちゃんが生まれたが，我が子を目の前にしてどのように育ててよいのか困惑する母親もおり，育児不安が生じやすくなっているといえる。

2）子どもの貧困化

　現代日本は物質的に豊かな時代にあるといわれているが，その一方で経済的格差が生じている。その一例として，子どもの貧困問題が挙げられる。日本における子どもの貧困率は，2015年は13.9％，2018年は13.5％である（2016年国民生活基礎調査）。過去最悪であった2012年の16.3％から改善したが，主要国の中では依然として高く，ひとり親世帯については2015年は50.8％，2018年は48.1％で過半数が貧困状態にある（図1-3）。子ども7人に1人が貧困状態にあり，先進国でつくる経済協力開発機構（OECD）の34カ国平均13.6％（2014年前後）を上回っている。さらに，OECDの国際比較（2016年または最新データ）では，日本の子どもの貧困率は42カ国中21番目に高く，ひとり親世帯の貧困率では，韓国・ブラジルに次いで3番目であり，世界的に見ても貧困率が高いことがわかる。

　人間形成の重要な時期である子ども時代を貧困な状況下で過ごすことは，成長・発達に様々な影響を及ぼす。栄養の欠乏による健康面への悪影響や，意欲・自己肯定感の低下にもつながりやすい。保護者が長時間労働や掛け持ちの就労をせざるを得ないため，子どもとの関わりが減少して子どもが不安定になりやすい。中には保護者が多忙で子どもへの適切なケアが十分に行われず，ネグレクトなど児童虐待に陥る家庭もある。たとえば，朝食をとらずに保育所へ登園する，衣類を着替えずに過ごしている，お風呂に数日間入っていないなど，子どもの様子で気になることがあった場合には，家庭への支援を検討していく必要がある。

3）増え続ける児童虐待の対応

　児童相談所における児童虐待相談件数は，統計を取り始めた1990年以降より年々増加の一途をたどっている。2020年度中に全国220カ所の児童相談所が児童虐待相談として対応した件数は20万5,029件（速報値）であり，これまでで最多の件数となっている（図1-4）。全体の相談件数の増加の背景には，貧困や格差の拡大，育児不安や育児ストレスの深刻化，子育て家庭の孤立化などが挙げられるが，社会全体や地域住民の一人ひとりが児童虐待に対する認識が深まり，意識が高まってきたことも件数増加につながっていると考えられる。

　児童虐待の相談種別対応件数では，2012年までは「身体的虐待」が最多であ

図1-3　世帯構造別にみた相対的貧困率の推移

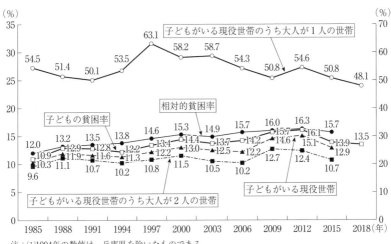

注：(1)1994年の数値は，兵庫県を除いたものである。
　　(2)2015年の数値は，熊本県を除いたものである。
　　(3)貧困率は，OECDの作成基準に基づいて算出している。
　　(4)大人とは18歳以上の者，子どもとは17歳以下の者をいい，現役世帯とは世帯主が18歳以上65歳
　　　未満の世帯をいう。
　　(5)等価可処分所得金額不詳の世帯員は除く。
資料：厚生労働省政策統括官付世帯統計室「国民生活基礎調査」。
出所：厚生労働省HP「2. 統計情報・白書」（2021年10月5日閲覧），筆者改変。

図1-4　児童相談所での児童虐待相談対応件数の推移

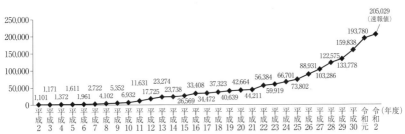

注：平成22年度の件数は，東日本大震災の影響により，福島県を除いて集計した数値。
出所：厚生労働省HP「令和3年度全国児童福祉主管課長・児童相談所長会議資料」（2022年1月10日閲
　　覧）。

表 1 - 1　虐待に至るおそれのある要因（リスク要因）

ア	保護者側のリスク要因
	妊娠，出産，育児を通して発生するものと，保護者自身の性格や精神疾患等の身体的・精神的に不健康な状態から起因するものがある。 ・妊娠そのものを受容することが困難（望まぬ妊娠や10代の妊娠） ・子どもへの愛着形成が十分行われていない（妊娠中に早産等何らかの問題が発生したことで胎児の受容に影響がある。妊娠中又は出産後に長期入院） ・保護者が妊娠，出産を通してマタニティブルーや産後うつ病等精神的に不安定な状況 ・元来性格が攻撃的・衝動的 ・医療につながっていない精神障害，知的障害，慢性疾患，アルコール依存，薬物依存等 ・保護者自身が虐待を受けたことがある ・育児に対する不安やストレスが蓄積しやすい（保護者が未熟である場合等） ・体罰容認などの暴力への親和性
イ	子ども側のリスク要因
	・乳児期の子ども，未熟児，障害児 ・何らかの育てにくさを持っている子ども等
ウ	養育環境のリスク要因
	・未婚を含む単身家庭 ・内縁者や同居人がいる家庭 ・子ども連れの再婚家庭 ・夫婦を始め人間関係に問題を抱える家庭 ・転居を繰り返す家庭 ・親族や地域社会から孤立した家庭 ・生計者の失業や転職の繰り返し等で経済不安のある家庭 ・夫婦の不和，配偶者からの暴力（DV）等不安定な状況にある家庭 ・妊娠中に定期的な妊婦健康診査を受診しない等胎児及び自分自身の健康の保持・増進に努めていない。 ・出産後，定期的な乳幼児健康診査を受診しない等

出所：日本子ども家庭総合研究所編『子ども虐待対応の手引き——平成21年3月31日厚生労働省の改正通知』有斐閣，2009年，22頁を基に筆者作成。

ったが，その後は「心理的虐待」が最も多くなっている。心理的虐待の相談件数が増加した背景には，子どもがいる子育て家庭でのDV（Domestic Violence）といったいわゆる「面前DV」が増加したことが考えられる。また，これまで虐待として認識されにくかった言葉の暴力なども，子どもへの不適切な養育や関わりとして虐待と認識するようになったことが挙げられる。児童虐待は，身体的，精神的，社会的，経済的等いくつかの要因が複雑に絡み合って生じると考えられている。これまでの実態調査や事例検証を通して，児童虐待に至るお

それのある要因（リスク要因）として，保護者，子ども，養育環境といった3つの視点によるリスク要因が挙げられている（表1-1）。

このようなリスク要因は，危機状況にある家族や子育てに困難を感じている家族を見極めるための目安としては重要である。しかし，これらのリスク要因を多く抱えているからといって，必ずしも虐待につながるわけではない。保健，医療，福祉，保育，教育等の関係者が予防的な支援を行うにあたって，リスク要因の把握とともにどのような支援を必要としているのか早期にアセスメントし，支援につなげていくことが大切である。特に最近は，少子化や核家族化，コミュニティの崩壊や経済不況等も重なって様々な生きづらさ，子育ての困難さを抱えている家庭が少なくない。児童虐待を特別な家族の問題として捉えるのではなく，どのような家庭にも起こりうるものとして捉える必要がある。このような認識に立ち，すべての家庭を対象として子ども虐待予防・防止の観点をもちながら家庭支援を進めていく必要がある。

（3）家庭（養育環境）を含めた子どもへの支援の必要性

これまで見てきたように，社会の変容に伴って家族や家族機能が縮小し，社会が家族機能を補う必要性が生じている。また，現代の子どもが育つ家庭における貧困，子育て不安，児童虐待といった養育環境の課題などがある。こうした課題を踏まえ子どもが育つ環境を社会全体で支え，子どものよりよい育ちを中心に置きながら，子どもにとっての第一義的な養育環境の場となっている家庭への支援を模索していくことが必要である。

3　児童福祉から子ども家庭福祉へ
——子ども家庭支援の目的・機能の変化

子ども家庭支援が目指す目的を考えるにあたり，子どもの権利保障の視点が基本である。子ども家庭支援に関連して法的（児童の権利に関する条約・児童福祉法，保育所保育指針など）には，どのように示されているのだろうか。子どもと家族は一体的なものであり，子どもの最善の利益を軸にしながら家庭支援を考えていくことが大切である。

（1）子ども家庭福祉の目指すもの

1）「子どもの保護」から「すべての子どもの健全育成」へ

第2次世界大戦後の1947年に児童福祉法が公布された。戦前の社会福祉制度（恤救規則・救護法など）において児童福祉の対象は血縁・地縁に頼ることのできない13歳以下の児童のみを対象としていたのに対して，戦後の児童福祉法では「すべての児童」を対象としたことや，「児童の権利を明らかにした」ことにより，戦後の民主化を具現化する画期的なものであった。

その後も児童福祉に関する施策は時代とともに変化し，児童福祉法においても時代の状況に合わせて現在も改正が続けられている。第2次世界大戦の直後は戦災孤児の救済保護といった，保護を必要とする児童に対する措置的な施策が主に展開されてきた。しかし，高度経済成長期（1955～1973年）に入ると，都市部を中心に共働き家庭，つまり母親の就労が増えていき，日中に家庭で養育できない子どもを対象とした保育所などが増えていく。現代においては，児童福祉の対象を保護の必要のある子どもだけではなく，すべての子どもを対象として，健全育成を図っていくこと，子どもを育てている家庭や地域社会も対象として，「子ども家庭支援」という広い捉え方で，より積極的な支援が必要であると考えられるようになった。

2）「児童福祉」から「子ども家庭福祉」へ

1989年に国連総会で採択された国際的な規約である児童の権利に関する条約（以下，子どもの権利条約）では，その前文で「家族が，社会の基礎的な集団として，並びに家族のすべての構成員特に児童の成長及び福祉のための自然な環境として，社会においてその責任を十分に引き受けることができるよう必要な保護及び援助を与えられるべきである」こと，「児童が，その人格の完全なかつ調和のとれた発達のため，家庭環境の下で幸福，愛情及び理解のある雰囲気の中で成長すべきである」と明記している。また，子どもの成長過程における家庭の意義，役割の重要性が示されており，幸福で愛情豊かな家庭の下で育つべきであることが述べられている。

さらに，子どもの権利条約においては子どもを保護の対象として受動的な権利をもつだけではなく，自らの権利や意思を主張する能動的権利をもつものと位置づけている。このように，保護的な役割に限定されていた「児童福祉」か

ら，子どもの育つ家庭や地域など養育環境も含めた「子ども家庭福祉」への転換がなされることにより，より広範囲な環境面やより安定的な福祉の増進を目指す観点が必要とされるようになった。

3）子どもの最善の利益の保障を前提とした家庭支援

子どもの権利条約第3条には，「児童に関するすべての措置をとるに当たっては，公的若しくは私的な社会福祉施設，裁判所，行政当局又は立法機関のいずれによって行われるものであっても，児童の最善の利益が主として考慮されるものとする」と示されている。日本では，この条約を批准した1994年を契機として，子どもの福祉をはじめとした主な諸施策が見直され，条約にある「子どもの最善の利益」のキーワードが基本原則として示されている。

保育所保育指針においても，保育所保育における基本原則で「保育を必要とする子どもの保育を行い，その健全な心身の発達を図ることを目的とする児童福祉施設であり，入所する子どもの最善の利益を考慮し，その福祉を積極的に増進することに最もふさわしい生活の場でなければならない」としている。

このように，子どもに関わる主たる法規に記されている子どもの最善の利益とは，子どもにとって最もよいことを考慮していくべきである，ということである。子ども家庭支援の中で，これに関連して子どもの最善の利益を考慮，判断していく際に悩む実践場面がある。保育所などでは実際にはどのような場面のことを指しているのだろうか。具体例を1つ挙げてみる。

事　例

　ゆきちゃん（1歳）の家庭は，ひとり親家庭であり，保育所で延長保育を毎日利用している状況にある。母親は就労のため朝7時から夜19時まで，休日も保育を利用している。そのため，ゆきちゃんと接する時間がほとんどなく，母親と一緒に過ごせないので，ゆきちゃんは情緒不安定な状況が続いている。

ゆきちゃんの家庭への支援について，子どものことを優先して考えると，保育所利用時間を減らして親子で過ごせる時間をできるだけ増やすことが，子どもにとって最も良いと考えられる。しかし，ひとり親家庭である事情からすると，母親が経済的収入源となっている仕事と家事，子育てをすべて一人でやりくりをしており，精一杯の生活状況でもある。母親にとっては保育所利用時間

を少なくすることで収入の減少につながる場合や，職場との調整が困難でストレスを抱えるといった事態が生じるかもしれない。

　保育者は個々の家庭の事情を考慮しながら，子どもにとってよりよい養育環境を母親とともに考え，支援の方法を模索しなければならない。家庭の養育と保育のあり方の両方を見直し，どのような支援を行っていくことが子どもの情緒の安定，成長発達をより保障できるかを長期的，総体的な視点をもちながら考えていくことが必要である。事例にある「ゆきちゃんの家庭」に向けて，どのような支援が考えられるだろうか。子どもの最善の利益を考えながら，保育所で行える母親と子どもに向けた支援について話し合ってみてほしい。

（2）子ども家庭支援の機能の捉え方──家族の潜在的機能を活かして

　現代社会では，子どもがいる家庭に関する多様で複合的な課題が，どの家庭でも起こりうるものとして捉える必要性が指摘されてきている。子どもや家庭を取り巻く社会状況，環境の変化を捉え，適切な支援に結びつけることができるよう，社会全体で子ども家庭支援の体制を拡充させていく必要がある。

　そして子ども家庭支援では，何らかの支援を必要としている子育て家族に向けて，必要な生活上の機能や役割が円滑に果たされるよう支援する。また家族の潜在的な機能を取り戻して回復できるよう支え，子どもの育ちを保障していくことを目的とする。したがって，支援にあたっては子育て家族が本来もっている子育て力や子育て機能に働きかけ，その家族が潜在的にもっている機能を発揮できるように促していくよう，家族の支援ニーズを適切にアセスメントし，支援することが大切である。

　子ども家庭支援は，その家庭状況によって支援の必要性の高さが異なり，家族のニーズに合わせて支援機能を活用する。支援機能は主に家庭代替的機能と家庭補完的機能に分けることができる。たとえば支援の必要性が高く長期的な支援が必要な家族の場合，児童養護施設や乳児院などの入所施設や里親のもとで子どもを養育する家庭代替的機能を利用することとなる。支援の必要性において部分的，一時的な養育支援を必要とする家族の場合，保育所や一時預かり事業の利用といった家庭補完的機能を活用することとなる。

　さらに，家族によっては児童虐待や家庭内暴力など家族の機能の大部分が失

図1-5 親子関係の悪循環サイクルと好循環サイクル

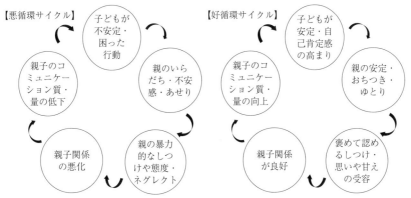

出所：伊藤嘉余子・野口啓示編著『家庭支援論』ミネルヴァ書房，2017年，38頁を参考にして筆者作成。

われているいわゆる機能不全家族がある。そのような家族においては介入的な支援を行い，家庭代替的機能による支援が必要となってくる。児童虐待の生じている家族などにおいては子育ての悪循環サイクル（図1-5）が生じていることが多く，この循環を変換していけるような外部（第三者）からの介入的な働きかけといった支援が重要となる。最終的には好循環サイクルへ変換していけるよう様々な機関や専門職等が関わり，連携しながら支援をしていく。

参考文献

阿部彩「コロナ禍の中で本当にやるべきこと――なぜ，日本はここまで『子どもの貧困大国』になってしまったのか」「PRESIDENT WOMAN Online」（2022年2月9日閲覧）。

伊藤嘉余子・野口啓示編著『家庭支援論』（MINERVA はじめて学ぶ子どもの福祉⑩）ミネルヴァ書房，2017年。

成清美治・高橋紀代香編著『家族援助』学文社，2007年。

日本子ども家庭総合研究所編『子ども虐待対応の手引き』有斐閣，2009年。

日本財団・三菱 UFJ リサーチ＆コンサルティング「子どもの貧困の社会的損失推計レポート」2015年12月（2022年2月9日閲覧）。

森岡清美・望月嵩『新しい家族社会学 四訂版』培風館，2006年。

第2章　法律・社会資源・施策
——子ども家庭支援を支える基盤・体制・資源

1　子ども家庭支援のための法律

（1）法令のしくみ

　日本の法体系は，日本国憲法を頂点としたピラミッド構造になっており，下位の法規範である法律，政令，省令・府令，告示，通知・通達・条例などは，その上位の法規範を具体化している（表2-1参照）。日本国憲法第25条第1項では，「すべて国民は，健康で文化的な最低限度の生活を営む権利を有する」と生存権について記されている。この生存権を保障するための具体的な仕組みが，児童福祉法などの法令に基づく社会福祉制度である。

　たとえば，未就学児を教育・保育する施設としては，幼稚園や保育所，認定こども園などがある。このうち保護者が働いている子どもの生存権を保障するために，児童福祉法第24条には「市町村は，この法律及び子ども・子育て支援法の定めるところにより，保護者の労働又は疾病その他の事由により，その監護すべき乳児，幼児その他の児童について保育を必要とする場合において，次項に定めるところによるほか，当該児童を保育所（認定こども園法第3条第1項の認定を受けたもの及び同条第11項の規定による公示がされたものを除く。）において保育しなければならない」と規定されている。この「保育を必要とする場合」については，内閣府令である子ども・子育て支援法施行規則第1条の5において具体的に列挙されている。子ども家庭支援を行う際には，まずこのような法令を遵守することが大切である。

（2）子どもの権利保障
1）児童の権利に関する条約

　児童の権利に関する条約（以下，子どもの権利条約）は，児童の権利に関する

表2-1 子ども家庭支援に関する法体系

法令等	部 局	意 味	具体例
憲 法	国 会	国の最高法規	・日本国憲法
法 律	国 会	憲法に反しない範囲で制定	・児童福祉法 ・児童虐待の防止等に関する法律
政 令	内 閣	法律の実施のために必要な命令	・児童福祉法施行令
省 令府 令	各大臣	法律や政令を施行するための命令	・児童福祉法施行規則 ・子ども・子育て支援法施行規則 ・児童福祉施設の設備及び運営に関する基準
告 示	各 省	法令を広く公示	・保育所保育指針
通 知通 達	担当部局	法令の解釈や運用などを提示	・児童相談所運営指針
条 例	地方公共団体	各自治体の議会の議決により制定	・各自治体の子どもの権利条例や青少年保護条例

出所：筆者作成。

宣言・採択30周年記念日である1989年11月20日に国際連合で採択され，1990年9月2日に発効している。2021年8月現在の締約国・地域数196である。

　この条約ができるまで，1924年に国際連盟で，1959年に国際連合で，それぞれ別々の「児童の権利に関する宣言」が出された。しかしながら，この宣言は法的拘束力がないため，子どもの権利を保障する実効性に欠けていた。条約は法的拘束力があるので，その条約を批准した締約国では子どもの権利がどのように保障されているか，原則として初回は2年以内，それ以降は5年ごとに，国連・児童の権利に関する委員会に報告する義務がある。日本ではこの条約を1994年に批准した。最新の第4・5回政府報告は2019年1月16・17日に審査され，2月1日に委員会から総括所見が出されている。

　この条約では，18歳未満の子どもを「保護の客体」だけでなく「権利行使の主体」として位置づけており，生きる権利や育つ権利，守られる権利のような能動的権利と，参加する権利のような受動的権利の両方を認めている（図2-1参照）。2016年に改正された児童福祉法では，第1条に「児童の権利に関する条約の精神にのっとり」と明記された。また第2条に「児童の年齢及び発達の程度に応じて，その意見が尊重され，その最善の利益が優先して考慮され」と

図 2 - 1　児童の権利に関する条約・4 つの子どもの権利

生きる権利

住む場所や食べ物があり，医療を受けられるなど，命が守られること

（例）第 2 条，第 6 条，第24条，第27条

育つ権利

勉強したり遊んだりして，もって生まれた能力を十分に伸ばしながら成長できること

（例）第 5 条，第14条，第20条，第28条

守られる権利

紛争に巻きこまれず，難民になったら保護され，暴力や搾取，有害な労働などから守られること

（例）第16条，第19条，第23条

参加する権利

自由に意見を表したり，団体を作ったりできること

（例）第12条，第13条，第15条，第17条

出所：日本ユニセフ協会「子どもの権利条約」（2022年 1 月 7 日閲覧）に筆者加筆。

記されたように，条約第 3 条の子どもの最善の利益や条約第12条の子どもの意見表明権が反映されている。

2）児童憲章

児童憲章は，1951年 5 月 5 日に制定された。前文と12条からなる。その冒頭には「われらは，日本国憲法の精神にしたがい，児童に対する正しい観念を確立し，すべての児童の幸福をはかるために，この憲章を定める」と書かれているように，子どもに対する大人の心構えが記されている。また，その末尾が「～られる」というように受動態で書かれていることから，子どもを保護の客体と見ていたこともわかる。この児童憲章は，現在でも妊婦に交付される母子健康手帳に全文が掲載されている。

（3）児童福祉六法

その分野の中で大切な法律を称して，「六法」ということがある。社会福祉分野では，生活保護法，児童福祉法，母子及び父子並びに寡婦福祉法，老人福祉法，身体障害者福祉法，知的障害者福祉法を「福祉六法」と総称している。子ども家庭支援においては，児童福祉法，児童扶養手当法，特別児童扶養手当等の支給に関する法律，母子及び父子並びに寡婦福祉法，母子保健法，児童手当法が「児童福祉六法」と呼ばれている。

1）児童福祉法

　子ども家庭支援の中心となる法律は，第二次世界大戦後の1947年に制定され
た児童福祉法である。最初は保護が必要な子どものための「児童保護法」とし
て作られていたが，すべての子どもを対象とする「児童福祉法」として制定さ
れた。この児童福祉法は，制定後，毎年のように改正されてきたが，その理念
である第1〜第3条が以下のように抜本的に見直されたのは2016年である。

　「**第1条**　全て児童は，児童の権利に関する条約の精神にのつとり，適切に
　　養育されること，その生活を保障されること，愛され，保護されること，
　　その心身の健やかな成長及び発達並びにその自立が図られることその他
　　の福祉を等しく保障される権利を有する。

　第2条　全て国民は，児童が良好な環境において生まれ，かつ，社会のあ
　　らゆる分野において，児童の年齢及び発達の程度に応じて，その意見が
　　尊重され，その最善の利益が優先して考慮され，心身ともに健やかに育
　　成されるよう努めなければならない。

　② 　児童の保護者は，児童を心身ともに健やかに育成することについて第
　　一義的責任を負う。

　③ 　国及び地方公共団体は，児童の保護者とともに，児童を心身ともに健
　　やかに育成する責任を負う。

　第3条　前2条に規定するところは，児童の福祉を保障するための原理で
　　あり，この原理は，すべて児童に関する法令の施行にあたつて，常に尊
　　重されなければならない。」

　この第1〜3条を踏まえ，第3条の2では，国や地方公共団体は児童が「家
庭」において心身ともに健やかに養育されるよう，児童の保護者を支援しなけ
ればならないと「家庭養育優先の原則」を明記した。しかしながら，子どもを
家庭で養育することが困難であったり適当でない場合は，子どもが「家庭にお
ける養育環境と同様の養育環境」において継続的に養育されるよう，また児童
を家庭及び当該養育環境において養育することが適当でない場合は，「児童が
できる限り良好な家庭的環境」において養育されるよう，必要な措置を講じな
ければならないとした（図2-2参照）。

図 2 - 2　家庭と同様の環境における養育の推進

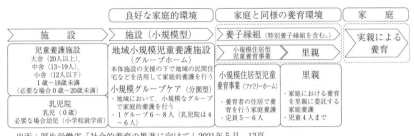

出所：厚生労働省「社会的養育の推進に向けて」2021年5月，13頁。

2）児童扶養手当法

児童扶養手当法は1951年に制定され，ひとり親家庭のような「父又は母と生計を同じくしていない児童が育成される家庭の生活の安定と自立の促進に寄与するため，当該児童について児童扶養手当を支給し，もつて児童の福祉の増進を図ることを目的」としている（第 1 条）。

同法ができた時は，その対象が「父と生計を同じくしていない児童」である母子家庭となっていたが，2010年 8 月からは第 1 条が改正され，父子家庭にも支給されるようになった。また2012年 8 月からは，配偶者からの暴力（DV）により裁判所からの保護命令が出された場合も支給対象となった。さらに2019年11月からは，年 3 回だった支給回数が年 6 回になり，奇数月に各 2 カ月分を受け取ることができるようになった。

3）児童手当法

児童手当法は1971年に制定され，「子ども・子育て支援の適切な実施を図るため，父母その他の保護者が子育てについての第一義的責任を有するという基本的認識の下に，児童を養育している者に児童手当を支給することにより，家庭等における生活の安定に寄与するとともに，次代の社会を担う児童の健やかな成長に資することを目的」としている（第 1 条）。

制定当初から徐々に支給対象を広げており，所得制限があるものの，現在は中学校修了（15歳に到達後の最初の年度末）まで，原則として国内に住所を有する児童に支給されている。

4）母子保健法

母子保健法は，1965年に制定された。その目的は「母性並びに乳児及び幼児

の健康の保持及び増進を図るため，母子保健に関する原理を明らかにするとともに，母性並びに乳児及び幼児に対する保健指導，健康診査，医療その他の措置を講じ，もつて国民保健の向上に寄与すること」である。

　具体的には，新生児の訪問指導（第11条），1歳6カ月児や3歳児の健康診査（第12条），母子健康手帳の交付（第16条），産後ケア事業（第17条の2），未熟児の訪問指導（第19条），母子健康包括支援センター（子育て世代包括支援センター，第22条）等が規定されている。

5）母子及び父子並びに寡婦福祉法

　母子及び父子並びに寡婦福祉法は，1964年に制定された母子福祉法に端を発する。この時は母子家庭だけを対象としていたが，1981年には母子及び寡婦福祉法と改正された。さらに2014年には父子家庭も対象とし，母子及び父子並びに寡婦福祉法となった。

　この法律の目的は，「母子家庭等及び寡婦の福祉に関する原理を明らかにするとともに，母子家庭等及び寡婦に対し，その生活の安定と向上のために必要な措置を講じ，もつて母子家庭等及び寡婦の福祉を図ること」である（第1条）。具体的には，母子・父子自立支援員（第8条），母子父子寡婦福祉資金の貸付け（第13条，第31条の6，第32条），母子父子寡婦家庭日常生活支援事業（第17条，第31条の7，第33条），母子父子寡婦家庭就業支援事業（第30条，第31条の9，第35条），母子父子家庭自立支援給付金（第31条，第31条の10）などについて定められている。

6）特別児童扶養手当等の支給に関する法律

　特別児童扶養手当等の支給に関する法律は，1964年に制定された。この法律は「精神又は身体に障害を有する児童について特別児童扶養手当を支給し，精神又は身体に重度の障害を有する児童に障害児福祉手当を支給するとともに，精神又は身体に著しく重度の障害を有する者に特別障害者手当を支給することにより，これらの者の福祉の増進を図ることを目的」としている（第1条）。

　この3つの手当とも所得制限があるが，特別児童扶養手当と障害児福祉手当は20歳未満の障害児に支給され，この2つは併給できる。特別障害者手当は20歳以上の障害者に支給される。

（4）その他の子ども家庭支援に関する法律

1）児童虐待の防止等に関する法律

　児童虐待の防止等に関する法律は，2000年に制定された。ここでの「児童虐待」とは，保護者がその監護する18歳未満の子どもに対して，①殴る，蹴る，異物を飲ませるなど子どもを故意に病気にする（代理によるミュンヒハウゼン症候群），激しく揺さぶり脳を傷つける（乳幼児揺さぶられ症候群），やけどを負わせる，風呂等で溺れさせるなどの「身体的虐待」，②子どもへの性的行為の強要や教唆，性的行為や性器を見せるなどの「性的虐待」，③家に閉じ込める，食事を与えない，ひどく不潔にする，自動車の中に放置する（車中放置），保護者以外の同居人が身体的虐待や性的虐待，心理的虐待をしていても止めない，病気になっても医療を受けさせない（医療ネグレクト），保護者が子どもに登校をさせない（教育ネグレクト）などの「ネグレクト」，④言葉による脅し，無視，きょうだい間での差別的扱い，子どもがドメスティックバイオレンス（DV）を目撃する（面前DV）などの「心理的虐待」を行うことである。

　同法第6条では「児童虐待を受けたと思われる児童を発見した者は，速やかに，これを市町村，都道府県の設置する福祉事務所若しくは児童相談所又は児童委員を介して市町村，都道府県の設置する福祉事務所若しくは児童相談所に通告しなければならない」と規定している。この通告は児童虐待の確証がなくても疑いの段階で行ってよいとされており，もし違っていたとしても責任を問われることはない。また特に，学校や児童福祉施設のような子ども関係の団体や，その教職員など児童の福祉に職務上関係のある者は，児童虐待を発見しやすい立場にあることを自覚し，児童虐待の早期発見に努めなければならない。

2）配偶者からの暴力の防止等及び被害者の保護等に関する法律

　配偶者からの暴力の防止及び被害者の保護等に関する法律（DV防止法）は，男性・女性を問わず，事実婚や元配偶者を含む「配偶者からの暴力に係る通報，相談，保護，自立支援等の体制を整備することにより，配偶者からの暴力の防止及び被害者の保護を図るため」と目的を定めている（前文）。また生活の本拠を共にする交際相手からの暴力についても，同法を準用できる。

　DVに関する相談は，婦人相談所などが行っている配偶者暴力相談支援センターや警察などでできる。配偶者から逃れたい時は，婦人相談所の一時保護や，

母子生活支援施設等への一時保護委託が利用できる。また，カウンセリングや自立生活促進のための情報提供なども，配偶者暴力相談支援センターで行っている。また被害者からの申し立てにより，裁判所が配偶者に対して，被害者への接近禁止命令や，電話等禁止命令，退去命令等の保護命令を出すことができる。

3）少子化社会対策基本法

少子化社会対策基本法は，「少子化に対処するための施策を総合的に推進し，もって国民が豊かで安心して暮らすことのできる社会の実現に寄与することを目的」としている（第1条）。そのために，国と地方公共団体，事業主，国民の責務について規定し，内閣府に少子化社会対策会議を置いている（第18条）。

第7条では，少子化に対処するための施策の指針として，総合的かつ長期的な少子化に対処するための施策の大綱である少子化社会対策大綱を策定することにしている。これは2004年，2010年，2015年，2019年と5年ごとに4回策定されている。この特徴として，子育て支援やワーク・ライフ・バランスなど，現状を踏まえて達成すべき数値目標を掲げていることである。

4）次世代育成支援対策推進法

次世代育成支援対策推進法は，「次代の社会を担う子どもを育成し，又は育成しようとする家庭に対する支援その他の次代の社会を担う子どもが健やかに生まれ，かつ，育成される環境の整備のための国若しくは地方公共団体が講ずる施策又は事業主が行う雇用環境の整備その他の取組」（第2条）である，次世代育成支援対策に関する必要事項を定めている。その責務は国，地方公共団体，事業主，国民にあるとしており（第1条），国が行動計画策定指針を（第7条），地方公共団体が行動計画を（第8・9条），事業主も行動計画を策定することとしている（第12・19条）。

この法律は，2003年に成立した時に10年間の時限立法として施行されたが，2014年の改正で有効期限が10年間延長され，2024年度末までとなっている。

5）子ども・子育て関連3法

子ども・子育て関連3法とは，2012年8月に成立した子ども・子育て支援新制度の根拠となっている法律のことである。具体的には，①子ども・子育て支援法，②就学前の子どもに関する教育，保育等の総合的な提供の推進に関する

法律の一部を改正する法律（認定こども園法の一部改正法，とも呼ばれている），③
子ども・子育て支援法及び就学前の子どもに関する教育，保育等の総合的な提
供の推進に関する法律の一部を改正する法律の施行に伴う関係法律の整備等に
関する法律（児童福祉法の一部改正等関係法律の整備法，とも呼ばれている），であ
る。

これにより，幼稚園や保育所，認定こども園を通じた共通の給付である「施
設型給付」や家庭的保育・小規模保育・事業所内保育・居宅訪問型保育への給
付である「地域型保育給付」の創設，子ども・子育て家庭を対象とする13事業
からなる「地域子ども・子育て支援事業」の充実などが推進された。

6）育児休業，介護休業等育児又は家族介護を行う労働者の福祉に関する法律

育児休業，介護休業等育児又は家族介護を行う労働者の福祉に関する法律は，
「育児休業及び介護休業に関する制度並びに子の看護休暇及び介護休暇に関す
る制度を設けるとともに，子の養育及び家族の介護を容易にするため所定労働
時間等に関し事業主が講ずべき措置を定めるほか，子の養育又は家族の介護を
行う労働者等に対する支援措置を講ずること等により，子の養育又は家族の介
護を行う労働者等の雇用の継続及び再就職の促進を図り，もってこれらの者の
職業生活と家庭生活との両立に寄与することを通じて，これらの者の福祉の増
進を図り，あわせて経済及び社会の発展に資することを目的」としている（第
1条）。

このうち育児休業は，労働者（日々雇用される者を除く）が，その子どもを養
育するために取得する休業をいう。この場合，特別養子縁組のために試験的に
養育している期間だったり，養子縁組里親に委託されている子どもを養育して
いる場合も含まれる（第2条第1項第1号）。この対象は，原則として1歳未満
の子どもがいる男女労働者である（第5条）。しかしながら，保育所に入所でき
ない等の理由がある時は1歳6カ月まで，それでも復帰が難しい時は2歳まで
育児休業を再延長することができる。また両親共に育児休業をする場合（パ
パ・ママ育休プラス）は，原則1歳までの休業期間を2カ月延長し，1歳2カ月
まで延長できる。また2022年10月からは，子どもの出生後8週間以内に4週ま
で取得できる産後パパ育休（出生時育児休業）が創設され，育児休業を分割して
取得できるようになる。

子どもの看護休暇制度は，小学校就学前の子を養育する労働者が事業主に申し出ることにより，1年度において5日まで，1日単位か半日単位で取得することができる（2021年1月1日からは，時間単位で取得可）。これは労働者に与えられる年次有給休暇とは別の制度で，病気やけがをしやすい未就学児を育てながら，ワーク・ライフ・バランスを取りやすくするためのものである。

このほか，同法では短時間勤務制度や残業免除制度などが記されている。また企業によっては，フレックスタイム制度や時差出勤制度などがあるところもある。

（5）幼児教育・保育に関する法令

1）保育所保育指針

保育所は，児童福祉法第39条に基づき，「保育を必要とする乳児・幼児を日々保護者の下から通わせて保育を行うことを目的とする施設」である。この保育所での保育は，「養護及び教育を一体的に行うことをその特性とし，その内容については，厚生労働大臣が定める指針に従う」ことになっている（児童福祉施設の設備及び運営に関する基準第35条）。この指針を「保育所保育指針」といい，1965年に策定されてから，1990年，1999年，2008年の4回の改定を経て，現在は2017年3月31日に公示され，2018年4月1日より適用されている。

その内容は，第1章総則，第2章保育の内容，第3章健康及び安全，第4章子育て支援，第5章職員の資質向上，となっている。各保育所では，ここで記されている基本原則等を踏まえ，子どもや保護者，地域等の実態に応じて創意工夫することが求められている。

2）幼稚園教育要領

幼稚園は，学校教育法第22条に根拠を有し「義務教育及びその後の教育の基礎を培うものとして，幼児を保育し，幼児の健やかな成長のために適当な環境を与えて，その心身の発達を助長することを目的」とする学校の一つである。同法25条では，「幼稚園の教育課程その他の保育内容に関する事項は，…（中略）…文部科学大臣が定める」とされており，学校教育法施行規則第38条では「幼稚園の教育課程その他の保育内容については，この章に定めるもののほか，教育課程その他の保育内容の基準として文部科学大臣が別に公示する幼稚園教

育要領によるものとする」となっている。

　幼稚園教育要領は，1956年に制定されてから，1954年，1964年，1989年，1998年，と4回の改訂が行われ，2017年3月31日に公示され，2018年4月1日より適用された第4次改訂が最新版となっている。その内容は，序章，第1章総則，第2章ねらい及び内容，第3章教育課程に係る教育時間の終了後等に行う教育活動などの留意事項，である。

3）幼保連携型認定こども園教育・保育要領

　認定こども園には，幼保連携型・幼稚園型・保育所型・地方裁量型の4つがある。このうち幼稚園型は幼稚園教育要領，保育所型は保育所保育指針に基づいて教育や保育を行うが，幼保連携型は幼保連携型認定こども園教育・保育要領を踏まえて教育・保育を行う。

　就学前の子どもに関する教育，保育等の総合的な提供の推進に関する法律（認定こども園法，とも呼ぶ）第10条第1項には「幼保連携型認定こども園の教育課程その他の教育及び保育の内容に関する事項は，…（中略）…主務大臣が定める」となっている。この場合の主務大臣とは，内閣府・文部科学省・厚生労働省の大臣であり，「幼保連携型認定こども園教育・保育要領」が2014年4月に制定され，2015年4月に施行した。最新のものは2017年3月31日に公示され，2018年4月1日より適用された第1次改訂である。その内容は，第1章総則，第2章ねらい及び内容並びに配慮事項，第3章健康及び安全，第4章子育ての支援，となっている。

2　子ども家庭支援を行うための社会資源

（1）子育て家庭への支援を行うための制度の意義

　子育て家庭へ支援を行うのは，その家庭に子育てへの不安や負担感など，何らかの生活問題があるからである。それを解決する時に，主に悩みを抱えている方から話を聞き，問題を解決するために助言したり一緒に解決策を考えて，その人の心理に働き掛けるのがカウンセラーである。一方ソーシャルワーカーは，その人と環境（家族や友人，学校，関係機関，地域など）との接点に介入し，問題解決の手助けをする。その問題解決のために活用されるのが，法律や制度，

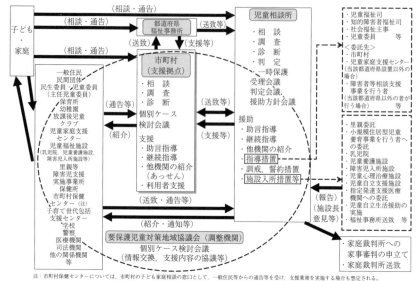

図 2-3　子ども家庭支援の系統図

注：市町村保健センターについては、市町村の子ども家庭相談の窓口として、一般住民等からの通告等を受け、支援業務を実施する場合も想定される。

出所：厚生労働省「市町村子ども家庭支援指針」（ガイドライン）2021年。

サービス，関係機関や施設，専門職，家族，友人・知人，集団，個人，といった社会資源である。社会資源には，フォーマル（公的）なものとインフォーマル（非公式）なものがある（図 2-3 参照）。ここではフォーマルな社会資源は公的なサービス等を専門的かつ安定して継続的に提供されるものであり，インフォーマルな社会資源は私的な人間関係により提供されるものとする。

　私たちはこの社会資源がどのようなものか理解した上で，この社会資源を使う根拠を明らかにし，使える社会資源を探し，子育て家庭に提示する。その中からどの社会資源を使うかを決めるのは，子育て家庭である。そのような選択と自己決定を大切にしながら，子育て家庭と社会資源をつないでいく。使える社会資源がない時は，新たに創り出すこともある。

（2）フォーマルな社会資源

1）行政機関

①　福祉事務所

　福祉事務所は，社会福祉法第14条に基づいて，福祉六法（生活保護法，児童福祉法，母子及び父子並びに寡婦福祉法，老人福祉法，身体障害者福祉法及び知的障害者福祉法）に定める援護や育成，更生の措置に関する事務等を行う，住民に一番身近な行政機関である。正式には「福祉に関する事務所」といい，都道府県と市（特別区を含む）に設置が義務づけられており，町村は任意設置となっている（2021年4月1日現在，町村は46カ所設置されている）。

　このうち市（特別区を含む）と町村に設置されている福祉事務所は，福祉六法全般を担当している。都道府県福祉事務所は，福祉事務所を設置していない町村を担当する（第14条第2項）。現在では，老人福祉法と身体障害者福祉法，知的障害者福祉法に関する事務は市町村で行っているため，都道府県福祉事務所は，生活保護法，児童福祉法，母子及び父子並びに寡婦福祉法を所管している。

②　児童相談所

　児童相談所は，児童福祉法第12条に基づき，都道府県（指定都市を含む）に設置が義務づけられている。また政令による指定を受けた中核市や特別区にも設置することができる。また2016年に改正された児童福祉法の附則では，政府は施行後5年を目途として，中核市や特別区が児童相談所を設置できるよう，必要な措置を講ずるものとされている。

　その業務は，子どもやその家庭等からの養護相談や保健相談，障害相談，非行相談，育成相談に応じた在宅指導や児童福祉施設入所措置などの対応である（図2-4参照）。

　なお，1947年に児童福祉法に児童相談所が位置づけられて以来，児童相談所は障がいのある子どもたちも含めてすべての子どもを対象としてきた。しかしながら，児童虐待のように緊急性や高度な専門性が必要な相談が増えたことや，広域を対象とする児童相談所よりも市町村の方が住民にとって利便性の良いことも多いため，2005年度より市町村が児童家庭相談に応じることになった。これに伴い，都道府県（児童相談所）の役割は，より専門的な知識や技術を必要

図2－4　児童相談所における相談援助活動の体系・展開

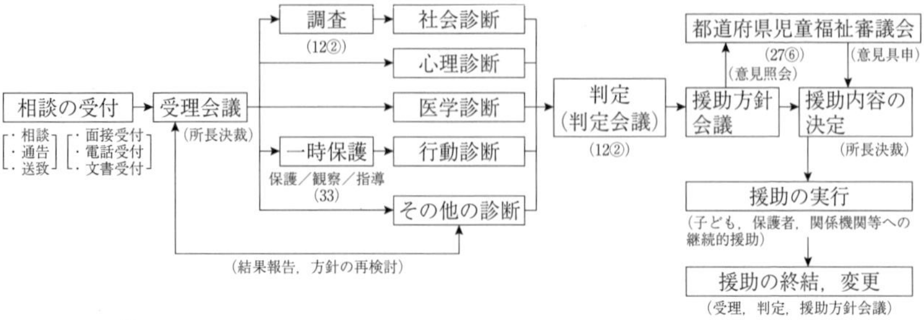
相談の受付
・相談
・通告
・送致
・面接受付
・電話受付
・文書受付
受理会議
(所長決裁)
調査
(12②)
一時保護
保護／観察／指導
(33)
社会診断
心理診断
医学診断
行動診断
その他の診断
(結果報告，方針の再検討)
判定
(判定会議)
(12②)
援助方針会議
都道府県児童福祉審議会
(27⑥)
(意見照会)
(意見具申)
援助内容の決定
(所長決裁)
援助の実行
(子ども，保護者，関係機関等への継続的援助)
援助の終結，変更
(受理，判定，援助方針会議)

※

援　　　助

1　在宅指導等
　（1）措置によらない指導（12②）
　　ア　助言指導
　　イ　継続指導
　　ウ　他機関あっせん
　（2）措置による指導
　　ア　児童福祉司指導（26①Ⅱ，27①Ⅱ）
　　イ　児童委員指導（26①Ⅱ，27①Ⅱ）
　　ウ　市町村指導（26①Ⅱ，27①Ⅱ）
　　エ　児童家庭支援センター指導（26①Ⅱ，27①Ⅱ）
　　オ　知的障害者福祉司，社会福祉主事指導（27①Ⅱ）
　　カ　障害児相談支援事業を行う者の指導（26①Ⅱ，27①Ⅱ）
　　キ　指導の委託（26①Ⅱ，27①Ⅱ）
　（3）訓戒，誓約措置（27①Ⅰ）

2　児童福祉施設入所措置（27①Ⅲ）
　指定発達支援医療機関委託（27②）
3　里親，小規模住居型児童養育事業委託措置（27①Ⅲ）
4　児童自立生活援助の実施（33の6①）
5　市町村への事案送致（26①Ⅲ）
　福祉事務所送致，通知（26①Ⅳ，63の4，63の5）
　都道府県知事，市町村長報告，通知（26①Ⅴ，Ⅵ，Ⅶ，Ⅷ）
6　家庭裁判所送致（27①Ⅳ，27の3）
7　家庭裁判所への家事審判の申立て
　ア　施設入所の承認（28①②）
　イ　親権喪失等の審判の請求又は取消しの請求（33の7）
　ウ　後見人選任の請求（33の8）
　エ　後見人解任の請求（33の9）

（数字は児童福祉法の該当条項等）

出所：厚生労働省「児童相談所運営指針」2021年9月1日。

とするケースの対応や市町村の後方支援となった。

児童相談所は，緊急保護や行動観察，短期入所指導など必要に応じて子どもを一時保護所で一時保護する（第33条）。また児童福祉施設や里親などに委託して一時保護することもある。この一時保護は行政処分であり，その期間は原則として2カ月を超えない。一時保護は原則として子どもや保護者の同意を得て行うが，同意を得ることができない場合は強行することがある。

③　家庭児童相談室

家庭児童相談室は，「家庭児童相談室の設置運営について」（昭和39年4月22日厚生事務次官通知）により，原則として市町村の福祉事務所内に設置されている。その役割は，「家庭における適正な児童養育，その他家庭児童福祉の向上を図るため，福祉事務所の家庭児童福祉に関する相談指導業務を充実強化する」ことである。そのため，社会福祉主事と家庭相談員が配置されている。

④　保健所・市町村保健センターなど

保健所は地域保健法第 5 条に基づき，都道府県，指定都市，中核市，その他の政令で定める市又は特別区に設置されている。保健所は広域的・専門的なサービスを実施し，感染症対策や精神保健，難病対策など地域保健の重要な役割を担っている。市町村保健センターは，地域保健法第18条に基づき，市町村に設置することができる。ここでは，住民に対し「健康相談，保健指導及び健康診査，その他地域保健に関し必要な事業」を行っている。子どもに関しては，定期予防接種や健康診査（健診）等を行っていることが多い。

2）児童福祉施設

①　乳 児 院

乳児院は，児童福祉法第37条に規定があり，「乳児（保健上，安定した生活環境の確保その他の理由により特に必要のある場合には，幼児を含む。）を入院させて，これを養育し，あわせて退院した者について相談その他の援助を行うことを目的とする施設」である。また地域の住民に対して，児童の養育に関する相談に応じ，助言を行うよう努める役割ももつと記されている（第48条の 2）。すなわち，乳児院は 0 歳児のみではなく，最長は小学校入学前まで入院ができるようになっており，実際には 1・2 歳も目立つ。乳児院入院中に家庭へ引き取ることができない場合は，児童養護施設や里親などへ措置変更となることがある。また児童相談所の一時保護所は，18歳未満の児童が過ごしているが，乳児への対応ができないこともある。そのため，乳児は乳児院に一時保護委託することが多い。

「児童養護施設入所児童等調査の概要（平成30年 2 月 1 日現在）」（厚生労働省子ども家庭局・厚生労働省社会援護局障害保健福祉部，2020年）によると，乳児院への入所経路としては，「家庭から」が最も多く（62.2%），「医療機関から」が続く（25.2%）。また入所している子どもの心身の状況については，30.2%が何らか「該当あり」で，そのうち14.4%が「心身虚弱」である。養護問題発生理由としては，「母の精神疾患等」（23.2%）と「母の放任・怠だ」（15.7%）で約 4 割を占める。虐待経験のある子どもの割合は40.9%で，そのうち66.1%がネグレクトである。

② 児童養護施設

児童養護施設は，児童福祉法第41条に基づいて，「保護者のない児童（乳児を除く。ただし，安定した生活環境の確保その他の理由により特に必要のある場合には，乳児を含む。…（中略）…），虐待されている児童その他環境上養護を要する児童を入所させて，これを養護し，あわせて退所した者に対する相談その他の自立のための援助を行うことを目的とする施設」である。

児童養護施設には，児童相談所より措置されて入所する。入所した子どもたちは，児童養護施設から幼稚園や学校に通う。近年ではより家庭に近い状態にするため，大舎制から中舎制，小舎制へ，児童養護施設から地域小規模児童養護施設（グループホーム）や小規模グループケア（分園型）へと，施設の小規模化が進んでいる。

なお児童養護施設に入所できるのは，原則として18歳未満の児童だが，大学等へ進学したり，就職ができなかったり，就職しても自立が難しい場合は，22歳になる年度末まで暮らすことができる。前述の厚生労働省調査によれば，児童養護施設に入所している児童の65.6％に被虐待経験があり，その種類としてはネグレクト（63.0％）が一番多く，身体的虐待（41.1％），心理的虐待（26.8％），性的虐待（4.5％）と続く（複数回答）。そのため児童養護施設には児童指導員や保育士だけでなく，個別対応が必要な子どもに1対1の対応ができる個別対応職員，入所児童の保護者と児童養護施設や児童相談所などをつなぎ家庭復帰や親子関係再構築等の支援を行う家庭支援専門相談員（ファミリーソーシャルワーカー），虐待を受けた子どもたちに遊戯療法やカウンセリングなどを行う心理療法担当職員なども配置されている。

③ 母子生活支援施設

母子生活支援施設は，児童福祉法第38条に基づき，「配偶者のない女子又はこれに準ずる事情にある女子及びその者の監護すべき児童を入所させて，これらの者を保護するとともに，これらの者の自立の促進のためにその生活を支援し，あわせて退所した者について相談その他の援助を行うことを目的とする施設」である。この「これに準ずる事情」とは，離婚は成立していないが配偶者からの暴力から逃れるため避難したような，実質的な母子家庭のことである。また，配偶者からの暴力の防止及び被害者の保護に関する法律（DV防止法）

第3条第4項に定める委託一時保護施設となることもある。

　前述の厚生労働省調査によれば，入所理由として最も多いのは配偶者からの暴力（50.7％）で，住宅事情（16.4％），経済的理由（12.8％）が続く。入所している母親の67.0％が就業しているが，臨時や日雇い，パートが46.0％で，常用労働者は16.5％にとどまっている。このことから，2017年の場合の母子生活支援施設入所世帯の平均所得は165万9,000円で，一般家庭の551.6万円（平成30年国民生活基礎調査）の3割程度に止まっている。

　この母子生活支援施設には，母子の生活支援を行う母子支援員や少年指導員のほか，配偶者からの暴力を受けたこと等により個別に特別な支援を行う個別対応職員や，心理療法担当職員も置かれている。

④　児童心理治療施設

　児童心理治療施設は，「家庭環境，学校における交友関係その他の環境上の理由により社会生活への適応が困難となつた児童を，短期間，入所させ，又は保護者の下から通わせて，社会生活に適応するために必要な心理に関する治療及び生活指導を主として行い，あわせて退所した者について相談その他の援助を行うことを目的とする施設」である（児童福祉法第43条の2）。

　この施設では，医師，心理療法担当職員，児童指導員，保育士，看護師，個別対応職員，家庭支援専門相談員などが配置されている。

⑤　児童発達支援センター

　児童発達支援とは，児童福祉法第6条の2の2第2項の規定に基づき，主に未就学の障がいのある子どもを通わせ，「日常生活における基本的な動作の指導，知識技能の付与，集団生活への適応訓練」など，療育を行っている便宜を供与するサービスのことである。これをできるだけ利用者にとって身近な場所で受けられるようにした上で，保育所等訪問支援や障害児相談支援などの地域支援もできるようにし，障がいのある子どもやその保護者にワンストップ対応することとしている。

　児童発達支援センターは，福祉型と医療型の2種類がある。福祉型児童発達支援センターは，児童発達支援を行うところである。医療型児童発達支援センターは，児童発達支援に加えて治療（医療機能）が行われる。

⑥　児童家庭支援センター

　児童家庭支援センターは，児童福祉法第44条の2に基づき，子どもの家庭などからの相談に応じたり，市町村の求めに応じ必要な援助を行ったり，児童相談所から指導措置を受けたり，里親やファミリーホームからの相談に応じ，要保護児童対策地域協議会等の関係機関との連携・連絡調整などを行っている第二種社会福祉事業である。

　夜間や休日等の緊急相談にも応じることができるように，発足当初は児童養護施設等の施設に附置することになっていたが，現在では単独設置も可能となっている。

⑦　放課後等デイサービスなど

　放課後等デイサービスは，児童福祉法第6条の2の2第4項の規定に基づき，幼稚園及び大学を除く学校に就学している障がい児に，放課後や夏休みなどの長期休暇中に，生活能力の向上のために必要な訓練等を行うとともに，障がい児の居場所を提供している。ここではその事業所の児童発達支援管理責任者が一人ひとりに応じた「放課後等デイサービス計画」を作成し，それに沿った発達支援を行っている。この計画は，乳幼児期から学校卒業後まで一貫して適確な支援を行うために学校で作成する「個別の教育支援計画」等と連携させることが大切である。放課後等デイサービスは，保護者が送迎することもあるが，学校まで迎えに行ったり自宅の玄関まで送っていくことができる事業所もある。

3）その他のフォーマルな社会資源

①　民生委員・児童委員・主任児童委員

　民生委員は，民生委員法第1条に基づき，「社会奉仕の精神をもつて，常に住民の立場に立つて相談に応じ，及び必要な援助を行い，もつて社会福祉の増進に努める」ことになっている。児童委員は児童福祉法第16条に基づき，市町村に置かれている。その支援対象は，民生委員は高齢者や障がい者，子どもたちを含む地域住民全般で，児童委員は子どもと妊産婦である。このように民生委員も児童委員も子どもを対象としていることから，児童福祉法第16条第2項には「民生委員法による民生委員は，児童委員に充てられたものとする」と規定されており，民生委員は児童委員を兼ねている。そのため正式には「民生委員・児童委員」となるが，一般的には「民生・児童委員」と呼ばれている。

　民生委員児童委員連合会によると，この民生委員・児童委員の活動には，①社会調査，②相談，③情報提供，④連絡通報，⑤調整，⑥生活支援，⑦意見具申の 7 つがある。またいずれも，厚生労働大臣から委嘱された非常勤の地方公務員である。ただし無報酬のボランティアであり，その任期は 3 年となっている（再任可）。民生委員・児童委員とも，その市町村の世帯数によって配置基準が決まっており，一人ひとりに担当区域がある。

　主任児童委員は，児童福祉法第17条に基づき，関係機関と区域担当の児童委員をつなぐとともに，区域担当の児童委員の活動に対する援助や協力を行う。主任児童委員は児童委員の中から指名される（第16条第 3 項）。その数は，児童委員の定数によって決められている。

　児童委員の活動としては，子どもや妊産婦のいる家庭を訪問したり，子育てや妊娠中の心配事などの相談に乗ったり，子育て支援活動などを行っている。主任児童委員は，そのような区域担当の児童委員が個別ケースで困った時に助言したり，市町村や児童相談所，保健所，学校等の関係機関と区域担当児童委員をつないでいる。

② 　地域子育て支援拠点

　地域子育て支援拠点事業とは，児童福祉法第 6 条の 3 第 6 項に基づき，「乳児又は幼児及びその保護者が相互の交流を行う場所を開設し，子育てについての相談，情報の提供，助言その他の援助を行う事業」である。その基本事業としては，①子育て親子の交流の場の提供と交流の促進，②子育て等に関する相談，援助の実施，③地域の子育て関連情報の提供，④子育て及び子育て支援に関する講習等の実施，の 4 つがある。

　地域子育て支援拠点には，常設の地域の子育て拠点を設け，地域の子育て支援機能の充実を図る取り組みを実施する「一般型」と，児童館等の児童福祉施設等多様な子育て支援に関する施設に親子が集う場を設け，子育て支援のための取り組みを実施する「連携型」がある。一般型は，子育て親子が集い，打ち解けた雰囲気の中で語り合い，相互に交流を図る常設の場を保育所や公共施設の空きスペース，商店街空き店舗などに設けて 4 つの基本事業を実施する。一方，連携型は，①～④の事業を児童館等の児童福祉施設等で従事する職員等のバックアップを受けて効率的かつ効果的に実施している。

子育てひろば全国連絡協議会が地域子育て支援拠点を利用している母親に行った調査によれば，利用しているのは30代が66.5％，核家族は86.2％，全体の59.7％が子ども1人，母親の9割が働いておらず（そのうち2割が育児休業中），自分の育った市区町村以外で子育てしている「アウェイ育児」は72.1％だった。この「アウェイ育児」をしている母親については，拠点を訪れるようになる前は「子育てをしている親と知り合いたかった」（75.1％），「子育てでつらいと感じることがあった」（65.9％），「家族以外の人と交流する機会があまりなかった」（62.1％），「子育ての悩みや不安を話せる人がほしかった」（59.6％）など，つながりを求めて地域子育て支援拠点に来ていることがわかる。

　③　要保護児童対策地域協議会など

　要保護児童対策地域協議会（以下，要対協）は，児童福祉法第25条の2に根拠があり，地方公共団体は，要保護児童の適切な保護や，要支援児童・特定妊婦への適切な支援を図るため，関係機関や関係団体，児童の福祉に関連する職務に従事する者などにより構成される要保護児童対策地域協議会を置くように努めなければならないとされている。またその適切な運営のため「要保護児童対策地域協議会設置・運営指針」が出されている。

　要対協の支援対象児童等は，①要保護児童（保護者のない児童又は保護者に監護させることが不適当であると認められる児童）とその保護者，②要支援児童（要保護児童に該当するものを除き，保護者の養育を支援することが特に必要と認められる児童）とその保護者，③特定妊婦（出産後の養育について出産前において支援を行うことが特に必要と認められる妊婦）の3種類であり，虐待を受けた子どもだけでなく，非行児童なども含まれている。

　この要対協は三層構造となっており，①地域協議会の構成員の代表者による会議であり，年に1〜2回程度開催される「代表者会議」，②実際に活動する実務者によって，ケースの進行管理などモニタリングを3カ月に1回程度行う「実務者会議」，個別の支援対象児童等について適時開催される「個別ケース検討会議」がある。またこれらが円滑に運営されるために市町村の要対協には要保護児童対策調整機関を設置し，そこに調整担当者を置いている。

　④　社会福祉協議会

　社会福祉協議会は，社会福祉法第109条に規定され，その目的には「地域福

祉の推進を図ること」とされている。また1992年に発表された「新・社会福祉協議会基本要項」(全国社会福祉協議会)には，社会福祉協議会は地域社会の構成員である住民やボランティア，社会福祉事業や関連分野の関係者，さらには地域の諸団体が，住民主体の理念に基づき，地域の福祉課題の解決に取り組み，誰もが安心して暮らすことのできる地域福祉の実現を目指している民間組織とされている。そのため，その活動は地域社会の実情や構成員の主体性等によって様々である。

　この社会福祉協議会が行っている子育て家庭への支援としては，子育ての不安を気軽に相談できる場や情報交換できる場，子育ての仲間づくりの場となる子育て支援サロンや，中高生の居場所作り，子育て支援の新たな担い手の養成，子ども食堂などがある。

　⑤　NPO法人

　NPO法人の「NPO」とはNon Profit Organizationの頭文字で，利益追求しない非営利組織のことである。NPO法人とは，特定非営利活動促進法(以下，NPO法)に基づいて，都道府県や指定都市の認証を受けて設立された法人であり，ボランティア活動を含めた市民が自由な社会貢献活動を行う団体である。このNPO法人が行う「特定非営利活動」とは，子どもの健全育成を図る活動など，NPO法で定められた福祉や教育・文化，環境，まちづくりなど20の活動であって，不特定かつ多数のものの利益の増進に寄与することを目的としている(NPO法第2条)。税制上の優遇措置を受けている。

　NPO法は1995年の阪神・淡路大震災のボランティア活動を契機に作られたため，NPO法人で働く人は無給だと思われがちだが，利益追求しないということは事業による利益を役員で分配しないということなので，給料を支払うこともできる。このNPO法人の中で，広く市民から支援を受けていること等の認定基準を満たすと認定特定非営利活動法人(認定NPO法人)になることができ，NPO法人よりも税制優遇を受けることができる。

(3) インフォーマルな社会資源

　フォーマルな社会資源は，法制度に基づいているサービスなので，安定して継続していたり，誰もが必要としているものが多い。それに対して，家族，親

族，近隣，友人，ボランティア，子育てサークル・母親クラブなど自主サークルなどのインフォーマルな社会資源は，強制されるものではなく自主的・自発的なものなので，フォーマルな社会資源と比べて柔軟性あるサービスとなりやすい。一方で，専門性が必ずしも高くないなど，課題もある。

3　子育て支援施策・次世代育成支援施策の推進

（1）子育て支援策・次世代育成推進策の背景

　「子育て家庭の支援」という言葉は，『厚生白書 平成元年版』で登場した。そこで，「子育て家庭の支援としては，女性の就労と出産・子育ての両立のための支援，総合的な相談体制の整備など子どもが健やかに生まれ育つための環境づくりを積極的に進めていく必要がある」と述べられた。その後，1991年1月に「健やかに子供を生み育てる環境づくりについて」（関係省庁連絡会議）が取りまとめられ，「結婚や子育ては個人の生き方，価値観に深くかかわる問題であり，政府としては，あくまで結婚や子育てへの意欲を持つ若い人々を支えられるような環境づくりを進める」という施策の基本的方向が明らかにされている。これ以後，国の施策において積極的に「子育て支援」が取り組まれるようになった。以下に，今日までの施策の流れと特徴を述べる。

（2）今日までの国の施策の流れ

　1990年代から今日までの日本における子育て支援・次世代育成にかかる施策の主なものは，表2-2の通りである。

1）保育所を中心とした子育て支援事業の始まり──1990年代

　1993年4月に，「子育て支援」を特に保育所等の施設が支えていくという趣旨で「保育所　地域子育てモデル事業」が創設された。保育所には，乳幼児の発達や保育に関する専門的知識をもった保育士等がいる，保育環境があることに着目し，「保育所が地域住民に対して育児不安に関する相談・助言や地域の子育てサークルの育成支援を行う」（『厚生白書 平成5年版』）とした。

　1994年12月には，厚生・文部・労働・建設の4大臣の合意で「今後の子育て支援のための施策の基本方針について（通称：「エンゼルプラン）」が策定された。

表 2 - 2　子育て支援・次世代育成の国の取り組み

年　　度	策定法案・プラン等
1994（平成 6 ）年12月	エンゼルプラン
	緊急保育対策等 5 か年事業
1999（平成11）年12月	少子化対策推進基本方針　　新エンゼルプラン
2002（平成14）年 9 月	少子化対策プラスワン
2003（平成15）年 7 月	少子化社会対策基本法
9 月	次世代育成支援対策推進法
2004（平成16）年12月	子ども・子育て応援プラン
2010（平成22）年 1 月	子ども・子育てビジョン
2012（平成24）年 8 月	子ども・子育て支援法等　子ども子育て関連 3 法
2015（平成27）年 4 月	子ども・子育て支援新制度施行
	次世代育成対策推進法延長
2016（平成28）年 4 月	子ども・子育て支援法改正

出所：内閣府『少子化社会対策白書　平成29年版』2017年，47頁を基に筆者作成。

このプランでは，少子化の背景となる要因は，「女性の職場進出と子育てと仕事の両立の難しさ」「育児の心理的，肉体的負担」「住宅事情」「教育費等の子育てコストの増大」にあると指摘し，重点項目に挙げられた「多様な保育サービスの充実」では「保育所が，地域子育て支援の中心的機能を果たし，乳児保育，相談指導，子育てサークル支援等の多様なニーズに対応できるような施設・設備の整備を図る」とされた。

　あわせてエンゼルプランの施策の具体化の一環として「緊急保育対策等 5 か年事業」が策定された。これは1999年度までの 5 年間の目標値を定めたもので，「仕事と子育て両立支援」のほかに，国の政策としては初めて「家庭における子育てへの支援」として，「地域子育て支援センターの設立」を挙げたものである。地域子育て支援センターを保育所などに併設することにより，各市町村に 1 カ所ずつ設置できる水準まで確保するための予算化を図った。

　1990年代後半頃からの「子育て支援」は，次世代育成支援という新しい考えによる少子化・子育て支援策の推進が図られることになる。次世代育成支援とは，次代を担う子どもが健やかに生まれ，かつ育成される環境の整備等の取り組みのことである。

2 ）地域子育て支援センターの普及　すべての家庭の子育て支援へ──2000年代前半
2002年 9 月には「少子化対策プラスワン」が取りまとめられるが，その基本

的な考え方は，従来の「子育てと仕事の両立支援」に加えて「男性を含めた働き方の見直し」「地域における子育て支援」「社会保障における次世代支援」「子どもの社会性の向上や自立の促進」という４つの柱に沿って，「社会全体が一体となって総合的な取組を進めること」である。この施策の中で初めて子育てをしている「すべての家庭」への支援の必要性を明確に政策化し，「地域における子育て支援」を提言した。「子育て支援元年」ともいわれる。

2003年に制定された少子化社会対策基本法では，少子化に対処するための施策を総合的に推進して国民が豊かで安心して暮らすことのできる社会の実現に寄与することを目指して，公共団体が地域社会における子育て支援体制を整備することが定められた。同年には，次世代育成支援対策推進法が制定され，自治体における総合的かつ包括的な子育て支援政策が模索されるようになる。とりわけ，これまでに整備が進められてきた地域子育て支援センターには，以前にも増して子育て支援における地域拠点としての役割が期待されるようになった。

この時期の施策の特徴は，専業主婦だけではなく，ひとり親家庭も含めた「すべての子育て家庭への支援」が施策の対象となり，これまで保育所が中心的機能を果たしていた「地域子育て支援」を，以後は自治体が中心になって実施していくように変わっていった。

3）地域子育て支援センター事業の多様化——2000年代後半

2007年度から「地域子育て支援拠点事業」と名称が変更され，地域子育て支援センター事業は，「つどいの広場事業」（ひろば型）とセンター事業（センター型）と児童館における事業（児童館型）の３つに再編が図られた。その後，2013年度より事業の拡充を図るため，さらに再編が行われ，現在は「一般型」と「連携型」といった２つの機能別に類型化されている（表2-3参照）。

4）利用者支援事業の創設：社会全体で子育てを支える——2010年代前半

2010年１月，「子ども・子育てビジョン」が閣議決定された。これは子育ての孤立化や負担感が大きくなっていたこれまでの社会を，社会全体で子育てを支える社会，個人の希望が実現する社会に変えていこうとするもので，「子どもが主人公（チルドレン・ファースト）」「『少子化対策』から『子ども・子育て支援』へ」「生活と仕事と子育ての調和」という考え方に基づき，2010年度か

表2-3　地域子育て支援拠点事業の種類

		4つの基本事業
一般型	公共施設，空き店舗，保育所等に常設の地域の子育て拠点を設け，地域の子育て支援機能の充実を図る取組を実施	①子育て親子の交流の場の提供と交流の促進 ②子育て等に関する相談，援助の実施 ③地域の子育て関連情報の提供 ④子育て及び子育て支援に関する講習等の実施
連携型	児童館等の児童福祉施設等多様な子育て支援に関する施設に親子が集う場を設け，子育て支援のための取組を実施	

出所：「地域子育て支援拠点事業実施要綱」（平成26年厚生労働省告示）を基に筆者作成。

ら2014年度までに講じる具体的な政策内容と目標が提示された。

2012年8月に「子ども・子育て支援法」「認定こども園法一部改正法」「児童福祉法等関係法律整備法」（通称：子ども・子育て関連3法）が成立した。これらは，子ども・子育て支援給付その他の子ども及び子どもを養育している者に必要な支援を行い，一人ひとりの子どもが健やかに成長することができる社会の実現に寄与することを目指した。

5）子育て支援の「量」と「質」の確保へ——2010年代後半期

2015年4月から「子ども・子育て支援新制度」が新たにスタートした。支援を必要とするすべての子育て世帯を対象とする制度で，内閣府と市町村が主体となって推進している。幼稚園・保育所に加えて認定こども園の普及を図り，その他に「地域型保育」として「家庭的保育」「小規模保育」「事業所内保育」「居宅訪問型保育」が制度化された。市町村の地域の事情に応じて，病児保育事業，ファミリー・サポート・センター事業，延長保育事業などの実施により様々なニーズに応えようとしている。この制度は，子育て支援の量的拡充と質的向上の両面からの改革を目指している。

（3）現在施行されている地域の子育て支援事業の種類

子ども・子育て支援新制度の下に，現在では，地域の子育て支援業としては，表2-4のように多様な内容の事業が各地で推進されている。

表 2 - 4 地域子ども・子育て支援事業の種類

事業名	概　要
利用者支援事業	子ども又はその保護者の身近な場所で，教育・保育施設や地域の子育て支援事業等の情報提供及び必要に応じて相談・助言等を行うとともに，関係機関との連絡調整等を実施する事業。
地域子育て支援拠点事業	乳幼児及びその保護者が相互の交流を行う場所を開設し，子育てについての相談，情報の提供，助言その他の援助を行う事業。
妊婦健康診査	妊婦の健康の保持及び増進を図るため，妊婦に対する健康診査として，①健康状態の把握，②検査計測，③保健指導を実施するとともに，妊娠期間中の適時に必要に応じた医学的検査を実施する事業。
乳児家庭全戸訪問事業	生後 4 か月までの乳児のいる全ての家庭を訪問し，子育て支援に関する情報提供や養育環境等の把握を行う事業。
養育支援訪問事業	養育支援が特に必要な家庭に対して，その居宅を訪問し，養育に関する指導・助言等を行うことにより，当該家庭の適切な養育の実施を確保する事業。
子どもを守る地域ネットワーク機能強化事業	要保護児童対策協議会（子どもを守る地域ネットワーク）の機能強化を図るため，調整機関職員やネットワーク構成員（関係機関）の専門性強化と，ネットワーク機関間の連携強化を図る取組を実施する事業。
子育て短期支援事業	保護者の疾病等の理由により家庭において養育を受けることが一時的に困難となった児童について，児童養護施設等に入所させ，必要な保護を行う事業。
ファミリー・サポート・センター事業	乳幼児や小学生等の児童を有する子育て中の保護者を会員として，児童の預かり等の援助を受けることを希望する者と，当該援助を行うことを希望する者との相互援助活動に関する連絡，調整を行う事業。
一時預かり事業	家庭において保育を受けることが一時的に困難となった乳幼児について，主として昼間，認定こども園，幼稚園，保育所，地域子育て支援拠点その他の場所で一時的に預かり，必要な保護を行う事業。
延長保育事業	保育認定を受けた子どもについて，通常の利用日及び利用時間以外の日及び時間において，認定こども園，保育所等で保育を実施する事業。
病児保育事業	病児について，病院・保育所等に付設された専用スペース等において，看護師等が一時的に保育等を実施する事業。
放課後児童クラブ	保護者が労働等により昼間家庭にいない小学校に就学している児童に対し，授業の終了後に小学校の余裕教室，児童館等を利用して適切な遊び及び生活の場を与えて，その健全な育成を図る事業。
実費徴収に係る補足給付を行う事業	保護者の世帯所得の状況等を勘案して，特定教育・保育施設等に対して保護者が支払うべき日用品，文房具その他の教育・保育に必要な物品の購入に要する費用又は行事への参加に要する費用等を助成する事業。
多様な事業者の参入促進・能力活用事業	多様な事業者の新規参入を支援するほか，特別な支援が必要な子どもを受け入れる認定こども園の設置者に対して，必要な費用の一部を補助する事業。

出所：子ども・子育て支援法第59条各項を基に筆者作成。

図2-5　子ども・子育て支援新制度と社会的養護

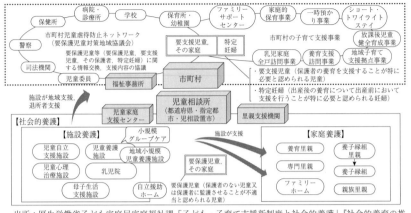

出所：厚生労働省子ども家庭局家庭福祉課「子ども・子育て支援新制度と社会的養護」『社会的養育の推進に向けて』（令和3年5月）212頁（厚生労働省HP，2022年1月7日閲覧）。

4　社会的養護の施策と子ども家庭支援

　少子化・核家族化が進む中で，子育て不安や子ども虐待が増加するとともに子どもの世界でもいじめ・不登校が増え続けるなど，子どもをめぐって現れる問題は，多様化複雑化してきている。1990年代以降の日本では，このような問題への対応と国連で批准された児童の権利に関する条約（以下，子どもの権利条約）の浸透が求められている。このような背景の下，今日の社会的養護施策は，子ども家庭支援と深い関連をもって展開されている。

（1）社会的養護と子ども家庭支援

　子どもの数が年々減っている一方で，家族から離れて暮らす子どもたちの数は減少を見ない。子ども虐待等，家族とともに暮らすことが子どもにとって不適切な場合に親子・家族分離によって子どもの生命と育ちを守るためである。

　家庭から離れて暮らす子どもの生活の場には「家庭養護」「施設養護」がある（図2-5）。「社会的養護」としては，図2-5中に示された施設で行われる養護・養育と里親やファミリーホームで行われる養育（養育里親，専門里親，フ

ァミリーホーム，親族里親，養子縁組里親→特別養子縁組）の大きく２種類がある。後者は養育者の実際の家庭で子どもを養育する場合がほとんどで，前者は施設において職員が交替勤務や断続勤務によって子どもを養護・養育している。

「施設養護」では，主に乳児院・児童養護施設・母子生活支援施設・児童心理治療施設・児童自立支援施設・自立援助ホームと専門分化して，基本的に家族と離れて暮らす子どもたちを受け入れている（第２章２（２）参照）。

2011年に「社会的養護の課題と将来像」が示され，今後の「社会的養護」のあり方として，十数年かけて里親やファミリーホーム，グループホーム，本体施設を概ね３分の１ずつの割合に変えていくことが提案された。2012年以降，「施設の小規模化と家庭的養護の推進」施策が展開されている。たとえば児童養護施設では，従来大舎制，中舎制，小舎制の形態で運営され，大舎制の割合が大きかったが，より少人数の子どもを１つの生活単位で養護・養育する小規模グループケア，ユニット制や地域小規模児童養護施設などの増加が進められてきた。「社会的養護の課題と将来像」は，地域における子育て支援について，以下のように指摘していた。

① 子育て支援施策を充実させていくなかで，社会的養護の対象となる子どもにこそ，特に支援の充実が必要。

② 社会的養護の基本的方向は，ⅰ家庭的養護の推進，ⅱ専門的ケアの充実，ⅲ自立支援の充実，ⅳ家族支援，地域支援の充実。

③ 児童相談所を中心とした社会的養護は，市町村の児童家庭相談や子育て支援の一連につながるものであり，密接に連携して推進。

2012年子ども・子育て支援法成立後，厚生労働省は，「子ども・子育て支援新制度と社会的養護」の関連を整理した。市町村は，要支援児童とその家族，特定妊婦に対する子育て支援を中心に，都道府県は主に要保護児童とその家族への「社会的養護」を中心に役割分担している。地域に暮らす要支援児童とその家族，特定妊婦に対する取り組みとしては，要保護児童対策地域協議会の活動に加えて，2005年の児童福祉法改正で「子育て支援事業」が規定され，市町村がその実施に務めることになった。主な取り組みは，およそ次の３つに分類される。⁽¹⁾

① 保護者からの相談に応じ情報提供・助言を行う事業。例：地域子育て

　　支援拠点事業。

　②　保育所等において子どもの養育を支援する事業。例：一時保育，放課
　　後児童クラブ，病後児保育，子育て短期支援事業，幼稚園預かり保育事
　　業など。

　③　居宅において子どもの養育を支援する事業。例：乳児家庭全戸訪問事
　　業，養育支援訪問事業など。

　2015年以降，社会的養護のあり方の検討は大きく方向転換し，数年の間に法
改正やいくつかの提言・ビジョンが示されてきた。2016年の児童福祉法改正で
は，まず理念において「児童の権利に関する条約の精神にのつとり」「子ども
の権利」が認められた。これは画期的なことである。また，子どもの養育環境
として「家庭」「家庭における養育環境と同様の養育環境」「できる限り良好な
家庭的環境」が規定されるとともに，「国」「都道府県」「市町村」の役割が明
確化された。どこで暮らす子どもであっても，その子どもにあった養護・養育
が行われるよう，国が責任をもって基盤整備し，都道府県・市町村がきめ細か
に保護者支援・子どもの権利保障を行うことが課題である。2017年8月に発表
された「新しい社会的養育ビジョン」[(2)]以降，家庭養育を優先する原則の徹底が
求められ，里親委託率の大幅な増加と乳児院・児童養護施設の高機能化及び多
機能化・機能転換，小規模かつ地域分散化を進めるための都道府県推進計画の
策定と実現が求められている。

（2）社会的養護における子ども家庭支援

　「社会的養護」特に「施設養護」における子ども家庭支援は，その家庭の特
徴によって，①実親（家庭復帰先）家庭への支援，②里親家庭への支援，③地
域の子育て家庭への支援，の3つに大別される。

1）実親（家庭復帰先）家庭への支援

　家族との関係調整のためには，1999年に心理療法担当職員と並んで家庭支援
専門相談員が措置費による加算職員として配置されることになり，2004年には
家庭支援専門相談員が児童養護施設等の全施設に拡大・常勤化され，2011年に
は児童福祉施設最低基準の見直しによって，家庭支援専門相談員（ファミリー
ソーシャルワーカー）の配置が乳児院，児童養護施設，児童心理治療施設，児童

自立支援施設において，個別対応職員，心理療法担当職員とともに義務化されてきた。

「施設養護」の本来的役割は，入所している子どもが安心できる安全な環境（親和的な環境）の中で，育つことを保障することである。子どもの生活と教育について，施設長は，親権者に替わって親権を行使する責任をもつ。子どもたちの自立を支援することも施設の目的であるため，社会への巣立ちと家庭復帰が進められる。子どもたちが幼い場合，本人も家庭への復帰を強く望む。

虐待経験をもつ子どもが少なくないため，家庭復帰を模索するためには，家族関係調整が必要となる。虐待事例の場合，保護者や家族へのカウンセリングや家族療法などを通じて，親や家族の子どもについての理解，子育てについての理解を深める。子ども側の変化・成長も欠かすことのできないものであり，その意味では，施設職員の事前の見極めや交流後の適切なフォローによって，段階を踏んで行われるものである。虐待的関係を結んでしまった家族の関係修復は，分離されているからこそ，子どもと親・家族がそれぞれのペースでその変化・成長を準備できると同時に，同じペースとタイミングで変化の効果が期待できるものでもない。子どもの成長を親・家族が感じることができるようになるためには，「交流」が欠かせないことは確かである。手紙・電話，面会，外出，週末外泊，お泊まり旅行，長期休暇帰宅等多様な質・多様な期間にわたる段階的な「交流」がある（グラデーショナルケア）。

問題は，「交流」の有無だけでなく，「交流」によって，家族関係を形成すること，家族再統合を進めることである。子どもと家族の「交流」後は，子どもの表情や行動を丁寧に観察し，気持ちを知る。親・家族の様子も観察し話を聴き，両者の関係の課題を探る。子どもが安心して家族の元で過ごせるようになる見通しがもてるように働きかける。家族再統合への支援は，「親子分離した子どもを元いた家庭に返す」ことのみならず，「親とは離れて生活していても，良い関係が構築できるよう支援すること[3]」である。

課題は，親・家族と子どもの間に適切な距離感を育むことができるか，であり，適切な距離感を保って，支援者とともに共同して行われる子育て・子育ちの形をつくることである。

2）里親家庭への支援

「施設養護」で第2に期待される役割は，里親家庭への支援である。里親委託率を増やすことは，「社会的養護」の大きな課題であるが，里親に委託される子どもの数を増やすだけでは，子どもが安心して暮らすことができるとは必ずしもいえない。里親に委託される子どもは，虐待を受けた経験などにより，心に傷をもつ子どもが多く，育てづらさが生じる場合が多い。また，中途からの養育である難しさもある。とりわけ，子育て経験をもたない場合，初めての子育ての不安もある。里親が「社会的養護」の担い手であることの理解も必要であり，特に養育里親には，研修，相談，里親同士の相互交流などの里親支援が求められ，里親が養育に悩みを抱えても安心できる支援が重要である。里親支援の体制としては，大きく次の3つがある。

① 児童相談所における里親担当者の配置。

② 里親支援機関事業の里親委託等推進員。

③ 児童養護施設・乳児院に置く里親支援専門相談員。

里親会，児童家庭支援センター，里親支援専門相談員を置く児童養護施設・乳児院，公益法人やNPOなど，様々な主体が参加し，それぞれの特色に応じて，分担・連携し，里親制度の普及促進，里親委託推進，里親支援の事業を行う里親支援機関が設けられる。里親支援には複数の相談窓口があることが重要だとされ，おおよその役割分担の目安は次の通りである。

① 里親会は，里親サロンなどの相互交流や，里親経験を活かした訪問支援，里親によるレスパイトなど。

② 児童家庭支援センターは，専門職員による養育相談，電話相談など。

③ 児童養護施設・乳児院は，施設から里親への移行支援，里親への訪問相談，電話相談，レスパイトなど。

「施設養護」としては，里親家庭への支援の中でも，施設から里親への移行支援，里親への訪問相談，電話相談，レスパイトなどが期待されている。

3）地域の子育て家庭への支援

「施設養護」において，地域の子育て家庭への支援として取り組んでいる事業としては，先に紹介した市町村の子育て支援事業による対応のうち，ショートステイとトワイライトステイがある。制度的には，国の補助事業としての

「子育て短期支援事業」であり，実施主体は市区町村である（児童福祉法第6条の3第3項）。

　トワイライトステイ（夜間養護等事業）は，保護者が仕事などで恒常的に親の帰宅が遅かったり，休日に不在になったりする場合に，子どもを児童養護施設等で預かり，生活を支援するとともに食事の提供等を行う事業である。施設によっては，学童を学校まで迎えに行って，施設に戻り夜まで過ごすところもある。

　ショートステイ（短期入所生活援助事業）は，親の病気や出産，看護，事故，冠婚葬祭，学校行事等で，一時的に養育が困難になった時，短期間子どもを預かる事業である。これらの事業は，市区町村によって，利用要件や事業内容は異なっている。利用形態として宿泊のみの受け入れと朝と夕方，保護者が送迎を行い，日中子どもを預けるというような一時保育を実施している施設もある。保育を単独で行っている自治体や，リフレッシュ事業としての位置づけにより利用要件を制限しない自治体もある。病院に子どもが入院して看護が必要な場合，入院した子どもにきょうだいがいても，看護の時間だけ子どもを預けることができる自治体，引っ越し，育児疲れ等で利用できる自治体もある。

　いずれも支援を必要とする家庭に，「施設養護」が応える事業となっている。「施設養護」が点在・偏在している中では，毎日利用することの難しい事例もあるが，子どもを家庭から引き離さず，できる限り家庭を拠点とした生活を保障する事業として重要な役割を果たしている。

　施設は，子どもたちが家庭を離れて暮らす生活の場であり，子どもたちはそこから学校に通う拠点である。つまり24時間365日活動している場である。夜間にも相談を受けつけられるという点で，地域の相談先としても重要である。

（3）児童家庭支援センター

　児童養護施設をはじめ，乳児院，児童心理治療施設，母子生活支援施設等に附置されてきたのが，「児童家庭支援センター」である。「児童家庭支援センター」は，子ども虐待などやや深刻な問題に対して早期に支援を展開し，児童相談所機能を補完することが期待されて1997年に創設された。

　橋本達昌（全国児童家庭支援センター協議会会長）は，「『新しい社会的養育ビジ

ョン』が発出された今こそ，社会的養育に関わる支援者は，地域で"繋がり"
合い，その力を結集して，地域のセーフティネットを"紡ぎ"，地域の特性や
現実に即した社会資源を積極的に"創り出す"覚悟が求められている[(4)]」と強調
している。「社会的養護」の里親等と施設，そして「児童家庭支援センター」
「地域子育て支援拠点事業」等の様々な地域資源がつながりあって，子どもの
育ちと家庭の養育を応援することが求められている。

5　障がい乳幼児の福祉施策と子ども家庭支援

（1）障がい児の権利

　障がい児の支援を考える場合，児童の権利に関する条約（以下，子どもの権利
条約）と障害者の権利に関する条約が基本になる。子どもの権利条約ではすべ
ての児童の権利保障を土台として，障がい児に関しては，「可能な限り社会へ
の統合及び個人の発達（文化的及び精神的な発達を含む。）を達成することに資す
る方法」で「教育，訓練，保健サービス，リハビリテーション・サービス」等
の「機会を実質的に利用し及び享受することができるように行われるもの」
（第23条）であるとし，保護者への支援も規定している。

　他方，障害者の権利に関する条約について，鈴木勉は，①「普遍的な権利保
障」，②「特別な措置」（積極的差別是正措置），③「合理的配慮」の 3 つが障害
者の平等回復措置として位置づけられているとしている。特に，③「合理的配
慮」については，「一律の保障手立てだけではなく，同じ障害をもつ人でも受
障の年齢や現在の年齢，また性別などの属性，さらには，その人を取り巻く環
境などは個々に異なっているので，その人の障害の個別性や人格の固有性に配
慮した措置」が必要であるとしている[(5)]。

（2）障がい児の施設体系

　上記のための障がい乳幼児の福祉施策は，障がい児のための施策群（図 2 -
6 ）と保育所等の施策群に大別されるが，以下では主に前者について概説する。
障がい乳幼児が利用する児童発達支援等は，2012年の児童福祉法改正により，
従来設置されていた知的障害児通園施設，難聴幼児通園施設，肢体不自由児通

図2-6　障害福祉サービス等の体系②（障害児支援，相談支援に係る給付）

障害児通所系	障害児支援に係る給付	児童発達支援	児	日常生活における基本的な動作の指導，知識技能の付与，集団生活への適応訓練などの支援を行う
		医療型児童発達支援	児	日常生活における基本的な動作の指導，知識技能の付与，集団生活への適応訓練などの支援及び治療を行う
		放課後等デイサービス	児	授業の終了後又は休校日に，児童発達支援センター等の施設に通わせ，生活能力向上のための必要な訓練，社会との交流促進などの支援を行う
障害児訪問系		【新規】居宅訪問型児童発達支援	児	重度の障害等により外出が著しく困難な障害児の居宅を訪問して発達支援を行う
		保育所等訪問支援	児	保育所，乳児院・児童養護施設等を訪問し，障害児に対して，障害児以外の児童との集団生活への適応のための専門的な支援などを行う
障害児入所系		福祉型障害児入所施設	児	施設に入所している障害児に対して，保護，日常生活の指導及び知識技能の付与を行う
		医療型障害児入所施設	児	施設に入所又は指定医療機関に入院している障害児に対して，保護，日常生活の指導及び知識技能の付与並びに治療を行う
相談支援系	相談支援に係る給付	計画相談支援	者 児	【サービス利用支援】・サービス申請に係る支給決定前にサービス等利用計画案を作成・支給決定後，事業者等と連絡調整等を行い，サービス等利用計画を作成　【継続利用支援】・サービス等の利用状況等の検証（モニタリング）・事業所等と連絡調整，必要に応じて新たな支給決定等に係る申請の勧奨
		障害児相談支援	児	【障害児利用援助】・障害児通所支援の申請に係る給付決定の前に利用計画案を作成・給付決定後，事業者等と連絡調整等を行うとともに利用計画を作成　【継続障害児支援利用援助】
		地域移行支援	者	住居の確保等，地域での生活に移行するための活動に関する相談，各障害福祉サービス事業所への同行支援等を行う
		地域定着支援	者	常時，連絡体制を確保し障害の特性に起因して生じた緊急事態等における相談，障害福祉サービス事業所等と連絡調整など，緊急時の各種支援を行う

※障害児支援は，個別に利用の要否を判断（支援区分を認定する仕組みとなっていない）　※相談支援は，支援区分によらず利用の要否を判断（支援区分を利用要件としていない）
（注）表中の「者」は「障害者」，「児」は「障害児」であり，利用できるサービスにマークを付している。
出所：厚生労働省資料。

所施設と児童デイサービスおよび重症心身障害児（者）通園事業を再編して設置された。これは，障がい種別にかかわらず身近な地域での利用を確保するためのものであった。なお，2018年，外出することが著しく困難な障がい児に対する居宅訪問型児童発達支援が新設されている。

　児童発達支援の内容については2017年に「児童発達支援ガイドライン」がまとめられた。ガイドラインでは，「子どもが充実した毎日を過ごし，望ましい未来を作り出す力の基礎を培うために，子どもの障害の状態及び発達の過程・特性等に十分配慮しながら，子どもの成長を支援する」等の目標を掲げ，「発達支援（本人支援，移行支援）」「家族支援」「地域支援」の 3 点を支援の内容としている。発達支援は，「健康・生活」「運動・感覚」「認知・行動」「言語・コミュニケーション」「人間関係・社会性」の 5 領域からなる本人支援と共に，保育所等への移行に関する移行支援が行われる。

　「家族支援」として掲げられるのは，障がいへの「気づき」から始まる保護者の障がい受容を含めた子育て支援である。障がいの特性だけではなく，保護者の社会環境や親子関係，きょうだいや祖父母など家族の置かれている環境を踏まえた個別性に配慮した慎重な支援が求められている。たとえば，児童発達支援が保育所のような就労保障機能をもっていないため，保護者が離職せざるを得ないために葛藤を抱えるケース，保護者間での障がい（児）に対する認識に齟齬が見られるケース等である。

　地域支援は，保育所等の子育て関係機関との連携を進め，支援体制の構築を図るものである。そのための事業として，保育所，幼稚園，小学校，乳児院等の障がい児が集団生活を営む施設等を訪問して，集団生活の適応のための専門的な支援を行う「保育所等訪問支援」がある。これは，障がい児本人に対する支援と訪問先施設職員等に対する支援として実施される。

　これらの福祉施策を利用するには，保護者は市町村に障害児通所給付費を申請し，市町村が行う調査（障がい児の心身の状態，障がい児の介護者の状況，意向等）を経て支給決定を受ける（支給量の決定含む）。その際，身体障害者手帳，療育手帳の所持は要件とされておらず，市町村から必要に応じて指定障害児相談支援事業者が作成する障害児支援利用計画案の提出が求められる（指定障害児相談支援事業者以外の者が作成する計画案でも可）。ただし，市町村が行うのは給

付費の支給決定までであり，児童発達支援センター等を利用するためには，保護者は施設等と直接利用契約を結ばなければならない。

　保護者が市町村に申請する等の前提となるのは支援の必要性の認識である。子育てのしづらさ，あるいは乳幼児健康診査等によって障がいに気づいた場合であっても，子どもに障がいがあることを否定する場合は支援につながりにくい。そのため，母子保健等から児童発達支援につながるまでの過程から丁寧な支援が求められる。

　他方，利用をするためには児童発達支援が身近な地域で通える範囲にある必要があるが，児童発達支援センター（医療型）が都道府県に1カ所のみ，あるいは児童発達支援事業が中学校区にない市区町村も少なくない。その量的な整備を図るため，厚生労働大臣が定める基本的な指針に基づき，都道府県，市町村が障害児福祉計画を策定することになっている。

　近年，課題として提起されているのが，医療的ケア児への支援である。医療の進歩により，NICU等を退院した後も人工呼吸器等の使用やたん吸引等の医療的ケアが日常的に必要な子どもたちへの支援が構築されはじめたところである。重症心身障がい児の指定事業所であれば嘱託医，看護職員が加配されるが，医療的ケア児は重症心身障がい児の対象から外れる場合もあり，利用につながらず在宅での生活を余儀なくされている。政府も対策を講じはじめているが，いわゆる最低基準や指定基準においても看護職員の配置が求められる。

注
⑴　子育てひろば全国連絡協議会編，渡辺顕一郎・橋本真紀編著『詳解　地域子育て支援拠点ガイドラインの手引――子ども家庭福祉の制度・実践をふまえて』中央法規出版，2011年。
⑵　2017年に厚生労働省内に設置された「新たな社会的養育の在り方に関する検討会」により，「新しい社会的養育ビジョン」が取りまとめられ，社会的養育のあり方を大きく転換させていく方向性が示された。これに添って全国的に小規模化の計画的な推進が行われており，社会的養育の今後の動向として就学前の子どもの施設入所の原則停止，里親やファミリーホームへの委託や特別養子縁組を中心に据えた改革とともに，実現に向けた数値目標や工程などが示された。
⑶　小木曽宏「地域における児童養護施設や乳児院の役割」全国児童養護問題研究

会・第47回全国大会実行委員会事務局編『そだちあう仲間』2018年，111頁。
(4)　橋本達昌「地域で繋がる地域を紡ぐ地域を創るチェンジメーカーとしての役割」
　　（全国児童家庭支援センター協議会 HP，2020年 2 月閲覧）。
(5)　鈴木勉「ノーマライゼーションの生成と発展」鈴木勉・田中智子編『新・現代障
　　害者福祉論』法律文化社，2019年，36-39頁。

参考文献
・第 2 節
子育てひろば全国連絡協議会「地域子育て支援拠点事業に関するアンケート調査
　　2015」2016年。
厚生労働省子ども家庭局・社会援護局障害保健福祉部「児童養護施設入所児童等調査
　　の概要（平成30年 2 月 1 日現在)」2020年 1 月。
・第 3 節
厚生省編『厚生白書 平成元年版』厚生統計協会，1990年。
厚生省編『厚生白書 平成 5 年版』厚生問題研究会，1994年。
子育てひろば全国連絡協議会編，渡辺顕一郎・橋本真紀編著『詳解 地域子育て支援
　　拠点ガイドラインの手引――子ども家庭福祉の制度・実践をふまえて 第 3 版』中
　　央法規出版，2018年。
汐見稔幸監修『子育て支援の潮流と課題』ぎょうせい，2008年。
杉山千佳『はじめよう！子育て支援・次世代育成支援』日本評論社，2009年。

第3章	保育士による子ども家庭支援

1　保育の専門性を活かした子ども家庭支援の意義

（1）保育士に求められる子育て支援

1）保育士の専門性

　児童福祉法第18条の4には，「この法律で，保育士とは，第18条の18第1項の登録を受け，保育士の名称を用いて，専門的知識及び技術をもつて，児童の保育及び児童の保護者に対する保育に関する指導を行うことを業とする者をいう」と規定されている。そして「子どもの保護者に対する保育に関する指導とは，保護者が支援を求めている子育ての問題や課題に対して，保護者の気持ちを受け止めつつ行われる，子育てに関する相談，助言，行動見本の提示その他の援助業務の総体を指す⁽¹⁾」それらを保育士の専門的知識・技術をもって行わなければならない。保護者の求めていることとは，言葉や態度・行動などで直接的に表していることもあれば，直接的に表れていないこと（内在的なもの）もあるため，保護者の様子や状況などを常に観察し，保護者の思いに寄り添い，その思いを受けとめていくことが大切である。

　それでは，保育士に求められる専門的知識及び技術とは何か，『保育所保育指針解説』に保育所の保育士に求められる主要な知識及び技術として，次のように考えられると示されている（下線筆者）⁽²⁾。

　　①　一人一人の子どもの発達を援助する知識及び技術。
　　②　子ども自らが生活していく力を細やかに助ける生活援助の知識・技術。
　　③　保育の環境を構成していく知識及び技術。
　　④　様々な遊びを豊かに展開していくための知識及び技術。
　　⑤　気持ちに寄り添いながら適宜必要な援助をしていく関係構築の知識及び技術。

⑥　保護者等への相談，助言に関する知識及び技術。

　さらに，「これら専門的知識及び技術を適切かつ柔軟に用いながら，子ども
の保育と保護者への支援を行うことが求められている」ことが明記されている。
つまり，保育所で行われる子育て支援は，それのみが単独で行われるものでは
なく，保育士の専門的知識及び技術を用いて，子どもの保育と密接に関連して
行われるものである。この基本原則を子育て支援の根底に置き，保育所でどの
ような視点をもち，どのように保護者への子育て支援を行っていくとよいのか
を考えていく必要がある。

2）保護者の気持ちを受容して

　保護者に対して子育て支援を行うにあたっての基本姿勢として，保育所保育
指針に「保護者の気持ちを受け止め，相互の信頼関係を基本に，保護者の自己
決定を尊重すること⁽³⁾」と示されている。子育て支援を行うにあたって，保護者
自身が子育てについてどのように考えているのかを理解することが重要である。
保護者のことを「子どものことや子育ての方法について何も知らない存在であ
る」と思うと，「教えなければならない」と一方的に指示してしまうことが予
想される。

　しかし，一方的に教えられたことは，自分のこととして考えることができな
いことが多いため，保護者に向けた適切な行動，対応とはなりにくい。そのた
め，まずは保護者がどのように思っているのか，どうしようと考えているのか
などの気持ちを理解することが必要となる。そして保護者の気持ちを理解し，
その気持ちを受けとめることで保護者との信頼関係が構築されていく。その信
頼関係を基盤として，保護者の子育ての悩みや問題となっていることについて，
保育者が共に考えたり，助言したり，行動見本などを提示するなどの援助技術
を使って支援を行っていくのである（図3-1参照）。

（2）子育ての喜びの共有

　保育者が保護者と関わる時には，常に子どものことが介在している。「保育
所で今日はこんなことをしました」「今日はこんなことができたんですよ」「こ
んな姿が見られて感動しました」など，保育所での子どもの様子を日常の送迎
時に保育者から保護者に伝える。保護者もまた，家庭での様子を保育者に伝え

図3-1　子育て支援の考え方

出所：筆者作成。

る。そのような会話の中で，子どもの成長を保護者に伝えることで，保護者が
わが子の成長を実感する場面も多い。その際，保育者は単に伝えることだけで
終わらず，保護者と一緒に子どもの成長を喜び，嬉しさを共有する。このよう
に気持ちを共有することは，保護者にとっても保育者にとっても，この上なく
喜ばしいことである。そして，この喜びが子どもの育つ力になり，保護者の子
育て力を高めることにもつながっていく。

『保育所保育指針解説』の中にも「保護者に対する子育て支援に当たっては，
保育士等が保護者と連携して子どもの育ちを支える視点をもって，子どもの育
ちの姿とその意味を保護者に丁寧に伝え，子どもの育ちを保護者と共に喜び合
うことを重視する[(4)]」と明記されている。子育ての喜びを保護者と共有すること
がいかに重要なことであるかを，しっかり心に留めておかなければならない。

2　子育て力向上のための支援

(1) 保護者の自己決定を尊重して

子育て支援の目的は，保護者の養育力向上および良好な親子関係を構築する
ことである。これらの目的を達成するために，保護者自身の子育て力を高めて
いくために，保護者の自己決定を尊重して支援していくことが重要である。

児童福祉法に「国及び地方公共団体は，児童の保護者とともに，児童を心身
ともに健やかに育成する責任を負う」(第2条)と定められている。保育者は
「保護者とともに」をキーワードとし，保護者の子育てをサポートする。その
サポートとは，前述したように『保育所保育指針解説』で示されている「子育
てに関する相談・助言・行動見本の提示その他の援助業務[(5)]」を行うことである。

これらの援助業務として関わり方の方法などを提示提案したり伝えたりする

時に留意することは，保育者からの一方的な提示にならないようにすることである。保護者が自分で「やってみよう」と思うことが支援の重要ポイントである。なぜなら，自分で決めたことでなければ実感できないからである。たとえば，保育者が子どもへの関わり方の見本を見せて，「このようにして下さい」と指示して，保護者が心から対応できるであろうか。「先生の言った通りにしたけれどうまくいかなかった」ということにもなりかねない。保育者がさりげなく関わり方の見本を見せることで，「あ，それだったら私にもできるかも」と自分で納得することが重要なのである。そして，何より大切なことが，今のあるがままの保護者を受容的な態度で受けとめ，保護者の気持ちに共感し，保護者なりに子育てをしていることを承認することである。この受容・共感・承認が基盤となり，保育者と保護者の信頼関係が構築され，保育者の支援に対し保護者が自己決定して子育てに前向きに取り組めるようになるのである。

（2）保護者が主体的な子育てを楽しめるように

　保育所を利用している保護者への支援として，保育所保育指針に「保育の活動に対する保護者の積極的な参加は，保護者の子育てを自ら実践する力の向上に寄与することから，これを促すこと[6]」と示されている。

　保護者は自身の子育てに対して不安を感じていたり，子どもの示す行為等に問題を抱えていたりし，「子育てがうまくいかない」「私だけ大変な思いをしている」などの思いを抱くことがある。保育所保育指針に示されている上記の視点は，保護者が抱くこのような思いに対して，保育者として寄り添い，保護者自身が子どもへの関わり方に気づいたり，子どもの発達について理解したりして，子育てに対する不安を取り除くことを示唆している。保育の活動に保護者が参加することにより，子どもとともに楽しむ経験・体験をし，楽しさを感じたり，子どもと楽しさを共有したりすることで，子育てに対する不安が取り除かれたりする。『保育所保育指針解説』の中でも「保護者が保育士等と共に活動する中で，自分でも気付かなかった子育てに対する有能感を感じることもある[7]」と述べられており，保護者の子育てを支援するための重要な手立てとなることがわかる。

　それでは，どのように保育の活動への参加を促すとよいのだろうか。保育所

を利用している保護者は，就労等により一斉的に参加を求めることは難しい。そのため，1週間から1カ月程度の期間を設け，保護者の都合の良い日程で参加できるような取り組みにすることが望ましい。取り組みの方法としては，「保育参加」や「お母さん先生，お父さん先生として保育体験」をするなど，保育の場に保護者が入り込む方法が有効的である。自分の子どもや他の子どもたちと生活を共にし，一緒に遊んだり，絵本の読み聞かせなどをしたりする。また，保育者の保育活動に補助的に参加し，保育を体験する中で様々な子どもたちと関わるといった内容である。

　このような取り組みに保護者が参加し，子ども同士の関わりや遊びの様子を見たり，保育者の子どもへの関わり方を見たり，話を聞いたりすることで，子育てに対する不安が取り除かれることも多い。さらに子どもの成長を受けとめ，保護者自身の子育て力の向上につながっていくと考えられる。

3　保育における子どもへの理解

（1）一人ひとりの子どもの発達理解と子育て家庭への支援

　子どもは誕生した時から，育とうとする力をもっており日々発達していく。この成長の過程で一人ひとり違った姿を見せる。しかし，発達の過程はみな同じである。誕生後，4カ月頃に首が座り，1歳頃に一人歩きを始める。体の発達とともに言葉の獲得，認識機能が発達し，三項関係が成立する。その頃から自我が芽生えはじめる。

　この頃になると，子どもは大人の思い通りにならなくなる。それまでは，大人からの働きかけに反応し大人とのやり取りを楽しむが，自我の芽生えとともに「ジブンガ」「ジブンデ」と自分の意思をはっきり表し，自己主張が強くなっていく。1歳半から2歳頃にこういった発達が現れはじめる。「第一反抗期」「イヤイヤ期」などと呼ばれる時期である。

　保護者は，赤ちゃんの頃は夜泣きがあったり，抱っこをしていないと泣いてしまったり，ミルクを飲まない，離乳食を食べないなどの悩みを抱えることがある。1歳半を過ぎると前述のイヤイヤが始まり，気持ちの休まる時がないなどの悩みを抱えることもある。多かれ少なかれ保護者は子育てをする中で悩み

を抱える。一昔前までは，祖父母が近くに住んでいたり，近隣の協力を受け，話を聞いてもらったり，子どもを預けたりなど，支えてもらっていたことも少なくはない。しかし，現代の社会状況の中では，身近に助けを求める親せき等もなく，保護者が1人で抱え込むことも多くなっている。

そのため，国の施策としても「社会全体で子育てを支える」（子ども・子育てビジョン）という基本理念の下，2015年に「子ども・子育て支援新制度」が制定され，教育・保育の場の量を拡充することを目指した。その制度の一つとして地域型保育事業が新設され，乳児保育の場が増えている。さらに地域の子育て支援の充実に積極的に取り組むことが必要となり，保育所における子育て支援が重要視されている。保育者は保育の特性とその専門性を活かし，子どもの発達について保護者が受けとめ理解できるように伝えるとともに，子どもにとって良い関わりを保護者とともに考え，子育て家庭を支えていく役割をもつ。

（2）保育所の生活と家庭の生活との連続性

子どもは8時間から11時間という1日の生活の大半を保育所で過ごす。中には，延長保育，夜間保育を利用する場合もあり，朝は目覚めてすぐに登園し，降園後は食事・入浴してすぐに就寝するという生活を送る子どももいる。このような生活の中で，保育所の生活と家庭の生活を分断して考えることは子どもが健やかに育つための良い環境とはいえない。そのため，1日（24時間）の生活を見通し，連続した生活として保育所と家庭が協力・協働し，子どもの育ちを支えていかなければならない。

つまり登園時には，家庭での子どもの様子（機嫌・体調・食・睡眠・遊びなど）を保護者から聞いたり視診をしたりして，その日の状況を把握する。その状況を受けとめて保育所での生活をスタートする。起床時間が違ったり，朝食を食べた時間が違ったりする一人ひとりの子どもの生活リズムを考慮して，保育所におけるデイリープログラムを考える必要がある。また降園時には，朝の状態からの変化や1日どのように過ごしたかなどを保護者に伝え，家庭生活へとつなげていく。さらに登降園時のやり取りだけではなく，様々な方法で連携を取っていく。保育所と家庭は車の両輪のごとくお互いを認め合い，情報を共有し合い，協力し合って子どもに関わっていかなければならない。そうすることで，

子どもは安心・安定した生活を送ることができ，健やかに育っていくのである。

4　保護者への理解に基づく支援とその手法

（1）日常的・継続的な関わりを通した保護者理解

1）家庭環境や家庭の文化を理解して

　保育所に通う子どもの家庭環境は様々である。家族構成，保護者の働き方，文化の違い，さらには保護者の子育てに対する考え方の違いがある。また，子どもに発達上の課題が見られる場合や外国籍家庭，ひとり親家庭，貧困家庭など，特別な配慮を必要とする家庭もある。そのため，保育者は一人ひとりの子どもの成育歴や家庭環境について把握するとともに，それらの状況を考慮した関わり方・支援を考えなければならない。また，各家庭にあった支援となるよう保護者の意向を踏まえて支援を構築していくことが必要となる。

2）保育の環境を活かした子育て支援

　前述したように，保護者が保育活動に積極的に参加することで，子育て力の向上につながる支援になる。しかし保育活動に参加する機会は年に何回も設定することは難しい。日頃の保育をいかに保護者に伝え，保護者の子ども理解・保育理解を求めていくのかが，保育所の課題となる。現在ではICTを活用し，保育の様子を動画や写真でホームページに公開している保育所もある。しかしながらICTによる情報発信は一部であろう。基本的に保護者の送迎が主である保育所においては，掲示という方法により保育の様子を発信することが多い。資料3-1・2は，保育活動の一つの場面の写真を保育者の思いを込めたコメントをつけて掲示したものである。日々の保育活動を掲示という環境を利用し，保護者に伝える取り組みの一つである。また，このような掲示物があることで，写真を見ながら子どもが説明するなど親子の会話が増え，子育て支援として重要な取り組みといえる。

（2）子育て支援を行うための知識・技術

　本章の冒頭で述べたように，子育て支援とは保育士の専門的知識・技術をもって保護者が支援を求めている子育ての問題や課題に対して，相談・助言・行

資料 3 - 1　　　　　　　　　　　　　　　　資料 3 - 2

びわ

皮むき体験(幼児組)

キウイ収穫！！

園庭のキウイを収穫しました。
年長さんが、一人一人はさみでチョキンと
切りました。

どうだったか、お子さんに
聞いてみてくださいね。

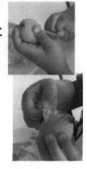

年少さんも触りたい気持ちを抑え
て、何度も見ていました。

出所：大山保育園資料。

出所：大山保育園資料。

表 3 - 1　子育て支援に求められる態度・知識・技術

Ⅰ 保育者としての基礎力	① 親子との関係構築 ② 保育者同士や多職種との連携 ③ 自ら活動を振り返り、学ぼうとする姿勢
Ⅱ 保育に関する知識・技術	④ 子どもの成長・発達の援助 ⑤ 子どもの生活の援助 ⑥ 保育の環境を構成する力 ⑦ 遊びを展開する力
Ⅲ 子育て支援に関する知識・技術	⑧ 観察 ⑨ 課題の読み取り ⑩ 受容・共感 ⑪ 気持ちの代弁 ⑫ かかわり方の提案 ⑬ 保育や子ども理解を促す環境の構成 ⑭ 情報の提供 ⑮ 説明・解説 ⑯ 行動見本を示す

出所：小原敏郎・橋本好市・三浦主博編『演習・保育と子育て支援』(学ぶ・わか
る・みえる シリーズ保育と現代社会) みらい、2019年、45頁。

動見本の提示その他の援助業務を行うことである。子育て支援を行うための知識・技術について，小原敏郎は表3-1のように示している。[8]これらの知識・技術はその一つひとつが単独で使われるものではなく，様々な知識や技術が関係し合い連動して使われることは前述した通りである。ここでは実際にそれらの知識や技術がどのように関連して使われているのか事例を通して考えていくことにする。

　以下の事例から表3-1に示されている子育て支援に求められる態度・知識・技術が，どのように使われているのかを考えてみよう。

── 事例　4歳児（貴史くん）の母親への支援 ──

　貴史くんは乱暴な行動が多く，他児を叩いたりぶつかったり物を取ったりすることが多い。母親の対応は我が子を受けとめようとする気持ちが見受けられず，保育者から声をかけても聞く耳をもたない（貴史くんが他児に対して危害を加えてしまうことが多く，保育者が母親に声をかける時は貴史くんの困った行動について話すことが多かった）。これまで母親の気持ちを理解しようとしていなかったことを反省し，困った行動のみを伝えるのではなく，貴史くんの生活の様子，遊びの様子，良いところなどを母親に伝えるように心がけた。また，貴史くんに対しても「笑顔で声をかける」「貴史ちゃん，これいいね。と認める言葉をかける」「貴史くんのいいとこ見つけをし，職員で共有する」など職員間で意思統一をし，貴史くんに関わるようにした。

　1カ月経過する頃から貴史くんの態度に変容が見られ，保育者に甘える姿を見せたり，落ち着きが見られたり，気持ちの表現の仕方が少しずつ変化してきた。まだ，貴史くんの行動が他児に対して良くない行動になることもあるが，その時の思い（何をしようと思ったのか）を母親に伝えるようにした。その結果，母親が貴史くんを受けとめ認めるようになり，保育者に対しても笑顔を見せ，話に耳を傾けるようになった。

　この事例では，表3-1にあるように①親子との関係構築，②保育者同士や多職種との連携，③自ら活動を振り返り，学ぼうとする姿勢，といった保育者としての基礎力を基盤とし，④子どもの成長・発達の援助，⑤子どもの生活の援助，といった保育の専門性を活かし，⑨課題の読み取り，⑩受容・共感，⑮説明・解説，⑯行動見本を示す，という子育て支援に関する知識・技術を使って保護者に対する支援を継続して行っている。その支援により子どもが変化し，

それに伴い保護者の気持ちにも変化が見られた。保護者の変容を求めるのは難しいが，子どもが変容していくことで保護者の心に保育者の思いが届いていくことがわかる。これらのことから，子育て支援は，保育と密接に関連していること，様々な知識や技術を関連させて総合的に行うものであることが理解できるのではないだろうか。

5　保育士に求められる基本的態度

（1）家庭（保護者）支援の必要性

　児童福祉法第48条の4において，保育士は「保育所における通常業務である保育に支障をきたさない範囲で，情報提供と相談及び助言を行うよう努めること[(9)]」と，保育所が所在する地域の実情や各保育所の特徴を踏まえ，子育て支援を積極的に行うよう規定している。このように，保育士は保育所に在籍する子どもだけでなく家庭（保護者）への支援も必要であり，保育所が位置する地域の在宅で子育てをする保護者への支援も重要となる。

　最近では，発達に課題がある子どもも増えており，育てづらさを抱えている保護者も多い。また，ひとり親家庭や貧困等の問題から子育てに問題を抱えている保護者もいるだろう。そのような保護者への支援として保育所保育指針では「保護者に対する基本的態度[(10)]」として，①受容的態度，②保護者自らの選択と決定，③プライバシー保護と守秘義務の保障，④共感的理解等が挙げられている。つまり，保育所が地域の子育て支援の最も身近で専門的な機関として果たす役割は大きいことを意識しながら，支援に取り組むべきなのである。

（2）ソーシャルワークと保育士
1）保育士に求められるソーシャルワーク

　『保育所保育指針解説』では，保育所における子育て家庭への支援は「子どもや子育て家庭に関するソーシャルワークの中核を担う機関と，必要に応じて連携をとりながら行われるものであり，ソーシャルワークの基本的な姿勢や知識，技術等についても理解を深めたうえで，支援を展開していくことが望ましい[(11)]」としている。

　また，「保護者に育児不安等がみられる場合には，保護者の希望に応じて個別の支援を行うよう努めること」[12]や「一人一人の子どもの発達及び内面についての理解と保護者の状況に応じた支援を行うことができるよう，援助に関する知識や技術等が求められる。内容によっては，それらの知識や技術に加えて，ソーシャルワークやカウンセリング等の知識や技術を援用することが有効」[13]としており，ソーシャルワークの知識や技術を備え活用できる保育士が求められているのである。

2）ソーシャルワークとは何か

　それでは，ソーシャルワークとはいったい何であろうか。

　ソーシャルワークとは，「社会福祉援助技術」といい「人の生活に焦点を当て，社会資源を活用したり，人間関係を調整することによって，本人を取り巻く環境を調整（変化）し，本人自身の力で生活課題を解決できるよう援助すること」[14]である。たとえば，児童福祉施設で生活している子どもが家族と再び生活できるよう行政や地域と連携して環境を整備したり，母親が発達障がいを抱える子どもの育児に悩んでいた場合，児童発達支援センターなどの社会資源を活用できるよう援助することなどが挙げられる。

　このように保育士は，ソーシャルワークの知識や技術を活用しながら，あらゆる状況に置かれ苦しんでいる保護者や家族の問題を，様々な社会資源と結びつけながら解決に導き，その人らしく生きることができるよう支援していくことが求められているのである。

（3）ソーシャルワークの基本

　ここからは，ソーシャルワークの基本であるカウンセリングマインドとバイステックの7原則を用いて，保護者への支援に必要な基本的姿勢について説明していく。

1）カウンセリングマインド

　カウンセリングという言葉を聞いたことがあるだろうか。カウンセリングとは，会話や対話を通して相談者の心の中の問題や課題を整理していく営みのことを指す。カウンセリングを実施する人をカウンセラーといい，カウンセリングを受ける人をクライエントという。

しかし保育士はカウンセラーではないため，個人の心の問題に触れていくよりは，子どもの問題や家族問題，人間関係等の諸課題について寄り添い，安心できる中で具体的な支援を一緒に考えていくという役割をもつ。その時に大切にすべき姿勢がカウンセリングマインドである。つまりカウンセリングマインドとは，受容と共感を大切にしてどのような話でも傾聴する姿勢であることを意味する。

2）バイステックの7原則

多くの人は，自らの深刻な悩みや抱えている深い問題に対して話せる相手は「信頼関係のある人」であるといえる。しかし，信頼関係は容易に構築できるものではなく，また自然に作られるものでもない。

ここでは，相談援助者が利用者（＝相談者，相談に訪れた人）と信頼関係を築くために必要な基本的態度として，バイステックの7原則を紹介する。「バイステックの7原則」は，アメリカの社会福祉学者バイステック（F. P. Biestek）が定義したケースワークの基本姿勢である。以下は，この原則をもとにして相談援助者を保育士に置きかえて筆者がまとめたものである。

① 個別化の原則

一人ひとりの利用者を，他の誰でもない個人として捉えることである。

たとえば「他の人もそうでした」や「苦労されている人は他にもいる」等，利用者を一つのケース（事例）や典型例に属する人として（または比較対象として）対応してはならない。「個人として大切に対応されたい」という気持ちを尊重することが大切である。

② 意図的な感情表現の原則

利用者には，「肯定的な感情も否定的な感情もありのままに表現したい」という気持ちがあることを認識しなければならない。保育士は，その感情表現に「援助」という目的をもって耳を傾け，大切に受けとめた上で，利用者が安心して感情を表に出せるような雰囲気づくりに努めなければならない。

③ 統制された情緒的関与の原則

利用者は，「自分の気持ちに共感してほしい」という思いをもっている。たとえ保育士が利用者の気持ちに否定的な感情をもったとしても，まずは利用者に対し共感することを大切にしてほしい。そのため保育士は，自らの感情的な

傾向や体験に基づく気持ちを理解（自己覚知）しながら，自分の感情をコントロールして相手の気持ちに寄り添った冷静な対応をする必要がある。

④　受容の原則

利用者は「ありのままの自分を受けとめてほしい」という気持ちをもっているため，保育士は偏見や先入観をもたず，利用者のありのままの姿を捉えることが必要である。受容は利用者の逸脱した行為や行動を許容・容認することではない。たとえ，そのような行為や行動があったとしても「そうせざるを得なかった背景や気持ち」を丁寧に受けとめ，その先の「援助」につなげていくのである。

⑤　非審判的態度の原則

利用者は「一方的に非難されたくない」という気持ちをもっている。保育士は自分の役割は「援助」であり，善悪を判断（審判）する役割ではないと自覚しなければならない。たとえば，子どもを叩いてしまう親に対して（その行為自体は）「虐待である」と通告するが，「悪い親である」と判断することではないのである。

ただし，よりよい援助に向け専門職や専門機関がアセスメントをする際，利用者の態度や価値判断の基準，行動などについて多面的に評価・判断する必要はある。

⑥　利用者の自己決定の原則

利用者は，「自分の問題解決は自分で選んで決めたい」という気持ちをもっている。そのため保育士は，利用者ができる限り自己決定できるよう，情報の提供などの援助を行う必要がある。

⑦　秘密保持の原則

利用者の秘密を守ることは，保育士の倫理的な義務である。保育士には信用失墜行為の禁止（児童福祉法第18条の21）や守秘義務（同法第18条の22）といった対人援助専門職としての義務が課せられている。しかし，専門職や専門機関などで支援の方向性について協議していく場合，必要な情報は共有すべきである。そのため，利用者に対して必要に応じ情報を開示することについても理解を得ておく必要がある。

また，最近ではSNSの発達により，手軽に情報を発信・収集することが可

能となっている。特に保育士は子どもやその家族に関する詳細な情報を知りえる立場にある。その情報を安易に SNS 上に載せてしまい，訴訟問題へと発展した事例もある。そして今まで築いた利用者との信頼関係も崩れてしまうため，個人情報の取り扱いには十分留意する必要がある。

（4）信頼関係構築に向けた必要な視点

　保護者との信頼関係を構築し，よりよい支援につなげていくための視点はいくつか存在する。ここでは「エンパワメント」「ストレングス」「アウトリーチ型の支援」について説明していく。

1）エンパワメント

　たとえば，暴力に苦しむ人，障がいをもった人，あるいは貧困に苦しむ人々（または家族）が問題の解決に必要な知識や技術を身に付けながら内発的な力をもち，問題解決を図っていこうとする活動をいう。

　このエンパワメントの活動を促していくのも，保育士の役割である。問題を保育士が解決していくのではなく，保育士の支援をきっかけに自己決定や主体的な行動につながり自ら解決できるように導くことが重要なのである。

2）ストレングス

　ストレングスとは「強さ・強み」という意味である。たとえば，家族に課題が見られた場合，従来はその課題や弱みを克服しようとする支援がされてきたが，ストレングスは家族のもつ能力や家族を取り巻く環境の強みを引き出し活用していく視点のことをいう。

　そのため，ストレングス視点を活用するには，家族の抱える課題に対して「○○ができないから○○の支援が必要」と一方的に結論づける姿勢ではなく，「○○ができない状況の中でも，対応して生活してきた家族のストレングス（強み）は何か。そのストレングスをどのように活かして支援するか」について，家族とともに考えていく姿勢が必要になる。

3）アウトリーチ型の支援──自ら相談できない状態にある保護者への支援

　様々な問題や課題を抱えた家族に対する支援方法として，その問題を解決するために相談してくれたことで支援が始まる場合もあれば，保育士や子育て支援に関わる者自身がその家族に介入したことで問題や課題に気づき支援が始ま

る場合の2種類がある。

　後者を「アウトリーチ型の支援」といい，この典型的な事例として，乳児等のいる家庭に向けた訪問型子育て支援である「乳児家庭全戸訪問事業（こんにちは赤ちゃん事業）」が挙げられる。この事業は生後4カ月までの乳児のいるすべての家庭を保健師や保育士等が訪問し，様々な不安や悩みを聞き，子育て支援に関する情報提供等を行う。また，親子の心身の状況や養育環境等の把握とともに助言を行い，支援が必要な家庭に対しては適切なサービス提供につなげる。こうした支援は乳児家庭の孤立化予防にもなっている。[15]

　このように，何らかの理由によって相談できなかったり，未だ問題や課題に家族自体が気づけていない場合には，保育士等が自ら出向きその家庭の問題に積極的に介入することで，早期解決が可能な場合もある。

（5）よりよい支援につなげていくために——自己覚知と他者理解

1）自己覚知の必要性

　自分を知る「自己覚知」は，なぜ必要なのか。それは保育士自身（私という人間）そのものが，向き合う相手に対して何らかの影響を及ぼしてしまい，場合によっては支援のあり方を変えていく可能性があるからである。たとえば，家庭での躾について暴力や暴言を肯定している父親に対して否定的・批判的な感情をもつ保育士がそのまま否定的な感情を押し付けたらどうなるだろうか。また保育士自身がかつて虐待を受けた経験があったら，父親に対してどのような印象をもつだろうか。

　そこには，父親との信頼関係は築くことができないどころか，子どもにまで影響を及ぼしかねず，その後の支援が成り立たなくなってしまう。保育士は他者と向き合う中で，自身の中で大切にしている「信念」が揺らがないよう自分と他者をどちらも尊重していく姿勢が求められる。暴力は否定するという保育士の信念は大切にしながらも，父親がなぜそのような行為をするようになったかという理由や背景を考えなければならない。さらに言えば，自らの生い立ち（成育環境・家族関係）等も丁寧に整理していく必要がある。

　そして大切にしている「信念」を軸に，自分の感情や思考，行動の傾向や価値観等をよく理解し，日常生活の中で発する言葉や表現する態度，それによる

他者の反応や姿勢などを常に振り返りながら，援助する過程において自分自身を適切にコントロールしなければならない。だからこそ，自分を知る（自己覚知）が必要なのである。

2）他者理解

他者を理解するということは，実は容易なことではない。保育者を目指す学生が保育実習（児童福祉施設等での実習）の目標を立てる際「子どもを理解する・障がい児（者）の理解に努める」と設定することがある。子どもや障がい児（者）の理解をすること自体は，よりよい支援を模索していくために必要なことだといえるが，すべて理解しているかといえばそうではない。

実は，理解したと思えるのはその人の一部分であること，そして理解には限界があることを認識しなければならないのである。つまり人を理解することに限界があるからこそ，常に相手について知りたい，理解したいという真摯な姿勢をもち続けることこそが，他者理解につながるのである。

6　子ども家庭支援と保育ソーシャルワーク

（1）保育ソーシャルワークを活用した家庭支援の流れ

家庭（保護者）支援は適切なアセスメント（評価）が必要である。

そのアセスメントを適切に行うためには，その家庭（保護者）についてのより多くの情報が必要となる。家庭支援の初期段階に作成されるものがフェイスシートであり，その情報を基に適切な支援計画を検討していく。

また家族関係を図式により可視化したジェノグラムや，その家庭と社会資源とのつながりを把握するために図式化したエコマップ等も，有効的な家庭支援には必要な資料であるといえる。

しかし，これらの支援は保育所（または保育士）が単独でできるわけではないため，地域の子育て支援機関や行政・教育・医療等，様々な機関との連携を通して重層的に支援していく必要があるだろう。効果的な家庭支援を行うために，保育士は日頃から多様な機関との連携を意識しながら取り組んでいく必要がある。

（2）保育におけるソーシャルワーク

1）ソーシャルワーカーとしての保育士の役割

　保育士が担う業務は，主に子どもに対して直接的な生活支援をすることである。特に乳児保育の場合はケアワークが中心であることが多い。

　ソーシャルワークとは，社会的な問題の解決を援助するための社会福祉の実践的活動のことで，このソーシャルワークを行う人のことをソーシャルワーカー（社会福祉士など）と呼んでいる。ソーシャルワーカーの役割は，生活に不安を抱えている人や社会的に疎外されている人などとの関係を構築し，相談者本人だけではなく課題の背景や周囲にある家族，友人，その他の関連機関や環境にも働きかけながら問題の解決に努めることである。

　これを保育士に置き換えてみる。子育てに不安や悩みを抱えている保護者の話や思いを聞きながら，信頼関係を構築していく。そしてその不安や悩みの背景（本質）は何かを明らかにした上で，保育所やそれ以外の専門機関（社会資源），地域や家族と連携を図りながら解決に導いていくことだといえる。

2）児童福祉施設の家庭支援

　乳児院や児童養護施設，児童心理治療施設，児童自立支援施設には，子どもと家庭をつなぐ役割をもつ「家庭支援専門相談員」が配置されている。家庭支援専門相談員はファミリーソーシャルワーカー（以下，FSW）と呼ばれ，その資格要件は社会福祉士，精神保健福祉士，施設において 5 年以上従事した者または児童福祉司の任用資格を有する者とされている。

　主な業務として児童相談所との密接な連携の下，入所児童の早期家庭復帰，里親委託等を目的として相談・指導を行う。子どもたちは，地域から児童相談所を経由して児童福祉施設に入所するため，生活支援と同時に，自立支援計画を策定し施設退所後の方針について予め検討しておく。家庭復帰か施設からの自立による退所か，もしくは養育家庭（里親）につなげていくのか等，社会資源の活用も考えながら決めていくのである。

　FSW は関係機関や社会資源とのつながりを意識した取り組みが求められるが，何よりもまず，子どもやその家族との信頼関係が構築されていることが前提となる。そのためにも，子どもを担当する保育士や児童福祉司との日常的な情報共有も大切な役割の一つともいえる。

（3）ソーシャルワークの方法と種類

　ソーシャルワークの方法や種類は様々あるため，ケースや課題の大きさによって使い分けていく必要がある。

1）直接援助技術

①　ケースワーク（個別援助技術）

　問題や課題を抱え悩んでいる人に対個別に話を聞いて援助すること。

②　グループワーク（集団援助技術）

　集団や，集団に参加する個人を対象とした直接援助技術をいう。たとえば，同じ悩みや課題をもつ人たち（集団）の間に相互作用を促し，悩みや課題の共有（普遍性），励まし認め合う環境をつくり，専門的な知識や経験を備えた職員が助言・援助すること。

2）間接援助技術

①　コミュニティワーク（地域援助技術）

　生活環境や地域住民などに焦点を合わせ，課題を解決していこうとする取り組み。地域と行政，NPOなどの諸団体と結びつけながら福祉活動を展開していくことも重要である。

②　ソーシャルアドミニストレーション（社会福祉運営管理）

　社会福祉制度や各種のサービスは複雑化・多様化し財源も予め決められている。その中で質の高いサービスを提供するために，施設運営管理（人事や経理，人材育成やリスクマネジメントなど）を適切に行うための取り組みである。

③　ソーシャルアクション（社会活動法）

　行政機関や社会制度に対して，当事者（本人やその家族）や市民などが直接働きかけて行政を動かし，法律や制度を変える動きに結びつけること，あるいは法律や制度の改善を目的とした福祉運動を行うことである。

3）関連援助技術

①　スーパービジョン

　保育や福祉現場の初任者等の未熟な職員が，経験豊富な職員または同じ分野の専門家との規則的な面接や継続的な訓練・教育を通して，専門的なスキルを向上させることである。実習先で学生らが職員から具体的な助言や指導を受けることもその一つである。

② コンサルテーション

異なる分野の専門性をもった人たちが，ある問題に対して検討し合うこと。コンサルテーションは，問題を抱える人の周りの環境にアプローチし，最終的には自分たち自身で支え合い，問題解決力を高めていくことを目的としている。

（4）保育ソーシャルワークの具体的な展開

1）支援過程

生活課題を解決していくためには，いくつかの過程を経て実践されていくが，その中で課題を抱えた人（対象者）の最

図 3 - 2　支援の過程

| ① ケースの発見 |
| ↓ |
| ② インテーク（受理面接） |
| ↓ |
| ③ アセスメント（事前評価） |
| ↓ |
| ④ プランニング（支援計画の策定） |
| ↓ |
| ⑤ インターベンション（支援の実施） |
| ↓ |
| ⑥ モニタリング（経過観察・中間評価） |
| ↓ |
| ⑦ エバリュエーション（事後評価） |
| ↓ |
| ⑧ 支援の終結 |

出所：佐藤伸隆・中西遍彦編『演習・保育と相談援助　第 2 版』みらい，2014年，45頁，一部改変。

善の利益を考えた計画の策定が必要となってくる。その過程はおおむね 8 段階に分けられ整理されているが，保育士が関わるのは一部の可能性もある（もちろん全体に関わることもある）。そのため，自らの支援が今後どのようにつながっていくのか（全体像）を理解して取り組むことが必要である（図 3 - 2）。

2）支援過程における方法と留意点

① ケースの発見

対象者が生活課題を抱え支援の対象になった場合をケースという。ケースの発見には，相談に来る場合とアウトリーチによって発見する場合がある。まずは対象者の不安を取り除き効果的な支援につながるよう「ラポール（信頼関係）」の形成に重点を置くことが重要である。

② インテーク（受理面接）

支援者（ここでは保育士等）がケースの発見後初めて対象者と出会う機会であるため，まずは傾聴を心がけ不安や悩みを丁寧に聴きながら課題を明確にしていく。そして今後の支援方法や内容について考えていくが，重要なのは課題に対して共に解決していくことを確認（契約）することである。支援者は対象者の思いを引き出すために，受容・共感・個別化を常に意識しなければならない。

さらに問題の緊急性の有無について判断し，その度合いが高い場合はすぐに対応する必要がある。

　③　アセスメント（事前評価）

　支援計画を策定する前の評価であり，適切なアセスメントができなければ，効果的な支援は期待できない。まずは「フェイスシート」を活用し，対象者が置かれている状況を把握していく。次に「ジェノグラム」「エコマップ」等を作成し，問題の全体像を明らかにしてニーズを把握する。そして，対象者の希望や要望をよく聴きとり，ストレングスの視点も大切にしながら支援計画に反映していく。

　④　プランニング（支援計画の策定）

　アセスメントを基に支援計画を策定していくが，できるだけ対象者の意向に沿い実行可能性の高い内容にしていく必要がある。短期（1週間〜1カ月）・中期（数カ月から半年）・長期（半年から1年以上）的な目標も設定し，社会資源との結びつきも考えながら策定していく。そして可能な限り対象者にも参加してもらい，計画に対しての十分な「説明」と「同意」を得られるよう留意する。

　⑤　インターベンション（支援の実施）

　支援計画策定後は，プランニングに沿った援助を実践的に行う。援助を効果的に進めていくためには，地域の福祉施設や機関，NPO団体やボランティアなどとの連携が重要である。また，対象者と各機関が円滑につながれるような「交渉や調整」にも努めなければならない。

　⑥　モニタリング（経過観察・中間評価）

　一定期間の実践を踏まえ，その経過を観察・評価することである。支援計画に沿った支援が的確に進んでいるか，短期・中期目標などの到達度などを確認する。その経過の中で対象者に新たな問題や不都合が生じたり，サービスの提供に支障がある場合には再度アセスメントを行い，支援計画の見直し・修正を行う必要がある。つまり，支援者は対象者の生活環境の変化や新たなニーズ，サービス提供状況等において，常にアンテナを張り，柔軟に対応できるよう取り組まなければならない。

　⑦　エバリュエーション（事後評価）

　支援期間の終わりの段階で支援全体を振り返り，支援計画・実施などの評価

を行う。事後評価を基に支援の継続か変更か終結かの判断をする。事後評価では，プランニングの際に設定した目標が，いかに達成されたかを確認する。また，問題の本質が解決されたか，対象者の満足度や支援内容や方法は適切であったかどうか等の確認をする必要もある。

⑧　支援の終結

ソーシャルワークの過程において支援する期間はケースによって様々である。どちらにしても，対象者の問題が解決されたり，支援の必要性がなくなった場合には終結を迎える。対象者は，支援期間が長期になるほど支援が終了することに不安を覚える傾向が強い場合がある。新たな問題が生じた場合は，いつでも相談に来てほしいと伝えることも必要である。

以上がソーシャルワークの支援過程である。この過程はケースの発見から終結まで継続して行われる必要があり，それぞれの段階において留意すべき事項がある。支援者はその留意点を自覚し，対象者の最善の利益が保障されるよう心がけなければならない。

（5）記　　録

1）記録の目的と活用

保育士の書く記録は，公的文書として取り扱われる。そして，この記録によって支援に携わる他の専門職や関係機関がより正確に必要な情報を共有でき，現在の状況を把握し，課題を明らかにするなど，今後の支援の方向性を決めていくための重要な資料となる。

また記録するという行為自体が，保育士自身の振り返りともなる。支援の方法や内容の整理ができ，支援が適切であったかどうか評価の判断や今後の支援について振り返る機会となる。さらに，スーパービジョン（助言・指導）を受けたりケーススタディ（事例検討）やケースカンファレンス（支援会議）の際の検討資料として活用したりと自己研鑽の機会にも活用できる。保育士には支援内容や支援方法について，対象者に説明をする責任（アカウンタビリティ）があるため，第三者が確認しても読みやすく理解しやすい内容であることが求められる。

２）ケースの理解を深めるための記録の種類と方法

①　フェイスシート

フェイスシートとは，福祉や医療等の現場で対象者の氏名や年齢，性別，住所などの基本情報を記すために用いられる書類のことをいう（資料3-3）。また，対象者はどのような人で，どのような経緯をたどって支援を受けることになったのか，といった理解を施設全体で共有するための基礎資料ともなる。

さらに，今後の支援計画（自立支援計画や個別支援計画など）を作成する際にも参考となり，家族関係や社会資源とのつながり，経済状況なども組み合わせることによって，より現実的で効果的な支援内容や方法を提案できる。

②　ジェノグラム

支援を必要とする対象となる家族を理解するために，ジェノグラム（家族関係図）を活用する。ジェノグラムとは記号を使って3世代以上の家族の人間関係を図式化したもので，家族構成や家族内の関係や状況を把握するためのものである（図3-3・4）。

対象者と周囲の人間関係を視覚的に捉えることができ，出自や結婚・離婚や死別といった人生の大きな出来事なども同時に確認できる。さらに対象者が子どもの場合，親にとって子どもはどのような存在なのか，どの子どもが親からの虐待を受けているのか，他のきょうだいの状況や対象者を支援する親族（キーパーソン）の有無等，仮説を立てながら支援の方向性を考えるツールになる。

③　エコマップ

エコマップとは，1975年にハートマン（A. Hartman）によって考案されたもので，複雑な問題を抱えた対象者や対象となる家族に，どのような支援機関（社会資源）が関係しているのかを線や記号を用いて表したもので「生態地図」とも呼ばれている（図3-5）。支援計画を立てる際の検討会議などで，対象者を取り巻く人間関係や社会関係が明確に把握でき，協力体制を高めることなどに活用できる。

さらにエコマップの作成を支援者と対象者が共同で行うことで，自らの問題や自分を取り巻く環境を客観的に把握することにもつながり，援助の効果を高めることができる。

資料 3 - 3　フェイスシート様式例

受理年月日	平成　　年　　月　　日　相談歴　有・無					担当者	
事例番号			種別				

<table>
<tr><td rowspan="5">子ども本人</td><td>氏　名
(通称)</td><td colspan="2">（　　　　　　　　　　　　）</td><td>性別</td><td>男
女</td><td colspan="2">生年月日（S・H）
　　　年　　　月　　　日</td><td>年齢</td></tr>
<tr><td>保育所等利用</td><td>保育所
幼稚園</td><td colspan="3">保育所・学校名等
担任　　　　　　　　　　その他の関係職員</td><td colspan="2"></td><td>学年　　　年</td></tr>
<tr><td>本籍地</td><td colspan="6">都　道　府　県（外国籍　　　　　　　　　）</td><td></td></tr>
<tr><td>現住所</td><td colspan="7"></td></tr>
</table>

保護者	氏　名		続柄	
	現住所			
	電　話		勤務先	（留意）

保護者	氏　名		続柄	
	現住所			
	電　話		勤務先	（留意）

相談者	子どもとの関係
主　訴	

家族状況	続　柄	氏　　名	生年月日	年　令	職　業 （就業時間）	健康状況	備　考 （居住等）

生活状況		経済状況	

福祉サービス・機関等利用状況	

統計分類	経路			種類別		処理	

出所：厚生労働省『子ども・若者ケアプラン（自立支援計画）ガイドライン　別冊2（3）』別紙1　児童記録票「フェイスシート」2018年，3頁。

図3-3　ジェノグラムに用いる記号

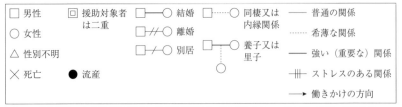

□ 男性	□ 援助対象者は二重	□——○ 結婚
○ 女性		□┈┈○ 同棲又は内縁関係
△ 性別不明	□—//—○ 離婚	——— 普通の関係
✕ 死亡	□—/—○ 別居	┈┈┈ 希薄な関係
● 流産		━━━ 強い（重要な）関係

出所：佐藤伸隆・中西遍彦編『演習・保育と相談援助 第2版』みらい，2014年，98頁，筆者改変。

図3-4　ジェノグラムの記入例（名前は仮名）

◎年齢・結婚・死亡時期などの情報を書き込む
◎同居家族を線で囲む
◎子どもは左から第1子・第2子と順番に配置する
出所：図3-3と同じ。

3）ジェノグラムとエコマップ作成──ミニ演習課題

①　対象者のプロフィール

　さくらさん（20歳・女性）　　高校卒業後会社に勤めたが，人間関係のトラブルで退職して現在は工場でパートをしながら，母親（50歳）と高校生の弟（17歳）と生活している。

　当時，アルバイト先が一緒であったたかしさん（25歳・男性）と交際中に妊娠がわかり，さくらさんはかすみちゃんを出産した。同時に婚姻関係を結ぶが，たかしさんの暴力がひどくなり母親のアパートに身を寄せている。

　たかしさん（25歳・男性）　　両親の離婚後，ひとり親（父子）家庭で育つ。厳格な父親の厳しい躾の下，有名私立高校・有名私立大学卒業後，大企業

図 3 - 5　エコマップの記入例

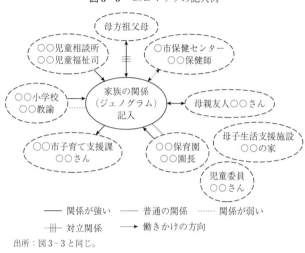

　　　―― 関係が強い　　― 普通の関係　　…… 関係が弱い
　　　―‖― 対立関係　　　→ 働きかけの方向
　　出所：図 3 - 3 と同じ。

に就職したが人間関係につまずき退職した。現在はコンビニでアルバイトをして生活を送っている。さくらさんと出会い結婚，子ども（かすみちゃん）を授かるが，仕事でのトラブルが重なり，さくらさんに暴力をふるうようになる。

　　かすみちゃん（3 歳・女の子）　　元気で活発な女の子である。乳幼児健診の際，保健師から言葉の発達に遅れがある可能性を指摘される。地元の保育所に通っている。

　② 事　　例

　乳幼児健診で発達の遅れを指摘された母親のさくらさんは，かすみちゃんの子育てに悩み不安を抱えるようになった。保育所の園長先生も気にかけていて，送迎の際に声をかけたり家庭訪問を行ったりして，その不安を取り除こうと試みたが，さくらさんはまったく応じなかった。

　また，夫のたかしさんから金銭の要求をする電話も度々あったため，さくらさんは精神的に追い詰められ，かすみちゃんに暴力をふるってしまうこともあった。そのような気持ちを小学校から仲が良かった友人のあやみさんに相談すると，市の相談窓口を教えてくれた。さくらさんは，女性相談センターにたかしさんの暴力や今後の生活について相談した。その時，かすみちゃんに対する育児不安も相談すると，児童発達支援センターを紹介してもらい，通ってみる

ことになった。

┌─ 考えてみよう・話し合ってみよう ─────────────────┐

① 事例について，対象者のプロフィールを確認しながら，ジェノグラムを作成し
てみよう。

② 作成したジェノグラムに関係機関とのつながりを示したエコマップを書いてみ
よう。

└──┘

注
(1) 厚生労働省編『保育所保育指針解説〈平成30年3月〉』フレーベル館，2018年，
　　328頁。
(2) 同前書，17頁。
(3) 同前書，329頁。
(4) 同前書，328頁。
(5) 同前書，17頁。
(6) 同前書，333頁。
(7) 同前書，334頁。
(8) 小原敏郎・橋本好市・三浦主博編『演習・保育と子育て支援』（学ぶ・わかる・
　　みえる シリーズ保育と現代社会）みらい，2019年，45頁。
(9) 厚生労働省編『保育所保育指針解説〈平成30年3月〉』フレーベル館，2018年，
　　339頁。
(10) 同前書，329頁。
(11) 同前書，331頁。
(12) 同前書，336頁。
(13) 同前書，337頁。
(14) 佐藤伸隆・中西遍彦編『演習・保育と相談援助 第2版』みらい，2014年，22頁。
(15) 厚生労働省HP「乳児家庭全戸訪問事業（こんにちは赤ちゃん事業）の概要」
　　（2021年4月5日閲覧）。

参考文献
・第5・6節
川村隆彦・倉内惠里子『保育者だからできるソーシャルワーク──子どもと家族に寄
り添うための22のアプローチ』中央法規出版，2017年。

厚生労働省『子ども・若者ケアプラン（自立支援計画）ガイドライン　別冊 2』「児童相談所（3）フェイスシート」（2020年 3 月10日閲覧）。

佐藤伸隆・中西遍彦編『演習・保育と相談援助 第 2 版』みらい，2014年。

1　地域で展開される切れ目のない支援

　子ども家庭支援の展開について，その内容と対象をおさえておく。子ども家庭支援において支援の内容は幅広くあり，児童福祉施設等の通所や入所および各種事業の利用，各自治体等による相談支援，訪問支援，手当等の経済的支援，場所の提供，その他情報提供などがある。実施先についても，公的機関・施設が実施しているもの，民間機関・施設が行っているもの，NPO団体や地域のボランティア，さらには親族や近隣同士のつながりで行われるものなど様々である（表4-1）。

　子ども家庭支援の対象について見ていくと，現代では妊娠期から出産，乳幼児期の子育てにおいて切れ目のない支援が重要とされており，すべての家庭に向けて多様な支援内容を展開していくことが昨今の育児不安解消や児童虐待等の予防，子どもを取り巻く家庭の課題解決につながっていく。また学童期から青年期にわたっても子ども家庭支援が必要な家庭も多い。したがって子ども家庭支援の対象は，妊娠前および母子保健法の対象となる妊娠期，児童福祉法の対象児童（0〜18歳）である乳幼児期から学童期，青年期の子どものいるすべての家庭を対象として長期にわたって行われるべき支援である（図4-1）。特に，妊娠期から子育て期とされる乳幼児期は保護者の不安や悩みが多様化しており，様々な事情を抱える家庭などは子育てが孤立化しやすい。そのため，この時期は特に社会及び地域全体で手厚い支援を行いサポートしていく必要がある。

　また，支援を必要としている家族においては必要度や支援ニーズが家族の状況によって異なる。生活課題が多く複合的な困難を抱えている家族は支援の必要度も高い。そのため，家族状況を把握し対象家庭のアセスメントを行って，

表4-1　子ども家庭支援に関わる主な機関・施設等と主な支援内容

分　類			機関・施設名称	主な支援内容
公的機関	行政機関		児童相談所	相談・一時保護・入所措置等
			福祉事務所	相談・生活保護・手当等受付・母子施設入所措置
			市区町村 （福祉事務所，家庭児童相談室，保健センター等）	相談・生活保護・手当等受付・訪問相談・母子手帳交付・乳幼児健康診査・ひとり親家庭支援等
			保健所	相談・未熟児，療育訪問指導等
			警察	相談・保護・情報提供
	司法機関		家庭裁判所	相談・家事調停，家事審判手続き等
公的／民間施設・機関等	児童福祉施設 （社会的な養育施設）	通所型	保育所・幼保連携認定こども園・児童館・児童家庭支援センター・児童発達支援センター等	保育・遊ぶ場所の提供・相談・情報提供・療育
		入所型	乳児院・児童養護施設・障害児入所施設・児童心理治療施設・児童自立支援施設等・母子生活支援施設	養育（入所）・ショートステイ，トワイライトステイ等の利用・相談
	社会的な家庭養育		里親・小規模住居型児童養育事業（ファミリーホーム）	養育
	学校・教育機関		幼稚園・認定こども園・小学校・中学校・高校	保育・教育・相談・情報提供
	放課後等の利用施設		放課後等児童クラブ・放課後等デイサービス等	学童の保育・生活の場の提供
	医療機関等		産婦人科病院，小児科病院，病児保育施設等	相談・妊産婦，子どもの医療・保育・情報提供
民間団体	各種活動団体		NPO法人，児童委員（主任児童委員），ボランティア団体，子育てサークル，子ども食堂等	相談・居場所の提供・情報提供・家庭訪問・食事の提供等
その他	親族・近隣者		祖父母，友人，知人等	様々な支援

出所：児童育成協会監修『目で見る児童福祉 2019』中央法規出版，2019年を基に筆者作成。

図4-1　子ども家庭支援の対象と子どもの成長プロセスに応じた主な支援

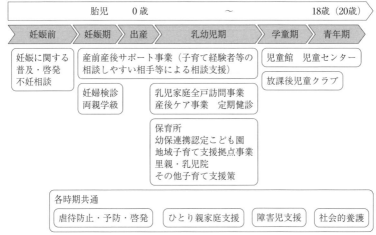

出所：厚生労働省『子育て世代包括支援センター業務ガイドライン』2017年，児童育成協会監
　　　修『目で見る児童福祉 2019』中央法規出版，2019年を基に筆者作成。

図4-2　子育て家庭の家族状況と支援の必要性

多い	高い
家族が抱える困難	支援の必要性
少ない	低い

A
親子分離
・子ども
の保護

B 在宅支援家庭

C 一般子育て家庭

家族の代替的支援
A
社会的養護の養育支援
（乳児院・児童養護施設
児童心理治療施設，里親等）

家族の補完的支援
B
児童相談所等が関与かつ，
保育所・幼保連携型認定こ
ども園・その他通所施設・
地域の子育て支援事業の利
用等

C
保育所・幼保連携型認定こ
ども園・その他通所施設・
地域の子育て支援事業の利
用等

＊A⇔B間，B⇔C間は流動的

出所：筆者作成。

どのような支援がどの程度必要であるかを十分に見極めながら支援にあたることが大切である（図4‐2）。

2　妊娠期から子育て期にかけての支援

（1）母子保健法による赤ちゃんの命を救うための体制の整備

　日本では，母子保健法を理念として，安全な妊娠・出産ができる医療の確保，明確化した意義の下に実施する健診及び健診結果に基づいた保健指導体制整備，親の役割や子どもの育ちを学び相談できる場の確保等，母子保健法に基づく母子保健活動が，乳児及び新生児死亡率，疾病・障がい等の健康課題を改善に導いてきた。日本は諸外国と比較して，乳児死亡率（生後1年未満の死亡率），新生児死亡率（生後28日未満の死亡率），周産期死亡率（妊娠期22週以後の死産と生後7日未満の死亡率），そして妊産婦死亡率が低く，母子保健の水準は高いといえる。

　母子保健の対象は，胎児・新生児・乳幼児・学童期・思春期の子ども，また妊娠中の女性，出産・育児中の女性など広範囲となっている。日本における母子保健関連施策の体系は，保健事業と医療対策について，それぞれつながりをもった支援体系となっている（図4‐3）。

　また，妊娠・出産等に係る支援体制は，市町村や保健センター・都道府県の保健所で行われるもの，児童相談所で行われるものなど，支援内容によって受け付ける機関が異なり，支援を受ける妊産婦にとってわかりにくい現状があった。母子保健法の改正により，2017年4月以降，妊娠期から子育て期にわたるまでの切れ目のない支援を行う「子育て世代包括支援センター」（法律における名称は「母子健康包括支援センター」）を市町村に設置することが努力義務とされた。これにより，様々な機関が個々に行っている支援を統合したワンストップ拠点として子育て世代包括支援センターが中心となり，切れ目のない支援となるよう支援体制が整えられている。子育て世代包括支援センターでは，保健師，助産師，ソーシャルワーカー等を配置してきめ細かな支援を行い，地域における子育て世帯の安心感を醸成している。

図4-3　母子保健関連施策の体系

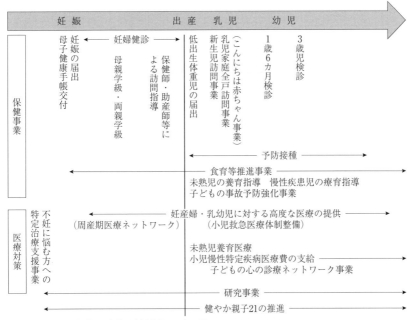

出所：厚生労働省「母子保健関連施策」2015年9月。

（2）妊娠前後から子育て期の主な支援

1）妊娠前から妊娠期の支援

　妊娠前の支援として，不妊治療の相談，不妊治療に要する高額な医療費の助成制度がある。こうした支援の背景には，結婚年齢の上昇に伴って不妊に悩む夫婦が増加していることがある。

　そして妊娠後は，妊娠の届け出を行うと母子健康手帳が交付され，妊婦健診を公費の助成で受けられる受診券が交付される。妊婦健診は定期的に妊婦の健康や胎児の成長を医療機関で診てもらうものであり，妊婦や胎児の病気等の早期発見や治療に役立っている。

2）出産前後の支援

　出産後の母子に，助産師等が中心となり，病院や保健センター，居宅等において，母親の身体的回復や心理的安定のために産後ケア事業という支援がある。

家族等から十分な家事，育児の援助が受けられない産婦及びその子どもで，かつ産後に心身の不調又は育児不安等がある者などが対象となっている。健診結果や地域の保健機関等の情報からケアが必要と認められた者や，自ら申請した者が支援を受けることができる。新生児及び乳児の具体的なケアや育児指導，母体・心身のケア，家族等の身近な支援者との関係調整，社会的資源の紹介を行う。医療機関等での宿泊型支援や日中のサービスや訪問型支援がある。

　また，生後4カ月までの乳児がいるすべての家庭を保健師や助産師等が訪問し，出産後の様々な不安や悩みを聞いて，家庭状況の把握，必要な支援の情報提供を行う「乳児家庭全戸訪問事業（こんにちは赤ちゃん事業）」がある。出産後の家庭の孤立化を防ぎ，母親への心理的サポート，乳児の健全な育成環境を保っていくための重要な支援となっている。

3）育児期の支援

　育児期において，乳幼児の身体的成長，反射や運動面，精神的発達や言葉の発達，視覚や聴覚，言葉の状態，疾患の有無等の確認を行う乳幼児健診がある。母子保健法（第12条）で定められている健康診査は「満1歳6か月を超え満2歳に達しない幼児」「満3歳を超え満4歳に達しない幼児」と規定されている。乳幼児健診を機会に保健師や栄養士が母親の育児相談を受けたり，虐待の早期発見などにつなげたりしている。乳幼児の疾病や障がいなどが発見された場合には，医療機関等の専門的なケアにつながるよう支援を行っている。

　また，養育支援が特に必要な子育て家庭に対して，保健師・助産師・看護師，保育士等がその居宅を訪問し，養育に関する指導や助言を行い，その家庭の養育を支える養育支援訪問事業がある。児童虐待の発生予防と早期発見と対応のための連携を図っていくことを目的としている。

（3）保健センターの支援事例──つながりある支援

　近年，核家族化の進行や女性の社会進出等に伴って増加している子育ての孤立化や待機児童等の課題に加え，貧困やドメスティックバイオレンス，産後うつや虐待等，発見されにくい課題を抱えている家庭も多い。そのような家庭や夫婦の問題から子どもを守るため，関係機関が連携して実態の把握を行い，ケース会議等で役割を分担して継続的な支援を行う体制の確保と整備が求められ

ている。以下では，自治体の保健センターにおいて保健師が行った支援事例を
通して，つなぐ・つながる支援について学ぶ。

1）出産後のつながりある支援──双子の出産後に産後うつとなった母親への支援

綾子さんは双子を妊娠した初産婦である。妊娠の届出は夫婦で来所した。夫
婦共に健康で持ち家に住んでおり夫婦仲は良く，夫は大手の会社に勤めており
経済的な問題もないことが確認できた。里帰りはしないとのことで，産後の支
援者不足を心配し，サービス利用の検討について助言したが，夫が育児休暇を
取得する予定であり支援は不要との回答だった。

綾子さんの妊娠経過は順調で無事に出産。母子共にトラブルなく予定通り退
院した。保健師は育児に協力的な夫がいる家庭であり退院直後に支援は不要と
判断し，早めの乳児家庭全戸訪問を行う計画を立てた。

① 状況の変化と家庭訪問

出産した医療機関から，「退院後1週間健診において『産後うつ』の徴候が
みられた」との情報提供を受けた地区担当保健師は，すぐに状況把握のための
乳児家庭全戸訪問を行った。

カーテンを閉め切り電気もつけていない暗い部屋に親子4人で過ごしており，
授乳，おむつ交換等の赤ちゃんのお世話で精一杯な様子がうかがえた。身体計
測を行い双子の発育は良好であることを確認した。しかし，綾子さんと夫は無
表情で顔色も悪く，覇気なく疲れ果てた様子だった。夫婦共に家事はままなら
ず，十分な睡眠も食事も摂れていない様子で，夫婦間の会話もない状況だった。
支援者について確認したが，夫からは「頼める親族等はいない。育児休暇は4
週間なので，その間は夫婦で頑張ります」との応答があった。家庭訪問中，担
当保健師が尋ねたことに答えるのはご主人だけで，綾子さんが話すことはほと
んどなかった。保健師は，緊急支援が必要であること，綾子さん自身が不安や
心配，疑問や自身の希望等の心情の発信が困難な状況であると判断し，関係者
を集めたケース会議を開催した。

② ケース会議と支援計画

ケース会議の目的は，綾子さん夫婦に提案する支援の選択と提案方法を検討
することだった。自治体の担当保健師，児童福祉係及び児童相談所職員，産婦
人科助産師によるケース会議を開催した。会議では，両親に休養が必要である

ことを共有し，提供可能ないくつかの支援を選択した。

　ケース会議後に，担当保健師と児童福祉係支援員で家庭訪問を行った。支援策として産後ケア事業による医療機関での母子入院や短期入所（子育て短期支援事業），ファミリー・サポート・センター事業や養育支援訪問事業等，いくつかの提案を行い，数日後に回答をお願いした。また，夫婦間の会話がないことや訪問時の綾子さんの反応や状態から，夫婦から出される回答に綾子さんの気持ちや事情が反映されない可能性が高いことが予想されたため，保健師は夫との個別面談を実施した。夫には，支援は産婦である綾子さんの産後の回復及び精神的な回復のための支援であることを強調して伝え，育児技術の習得を理由とした母子入院についても提案した。

　数日後，夫婦からの回答は，「支援は受けない」とのことだった。この時，綾子さんは「自宅を離れることはできない。自分だけ休むわけにはいかない。夫婦で協力して育児する。慣れれば大丈夫。サービス利用は考えていない。」と理由を話してくれた。

　そこで，担当保健師の家庭訪問と，児童福祉係所属の支援員による養育支援訪問を継続的に行い，定期的に双子の発育確認及び生活状況の把握と夫婦の相談相手を務めることを提案し了解を得た。

③　支援後の変化

　ケース会議後2回目の養育支援訪問を行った。綾子さん宅ではカーテンを開き，テレビをつけ，夫婦が会話する姿があった。この様子を担当保健師は「無音だった家庭に，音と声が戻りました」と会議にて報告した。

　その後，保健師と支援員が訪問日を分けて養育支援訪問を継続した。綾子さんの夫の育休明け直前には，再度，支援プランやサービスについての説明を行ったが，勤務時間に融通が利くこと，綾子さんと綾子さんの母親の関係が少し改善したこと等を理由にサービスは利用しない旨の回答があった。そこで，今まで通り担当保健師の家庭訪問と児童福祉係支援員の定期的な家庭訪問（養育支援訪問）の継続を提案し了解を得た。

　綾子さんは夫の職場復帰後，大きな変化を迎えることなく家事と双子の育児を行えるようになった。家庭訪問の間隔を徐々に広げ，乳児健康診査後に定期訪問及び養育訪問を終了した。

　夫の職場復帰後，綾子さんにとっては支援者が減ったはずなのに落ち込む様子や疲労の気配が高まることはなく，産後うつは改善したように見えた。生後5カ月の乳児健診の結果により定期的な支援は終了したが，この家庭の抱える問題は未解決のまま潜んでいることが予測され，今後も関係機関での見守りを継続し，情報共有していくこととなった。

2）事例の解説──予測できる力と複合的な支援

　近年，発見されにくい家庭や夫婦の問題から子どもを守ることが重要となり，新たな制度や体制整備が始まっている。前述の事例について様々な背景や特徴を予測できる力を養っておくことが求められる。複合的に問題を抱えた家庭の場合，支援する側の複合的な支援力が必要となる。新たに整備された支援体制の意義や役割についても理解を深めておいてほしい。

考えてみよう・話し合ってみよう

① ケースの背景となる情報について整理しよう。
② ケース会議で提案された支援について調べ，整理しよう。
③ 綾子さん夫婦が支援を受けない理由について考察してみよう。綾子さんとご主人，支援を受けることの効果と不利益を，それぞれの立場で考察してみよう。
④ 綾子さん夫婦を色々な角度から考察してみよう（例：性格，育ち，パワーバランス等）。

3　保育所等を利用する家庭への支援

（1）保育における子どもの家庭支援

　保育所等を利用する子どもの家庭支援について理解を深めるにあたって，保育を必要とする家庭とはどのような家庭であるか見ておきたい。保育所を利用する家庭は保育を必要としている家庭である。保育所などでの保育を希望する場合の保育認定（2号・3号認定）にあたって「保育を必要とする事由」の条件が考慮され，その事由は，保護者の就労，妊娠・出産，保護者の疾病や障がい，同居又は長期入院等している親族の介護・看護，求職活動，就学など多様である。両親がいる家庭，ひとり親家庭，祖父母と同居している家庭，祖父母が遠

方または疎遠，あるいは不在などで祖父母の援助が得られない家庭なども増えている。保護者の仕事で転勤が多く，引っ越してきたばかりで知人も親族も近くにいないという家族もいる。さらに，虐待やDVのおそれがあるなど，多様な困難を抱えた家庭の子どもが入所することもある。保育所ではそれぞれの家族背景を理解し，個々の家庭状況に合わせた柔軟な保育や配慮を行う必要がある。

　保育所の特性や役割，幼稚園，認定こども園等に通所している子どもの家庭背景との相違について理解しておきたい。保育所は前述したような「保育を必要とする事由」を条件に0歳児から小学校就学前の6年間において，乳幼児の養護・教育を行う児童福祉施設である。幼稚園は，3歳から小学校就学前までの3年間において幼児教育，保育を行う教育機関である。保育所は長期間にわたって連続的に子どもの発達を支える点で幼稚園と異なる。また子どもが過ごす時間について保育所は保護者の就労時間に合わせて長時間過ごし，生活の大半を保育所で過ごす子どももいる。

　一方，幼稚園では昼過ぎまでの預かりで短時間であることが多く，「保育を必要とする事由」の有無にかかわらず，希望する家庭の子どもを預かることができる。幼稚園においても園によっては，夕方や長期休み中の預かり保育（一時預かり事業）も実施されており，就労している保護者も必要に応じて長時間の預かりが可能となっている。認定こども園においては，長時間の預かりを利用する場合には保育所と同様に，「保育を必要とする事由」の条件が必要であるが，短時間の預かりの場合には保育を必要とする事由の有無にかかわらず，希望する家庭が利用できる。

　次に，保育所の役割について家庭支援との関連から考えてみる。2017年に改定された保育所保育指針「第1章　総則」の保育所保育に関する基本原則において，「保育所は，入所する子どもを保育するとともに，家庭や地域の様々な社会資源との連携を図りながら，入所する子どもの保護者に対する支援及び地域の子育て家庭に対する支援等を行う役割を担うものである」と示されている。

　保育所等で行っている家庭支援では，①保育所等を利用している子どもの家庭への支援と，②地域の子育て家庭への支援がある。①は，保育所に入所し，日常的に保育を利用している子どもの家庭支援である。日々の保育所での生活

表4-2　保育所等で実施している多様な保育の種類

延長保育	保育所等において，保護者の仕事の都合などで通常保育時間での迎えができない家庭のために，朝・晩に延長して保育を行う
一時預かり	家庭での保育が一時的に困難（保護者の仕事，通院，治療，看護等）となった乳幼児について，保育所等において，一時的に預かり，必要な保育を行う
病児保育	子どもが病気の際に自宅での保育が困難な場合に，病院，保育所等に付設された専用スペース等において，看護師・保育士等が一時的に保育をする
休日保育	保育所等を利用している家庭で，日曜日や祝日などに保護者の仕事等の事由により，保育を行う
夜間保育	保護者の仕事の都合などで夜間の保育を必要とする家庭のために，夜間保育を行う

出所：内閣府・文部科学省・厚生労働省『子ども・子育て支援新制度ハンドブック　平成27年改訂版』，厚生労働省HP「各自治体の多様な保育（延長保育，病児保育，一時預かり，夜間保育）及び障害児保育の実施状況について」（2020年3月10日閲覧）を基に筆者作成。

と家庭生活をつなぎ，保護者と子育てを共有し，家庭での子育てを支える役割を担っている。また②は，地域のすべての子育て家庭を対象とした支援で，未就園など保育所に入所していない地域の子育て家庭も保育所の多様な保育や子育てに関する相談・情報提供など支援を受けることができる。

　保育所の基本的な入所利用の仕方は，保護者の就労等により保育を常時必要としている子どもの保育を行う通常の保育所利用であり，基本の開所時間の利用である。この他に，現代の家族形態の変容や保護者の就労形態が多様化する中，様々なニーズに対応できるよう多様な保育事業が保育所等で実施されている（表4-2）。たとえば，保育の基本時間を超えて預かる延長保育，保護者の就労等により日曜日や祝日などに預かる休日保育などがある。また，保育所に入所していない子どもを一時的に預かる一時預かり，やむを得ない事情で病気の子どもや病後児を預かる病児保育，保護者が夕方から夜間の就労のため預かる夜間保育がある。こうした特別な保育を利用する家庭にあたっては，より一層，家庭の事情を把握し，子どもの生活状況，心身の健康面に十分な配慮を行っていく必要がある。

（2）保育所等を利用する家庭への支援

　日常的に保育所を利用している家庭への支援について詳しく見ていきたい。保育者は常に保護者に向けて，保育の内容や子どもの姿などに関心をもっても

らえるような働きかけが必要であり，また，子どもの家庭での様子や各家庭の状況についても十分に理解しながら日々の保育にあたっていく必要がある。保育所保育指針「第4章　子育て支援」では，保育所を利用している保護者に対する子育て支援で「保護者との相互理解」について次のように示している。

「ア　日常の保育に関連した様々な機会を活用し子どもの日々の様子の伝達や収集，保育所保育の意図の説明などを通じて，保護者との相互理解を図るよう努めること。

イ　保育の活動に対する保護者の積極的な参加は，保護者の子育てを自ら実践する力の向上に寄与することから，これを促すこと。」

保育者と保護者との相互理解は重要であり，日常の様々な機会を通して保護者に子どもの育ちの様子や，保育の意図を伝えながら子育てを共有できるよう心がける。保育所において行事などを定期的に催し，保護者が参加できる機会を設けることで，保護者の子どもへの関心を高め，子どもの育ちの実感や子育てを楽しめるように支えることが大切であり，そうしたことが保護者の子育て意欲や自信につながっていく。

保育所を利用している家庭支援の内容の主なものとして，日常的に毎日行う支援と定期的に定められた日程で行う支援に分けられる（表4-3）。各々に支援の内容や目的，頻度などが異なるが，それぞれの機会を柔軟に活用して，保育者と保護者がコミュニケーションを深めていき，子どもの育ちを共有していくことが大切である。

1）日々の送迎時における家庭支援

保育者は子どもの送迎時に保護者と日常的に顔を合わせて関わりをもつ。日々の送迎時を大切な家庭支援の機会と捉え，その時々に必要な伝達ややり取りをする。挨拶や連絡事項だけではなく，毎日の子どもの育ちを伝え合い，共感，喜び合うことを重ねる中で保育者と保護者との信頼関係が築かれていく。

朝の送りの時には，子どもの姿や表情を見て，健康面や家庭での過ごし方などを聞き，迎えの時間の予定を聞き取るなどを行う。たとえば，保護者から「朝から食欲がなく朝食をあまり食べてこなかった」という話があった場合には，保育者は，昨夜の様子はどうであったか，お腹の調子はどうか，などを聞き，様子を気にかけて見ていくことを伝える。保育者は朝の受け入れ時にその

表4-3 保育所等を利用する家庭への支援内容

日常	①	送迎時での家庭支援	朝の送り	心身の健康状態を確認・迎えについての確認など
			帰りの迎え	保育所での様子，心身の健康状態の伝達など
	②	連絡帳（連絡ノート）による家庭支援	成長の様子の共有，相談など	
	③	掲示物・展示物による家庭支援	地域行事のお知らせ，子育ての情報・知識等の情報提供など	
定期的（随時）	④	お便り・通信による家庭支援	園便り	園全体の保護者に共通したお知らせ事項など
			クラス便り	クラスの保護者へのお知らせ・クラスの育ちの様子など
			行事のお知らせ	行事の詳しいお知らせ・持ち物や留意事項など
	⑤	個別懇談会による家庭支援	保護者と保育者の個別面談などにより，子どもの育ちの共有，家庭での子育ての相談など	
	⑥	保護者会による家庭支援	園全体あるいはクラスの保護者などに向けて行う。保育方針の伝達や留意事項の確認・保護者同士の交流の機会など	
	⑦	行事参加・保育参観による家庭支援	子どもの行事（運動会，作品展，親子遠足など）の参加や普段の保育を参観できる機会など	

出所：筆者作成。

日の子どもの状態を理解して見守っていくことを伝え，保護者に安心感をもってもらう。慌ただしい中であっても子どもを預かって保育するにあたり，重要な情報交換を短時間で行えるよう，保育者は保護者に向けて必要な言葉かけを意識的に行うことが大切である。

また迎えの時には，その日1日の子どもの様子を伝達し，子どもの成長を感じる出来事や気になったことなどを話す。たとえば，「最近，おはしを使うことができるようになってきましたよ」と成長の姿を伝えること，また「以前はお友達と遊ぶ時におもちゃを一緒に使うことを嫌がって泣いていましたが，最近は自分からおもちゃを貸してあげる姿が見られるようになりました」など，具体的なエピソードを交えて話すとよい。

しかし，保護者にとって嬉しい話もあれば，心配事となる話も時には伝えなければならない。そのような場合，たとえば「おもちゃの取り合いになって，

お友達を叩いてしまいました。保育者も一緒に間に入って，叩かずにお話して気持ちを伝えるように取り組んでいます。少し様子を見ていきます」など，子どもの姿を伝え，保育者が仲立ちをして仲間との関係づくりができるように今後も見守ることを伝えると保護者も安心できる。このように，状況報告だけでなく保育者の関わりや意図も伝えると，保育者が行っている普段の関わりや言葉かけの具体例が，保護者にとってさりげない子育てのアドバイスにもなり得る。

2）連絡帳（連絡ノート）

連絡帳は，保育者と家庭がお互いに子どもの様子を伝え合うため，日々記入されるものである。心身の健康状態，その日の出来事，子どもの様子について書くことで，子どもの状況の理解はもちろん，成長の様子を感じ，保育者の保育や家庭での子育てを振り返る記録にもなる。日々の慌ただしい送迎時だけでは十分なコミュニケーションを図れないこともあるため，連絡帳を介して補うことで保育者と保護者の信頼関係を深める手段にもなる。保護者の中には対面だと担任保育者に話しづらいという場合や，話すこと自体が苦手である場合もある。

また，送迎バスの利用や延長保育の利用などで担任保育者と顔を合わせる機会が少ない家庭もあるだろう。このような場合は，連絡帳によって子どもの様子を具体的に伝達し，担任保育者の思い，保護者の思いを交わし合う重要な役割を果たすことになる。

たとえば図4-4のように，0〜2歳児といった3歳未満の子どもの場合は，食べた物やミルク・お茶・牛乳の摂取量などを詳しく記載する欄がある。生命の維持，健康状態に十分な配慮を行い，体温，体重の増減にも気を付ける。言葉でのやり取りが難しいことが多い3歳未満児は保育者と保護者とのコミュニケーションが特に重要となる。

また，保育所欄にあるように，主な保育の活動内容や，子どもの様子についてエピソードを交え，子どもが発した言葉も具体的に記述すると保護者がイメージしやすい。また，家庭欄では家庭での様子や保護者の悩みなども書かれる場合がある。このような時は連絡帳を通じて保育所での対応例を伝えたり，場合によっては他の保育者と連携して相談に応じたり，保護者の抱える困難や悩

図4-4　連絡帳　1歳児クラスの例

日付		6月17日（水）天気　　雨		起床	6時45分	検温	36.8℃
朝　家庭欄	朝食	ごはん，卵焼き，豆腐とワカメのみそ汁 ヨーグルト		排便	普通　　軟　　下痢　　なし		
	連絡	お迎えは17時頃にお父さんが行きます。		健康	昨日から少し鼻水が出ていますが，食欲もあり，元気です。		
昼　保育所欄	給食・間食	午前おやつ　　完食　　　　　　お茶　　牛乳 給食　　　　　ほぼ完食　　　　100cc　　80cc （大根を少し残す） 午後おやつ　　完食		排便	普通　　軟　　下痢　　なし		
				午睡	12：20〜14：30		
	〈保育所での様子〉　雨の日が続き，なかなか外に出掛けられないので室内にアスレチックを設置して思いっきり体を動かして遊びました。みきちゃんは滑り台に興味を示して，やろうとするのですが，お友達より先にやりたくて大泣きしてしまいました。「順番ね」と伝えて手を添えてあげると喜んで登ったりすべったりして楽しめました。自我の育ちで自分の思いをいろいろな方法で表現しますが，思いを受けとめながら育ちに寄り添って援助していきたいと思います。ご家庭でも気になる様子があったら教えてください。					
	連絡	お砂遊び用の着替え（Tシャツ，短パン）をお持ちください。		健康	鼻水が少し出ていました。		
夜　家庭欄	夕食	豆腐ハンバーグ，小松菜のおひたし ごはん，納豆，プチトマト		排便	普通　　軟　　下痢　　なし		
				就寝	20時15分		
	〈ご家庭での様子〉　おうちでも自分で何でもやりたがり，ママがやってしまうと泣いて怒ることもあります。やりたい気持ちは大事にしてあげたいですが，思い通りにならないとバシバシッとママを叩こうとすることも。こんなときどうしたらよいか困っています。夕方に病院でみてもらったら風邪でした。夜は，甘えたりグズッたりしていましたが，食欲はあって大好きな豆腐ハンバーグをおかわりしました。					

出所：筆者作成。

みを真摯に受けとめて対応することが大切である。

3）掲示物・展示物による家庭支援

　保育所の玄関先や廊下などに，保護者にとって役立つ情報が記載されているパンフレットや広告・ポスター等の掲示をすることで家庭支援につなげることができる。たとえば，感染症予防のための知識の情報提供，地域の親子向けイ

ベントのお知らせ，自治体の子育て支援情報などがある。

　またクラスでの生活や遊びの様子をポスター形式で文章と写真を交えて保護者に伝える掲示，廊下などに子どもの作品を展示し，いつでも眺めることができるようにしてもよい。夕方の迎え時に子どもが身支度をしている間に保護者が見て，保育所での子どもの様子や活動を知ることで，保育者と保護者間における話題のきっかけづくりに役立てることができる。

4）お便り・通信（園便り・クラス便り・行事のお知らせ）

　「園便り」は，保育所を入所利用するすべての家庭を対象に定期的（毎月1回など）に配付される。内容は，その月の季節や時期に合わせた話題，子どもたちの様子，月ごとの保育のねらい，行事予定やお願い事項，献立表などが記載されている。図4−5のように，保護者の心境をくみとって気遣うような内容，気軽に保育者に声かけて頼ってもらってもよい，といった言葉があると保護者も安心感をもつ。また，歯科検診などがある場合をきっかけに家庭での朝の歯磨きの推奨をするなど，行事内容に合わせて家庭での過ごし方の留意点の記述があると保護者も意識しやすい。

　「クラス便り」は，クラスの家庭を対象に，定期的（毎週1回〜毎月1回など）にそのクラスの遊びの様子，日々の子どもたちの姿などを具体的にお知らせして保護者と育ちを共有するお便りである（図4−6）。子どもの姿では子ども同士の会話のやり取りやエピソードを交えたり，写真などを活用したりすると保護者にわかりやすく伝わる。また，クラスで流行している遊び，現在クラスで取り組んでいる保育内容を紹介することで，クラスでの遊びや生活を家庭につなげることができる。

　「行事のお知らせ」のお便りは，遠足や運動会，発表会などの行事がある時に配付される（図4−7）。行事の日時，内容，スケジュール，場所，持ち物，家庭における留意事項などが記載される。あらかじめ家庭での準備が必要な場合もあるので，配付する時期にも気を付ける。子どもと保護者が楽しみな行事になるように，親子で一緒に見てわかるよう，イラストを活用して工夫するのもよい。

　紙面によるお便りのほか，インターネットのホームページによるお便り，専用アプリを活用した連絡の配信，メールなどで保護者へ連絡を行うこともある。

図4-5　園便りの例

5がつ えんだより

〇年5月1日　〇〇保育園

今月の目標
＊戸外で元気に遊ぼう
＊お友達と仲良くしよう

　新しい年度がスタートして1か月たちました。4月に保育園で初めてお母さんから離れて泣いていたお子さんも保育士にいっぱい抱っこされて、お友達の輪の中に入っていけるようになりました。後ろ髪をひかれていた親御さんにとっては嬉しくもあり、お子さんの成長で親離れしていく姿がちょっぴりさみしく感じられる時ではないでしょうか。保育園の生活に慣れてくるとお友達と関わって遊ぶ姿が多くなります。一緒に遊ぶ楽しさを味わうと同時に、あちこちでトラブルも！あらあら大変！！しかし子どもたちにとっても、保育士にとっても学びの瞬間でもあります。保育士も毎日の保育のなかで子どもの気持ちに寄り添って、押したり引いたり。ちょっとしたコツと心のゆとりで子どもとの時間が楽しくなってきます。いろいろな場面で子どもたちから教えられることも多くあります。いつでも保育士に気軽に声をかけてください。一緒にお子さんの成長を楽しみましょう。

　5月は長いお休みがあります。ご家庭で病気やけがに気をつけてゆっくりお過ごしください。

5月の予定

　8日（水）　歯科検診　　登園前に歯磨きをしてきましょう。

　9日（木）　身体測定　前日は入浴をして清潔にしましょう。

　10日（金）　誕生会　5月生まれのお友達をお祝いします。

　15日（水）　春の遠足　　動物園に行きます。（別紙配付）

　16日（木）　避難訓練　非常ベルで避難の仕方を覚えます。

誕生会

　毎月大きいお部屋に集まって、その月のお誕生日のお子さんをお祝いしています。ペープサートやマジック、パネルシアターなど担当の先生が出し物をしてくれます。お名前をよばれた誕生日のお子さんは、前に立って担任から頑張っている姿や素敵なところを紹介してもらいます。当日は誕生日カードを持ち帰ります。ご家庭でもご一緒にお祝いをしてあげてください。

出所：筆者作成（イラストは佐々木萌華〔名古屋芸術大学〕）。

　緊急的な連絡事項は，メール等のインターネットを活用してより迅速に情報伝達したり，また連絡が行き渡るように園便りと合わせて補助的に活用したり，

図4-6　クラス便りの例

11がつ こあらぐみ クラスだより

〇年11月1日
〇〇保育園こあらぐみ（3歳児）

　朝夕と肌寒くなってきました。体調に気をつけて過ごしたいですね。お散歩で見る柿の実が少しずつ色づいているのを見ると"秋がきたな～"と嬉しくなって、早くおいしい柿が食べたくなります♪

　こあらぐみさんは元気いっぱいで「せんせ～おはよ～」とニコニコ笑顔でお部屋に入ってきてくれます。最近はカバンを自分でロッカーにしまうとすぐに目的の遊びに一目散です。「ねぇ、ねぇ、〇〇ちゃん、入れて～」といった声が聞こえます。お友だちと仲良く遊べる反面、言葉での伝達がまだ未熟なところもあり、いさかいが起きたり、傷つける言葉を言ってしまったり・・・。自分の思いとお友だちの思いを、少しずつ重ね合わせていけるようにしていきたいと思います。一方でお友だちと一緒だと"たのしいな～"と感じているみんな。一人よりもお友だちと過ごすことが多くなっています。いっぱい体力もついてきました。外遊びでは、鉄棒、縄跳び・ボール遊びもたくさん挑戦していきたいと思います。ご家庭でもやってみてくださいね。

迷路・文字遊び

　最近こあらぐみでは給食後の絵本タイムで迷路にはまっています。スタートからゴールまで指でたどっていきますが、先を見通す力につながります。お友だちと盛り上がっていますよ。

　また、名前カードを作り、手元において、かるたの文字を見せて自分のお名前にあるかな？の遊びをしました。字の形を見分けることに興味を持ち始めています。まずは「自分の名前」からやってみたいと思います。おうちでも絵本を見る際に「〇〇ちゃんの名前の字と同じだね」とお話してみてください。

お芋ほりしました～

　まちにまった芋ほり！わくわく、ドキドキのみんな。スコップで"ザクザク"ほりすすめ、紅色のお芋が見えてくると「ねぇ～出てきたよ～！！」「こっち来てよ～」にぎやかな歓声がひびきました。傷つけないように手でも土をかいて"グイッグイッ"と根っこからほりだす感触をあじわいました。持ち帰ったお芋をお家でてんぷらにしたよ、とお話もしてくれました。

お　ね　が　い

　ご家庭でお子さんの持ち物の点検をお願いします。忘れ物があると朝から悲しい気持ちに・・・。お子さんと一緒に確認して登園してもらえると助かります。

出所：筆者作成（イラストは伊藤花奈〔名古屋芸術大学〕）。

図4-7　行事のお知らせ（例）

保護者各位　

秋の遠足のおしらせ

〇〇保育園

　じりじりとした日差しが和らぎ、さわやかな季節になりました。子どもたちは、戸外に出て秋を見つけ、運動遊びを楽しんでいます。

　さて、秋の遠足では子どもたちが〇〇公園まで歩いて行きます。元気いっぱい遊び、楽しい一日を過ごしたいと思います。お弁当の準備がありますのでよろしくお願い致します。

日時	９月20日（金）	
行先	〇〇公園	
持ち物	お弁当・水筒（中身はお茶）敷物・おしぼり	
	（リュックサックに入れて持たせてください）ハンカチ・ティッシュはスモックのポケットに入れてください。	
服装	スモック・帽子・はきなれた靴	
	＊持ち物にはすべてお名前の記入をお願いします。	

雨天の時のお願い

❀　雨天の場合、遠足は中止になります。その場合でもお弁当の準備をお願いします。

❀　出席ノート、連絡帳、お手拭き、コップなど、通常保育の持ち物も持参して登園してください。

　遠足の日はたくさん歩くのでとても疲れます。帰宅後はご家庭でも、遠足のお話を聞きながら、十分に休養させてあげてください。

出所：筆者作成（イラストは江崎愛華〔名古屋芸術大学〕）。

状況に応じて多様な連絡手段を柔軟に活用していくとよい。お便りや配信の内容で，写真や画像を取り入れる際にはプライバシー保護に十分に留意し，写真等の掲載の可否については事前に書面等にて保護者の同意を得ておく必要がある。

5）個別懇談会

個別懇談会は年に数回，あらかじめ定めた日にちに保護者の予定と調整して，担任の保育者と保護者が個別的に懇談を行う。たとえば1人につき15分程度の懇談時間を設定し，保育所での子どもの様子，家庭での子どもの様子などお互いに伝え合い，子どもの成長・育ちについて共有する。

普段の送迎時だけでは十分に話せない内容も，個別懇談でじっくりと話し合うことができる。保護者から子育ての悩み，困りごとなどを懇談の時に打ち明けられることも多い。保護者がどのようなことでも話せるように保育者はリラックスした雰囲気づくりを心がける。その場だけでは対応が難しい相談があった場合は，後日に別途面談日を設け，主任保育士等と連携して対応する方法をとってもよい。

6）保護者会

保護者会では，保護者に来園してもらい，保育所の説明や保育目標，保育のねらい，子どもの様子を伝えたり，保護者へのお願い事項等を伝達したりする。保護者会の時期や回数は保育所によって異なるが，新年度開始時に実施する場合は，新年度の職員，クラス担任や保育体制，年度の目標などを保護者全体に伝達する。また，子どもの行事で保護者が参観する機会を利用して実施する場合などがあり，年度末の発表会などでは，年間を通した子どもの成長，保育目標の成果などを伝えることもできる。

保護者会では，保育者が意図的に保護者同士の交流の時間を提供し，親睦を深める機会につなげることもできる。たとえば，新年度のクラス別の保護者会で，保護者が一言ずつ簡単な自己紹介をする場を設けることで，普段は保護者同士も会話する時間がもてない中，お互いを知るきっかけにもなる。何か一つのテーマを設けて保護者同士が子育てに関する各家庭での思いを話してもらうなど，ディスカッション（意見交換）の手法を用いてもよい。その際には，保育者は保護者同士が話しやすいように見守り，助言などを行いファシリテータ

ーの役割を担うとよい。

7）行事参加・保育参観を通した家庭支援

保護者の行事参加・保育参観は，保護者にとって子どもが保育所で過ごしている時の姿を見ることができる楽しみな場である。入園式，卒園式，運動会，作品展，お遊戯会，劇の発表会など様々な行事の参加を通して子どもの成長や子育ての喜びを感じる機会にもなる。また，自分の子どもと同じ年代の子どもの成長を見て，同じ姿にほっとして安心感がもてたり，自分の子どもより年上の子どもの姿を見ることで，これからのわが子の成長や発達の見通しがもてたりもする。このように，行事や保育参観を通して保護者が子どもへの見方や子育ての視野を広げるきっかけにつなげることもできる。

多くの保護者にできるだけ参加してもらうため，年間の行事を年度初めに知らせるなど，早めに予定を伝達できるようにする。土日などの行事であっても就労等で仕事の調整が難しい保護者もいるため，配慮する必要がある。

（3）保育所における地域の子育て家庭への支援

保育所は入所利用している子どもの保育とその保護者への支援だけでなく，地域に在住している未就園の乳幼児とその保護者に向けても支援を行い，地域全体の子育て家庭への支援等を行う役割も担う。保育所保育指針「第4章　子育て支援」では地域の保護者等に対する子育て支援について，次のように示している。

「ア　保育所は，児童福祉法第48条の4の規定に基づき，その行う保育に支障がない限りにおいて，地域の実情や当該保育所の体制等を踏まえ，地域の保護者等に対して，保育所保育の専門性を生かした子育て支援を積極的に行うよう努めること。

イ　地域の子どもに対する一時預かり事業などの活動を行う際には，一人一人の子どもの心身の状態などを考慮するとともに，日常の保育との関連に配慮するなど，柔軟に活動を展開できるようにすること。」

保育所は地域の子育ての拠点としての役割が期待されており，多様な支援を行っている（表4-4）。たとえば，国等の交付金を受けて行う「地域子育て支援拠点事業」を行っている保育所では，保育所の施設や設備を活かして，地域

表 4 - 4　保育所等で行っている地域の子育て家庭への支援（例）

地域子育て支援拠点事業	乳幼児とその保護者の交流の場の提供と促進，子育て相談，情報の提供，助言，講習の実施等の援助を行う。
一時預かり事業	保護者の就労や通院，冠婚葬祭等で一時的に保育が必要な家庭の保育を行う。主に未就園児などが対象となる。
園庭開放・保育室の開放	園庭を開放して遊具や砂場など利用ができる。保育室を開放して絵本やおもちゃで遊べるスペースを設ける。
図書の貸し出し	絵本，紙芝居，育児関連の本など，保育所内の図書の一部を貸し出しする。
子育て相談・入所相談	子育てに関するあらゆる悩み相談に応じる。保育所入所に関する相談，手続きの仕方等を説明し相談に応じる。
保育所の見学・体験保育	保育所への入所希望の家庭などに見学や一日体験保育などに参加できるようにする。

出所：内閣府・文部科学省・厚生労働省『子ども・子育て支援新制度ハンドブック　平成27年改訂版』を基に筆者作成。

の子育て家庭に園庭や保育室を開放して遊びの場を提供したり，親子行事などの開催を通して保護者同士の交流の場の提供・促進を行ったりしている。また，子育て等に関する相談に応じ，地域の子育て情報の提供なども行う。

　さらに「一時預かり事業」として，保護者の就労や通院等で一時的に家庭での保育が困難となった場合に，未就園の乳幼児を対象に一時保育の受け入れを行っている保育所もある。その他，図書の貸し出しや保育所入所を希望する保護者の見学や体験保育などもある。こうした機会を活用して保育所が子どもにとって安全で安心できる居心地の良い場所，環境であることを知ってもらうとよい。また保育者は遊びに来ている地域の親子同士をさりげなくつなげる役割を担い，時には保護者からの相談に丁寧に応じていき，保護者が気軽に保育者を頼ってもらい保育所を活用してもらえるように多様な配慮をすることが望まれる。

（4）保育所における家庭支援の課題

　保育所で行われている支援内容は，地域のニーズに合わせて様々な形で行われている。こうした支援内容を，地域の各子育て家庭に知らせて，多くの家庭に気軽に利用してもらうことが大切である。地域の子育て支援について集約さ

れたハンドブックやパンフレットの作成・配布，インターネットによる地域の子育て支援サイトの開設など，地域住民に向けた支援の周知が必要である。

　また支援を知っていても，保育所などは防犯等の理由により門が厳重に閉じられていて敷居が高く感じられ，足を踏み入れにくいという保護者もいる。地域の子育て家庭を対象に，親子で楽しむ工作体験の親子教室などの行事を開催して保育所に親しみをもってもらえるよう，きっかけをつくることもよいだろう。地域の子育て家庭が気軽に保育所を訪れ，頼れるように保育者など支援者側が笑顔で親子に話しかけて迎え入れ，保護者の気持ちに寄り添った対応を心がけることも利用のしやすさにつながっていく。

　もう一つの課題としては，地域のニーズに合わせて必要な保育や家庭支援を充実させていくことである。共働き家庭の増加等を背景に，保育所利用を希望する家庭は増加傾向にある。しかし，都市部などでは待機児童がいる地域もあり，利用が必要なすべての家庭が希望する保育所を利用できていない状況もあるため，保育の量・質ともに充実を図る必要がある。その他には，たとえば一時預かり事業の利用について，利用希望者が多いのに対して利用枠が不足しているため必要な家庭が一時預かり事業を利用できない，ということがある。地域において支援の量が充足できているか，そうした実態を保育者が声をあげていき，地域全体で対応を考えていく必要がある。

考えてみよう・話し合ってみよう

① 本節中の連絡帳，園便り，クラス便り，行事のお知らせの中に，家庭支援につながると考えられる箇所にラインを引いてみよう。その箇所が家庭での関わりや生活でどのようなことにつなげられるか考察しよう。

② 家庭支援につながるお便り（園便り，クラス便り行事のお知らせ）を作成してみよう。工夫した点について解説をいれて発表してみよう。

③ 自分の住む地域の保育所で行っている地域子育て支援を調べ，保育所以外で行っている子育て支援についても調べてまとめよう。

4　保育における家庭の状況に応じた支援

（1）保護者の自己肯定感を高める

　保護者は，就労に応じて延長保育や休日保育を利用したり，子どもが何らかの病気になれば病児保育施設を利用したりと，状況に応じて多様な保育サービス（表4-2）を選択している。そういった基本の保育時間，通所の保育所利用以外の保育サービスを受けている保護者に対して，保育者はどんなことに配慮し支援をしていけばよいのだろうか。その子どもの育ちとともに考えていく。

　まずは保護者の働いている姿や，子育てに対する姿勢を認めていくことである。家庭の状況に応じた保育サービスを選択している保護者は，自身がそうせざるを得ない状況にあるから，そのような保育を利用しているのである。たとえば延長保育を常時利用している場合には，「お母さん，いつも朝早くからお仕事がんばっていますね」「お仕事がんばっていて，体調崩してないですか？」など，保育者が子どもだけではなく保護者にもきちんと目を向けることで，保護者の自己肯定感を高め子育てへの自信につなげていくことが必要とされる。

　また，「お子さんはお母さんの頑張っている姿をちゃんと見ていますよ」など，保護者の立場になって長時間子どもを保育所に預けざるを得ない事情や後ろめたさを感じている心情などを理解することも大切である。

（2）保護者・子どもの育ちを探る

　次に，子どもの姿を通して保護者や子どもの育ちを探ることである。忙しい日々を送る中で，心や時間に余裕がなくなることが誰しもある。それを子どもの姿が反映していることもある。たとえば，朝食を抜いたり身なりを整えずに登園したりする子どももいる。そういった子どもの保護者に対して，直接生活を改めるよう指摘するのではなく，登園後に保育者と子どもが一緒に身なりを整え，その姿で降園し保護者が気づくきっかけづくりをしていく。また給食でおかわりしたり早く食べ終わったメニューを知らせ，子どもが好きで食べやすく手軽なものを保護者と模索し朝食をとろうと思えるよう働きかけていく。子どもにとっても，自分の好きなものが食卓に並び自分が大切にされている存在

であること，愛されている存在であることが心の豊かさにつながっていくと考える。

（3）保護者の孤立予防

　最後に，保育所内で保護者を孤立させないことである。延長保育や休日保育，病児保育を利用する保護者は登降園する時間が異なり，子どもや保育者の様子，保育所内の雰囲気がつかみづらいことがある。わからない不安感から保育所への不信感を抱き，園行事への不参加や孤立するきっかけになってしまう。保育者は保護者とこまめにコミュニケーションを図ることに加え，人と人を結びつけることを大切にする視点も必要である。たとえば，園行事に参加した際には子どもと仲がよい子どもの保護者を紹介したり，世間話から保護者との共通点を見つけ親近感をもってもらったりと，子どもだけではなく保護者にとっても居心地のよい保育所作りが保護者の孤立を避けるために求められている。

　また子どもにとって，自分が好きな保育所という環境を保護者も心地よく感じてくれることが，安心感をもって保育所内で過ごすことができる一つの要素になるのである。

　延長保育や休日保育，病児保育などを利用する保護者は担任保育士と顔を合わせる機会が少なくなることがあり，生活や子育てに対しての困り感を保育者が気づきにくいことがある。その気づくきっかけは保護者からの相談や子どもの言動，心の動きなど様々な側面から複数にわたって現れることがある。保育者はそのきっかけから複数の要因を探り，保護者へ直接支援したり，保育を通して子どもに間接的に支援したりと個々の状況を見極めて家庭全体を支援する必要がある。

　考えてみよう・話し合ってみよう

　① どのような子どもの言動から家庭や保護者の困り感を読みとることができるだろうか。予想して書き出してみよう。
　② 自分だけではなく保育所全体で子どもやその家庭を支援していくためにはどうしたらよいのだろうか。話し合ってみよう。

5　地域の施設を活用した子育て家庭への支援

（1）地域において子育て家庭への支援が求められる背景

　3歳未満児の約6〜7割は家庭で子育てをしている。核家族化が進み，男性の子育てへの関わりは未だに少なく，日中に子育てを担っているのは母親一人である場合が多い。転勤などの影響により，自分の生まれ育った地域以外での子育ても増加している。児童数は減少しており，地域のコミュニティとのつながりは希薄化している。父親が残業のため帰宅時間が遅かったり，近くに頼れる親族がいないなど，孤立感や孤独感を抱える母親は多い。そのため，地域や必要な支援とつながりにくいという課題がある。

　子どもにとっても，多様な大人や子ども同士と関わる機会が減少しているという課題がある。

（2）地域子育て支援拠点事業

　地域子育て支援拠点事業には，第2章2で紹介した事業だけでなく，次のような事業を展開することも期待されている。

　　①　地域の子育て支援活動の展開を図るための取り組み（一時預かり等）。
　　②　地域に出向き，出張ひろばを開設。
　　③　高齢者等の多様な世代との交流，伝統文化や習慣・行事の実施，等。

　これらを，公共施設や保育所，児童館等の地域の身近な場所で，乳幼児のいる子育て中の親子の交流や育児相談，情報提供を実施する。またNPOなど多様な主体の参画による地域の支え合い，子育て中の当事者による支え合いにより，地域の子育て力を向上させる。名称は「子育て支援センター」「子育てひろば」「○○ひろば」など様々で，親しみやすい愛称がつけられることもある。

　「子どもと一緒に行ける場所が少ない」「子どもを安心して遊ばせられる場所が少ない」という言葉は，子育て中の母親の悩みとしてよく挙げられる。その結果，母子でアパートなどの密室にひきこもりがちになり，苦しい子育てになってしまうこともある。しかし拠点施設があれば，地域に知り合いがいなくても，親子でふらりと出かけることができる。そこでは，子どもを遊ばせてもよ

いし，他の親子と交流してもよいし，スタッフと話をすることもできる。時間を決めて相談に行く，という構えた感じではない分，子どもを遊ばせながら思わず悩みを話したり質問したり，という自然な関わりになりやすい。スタッフが保護者の心に寄り添い，悩みを丁寧に聞く中で，必要に応じて他の相談機関を紹介することもある。

　最近は，「子どもとの遊び方，関わり方がわからない」という保護者も多く，スタッフが具体的な遊びや手作りおもちゃの作り方を紹介してくれることもある。また0〜3歳の様々な子どもと接することで，子どもの発達の見通しがついたり，子どもの個性はそれぞれ違うという気づきにつながることもある。

　一方で，人と関わるのが苦手であるなど，新しい場所に行って新しい関係を築くことに不安を抱えやすい保護者もいる。そのようなタイプの保護者にとっては，拠点施設に行くことそのもののハードルが高い。したがって，拠点施設の紹介だけでは，実際の利用につながりにくい。そのため，地域の保健センターで行われる健診等で，事前に地域子育て支援拠点事業スタッフと顔見知りになっておくような，人とのつながりを準備しておく工夫が必要だと考えられる。

（3）児童館（児童センター）

　児童館とは，児童福祉法第40条で規定されている児童厚生施設の一つである。地域において「児童に健全な遊びを与えて，その健康を増進し，又は情操をゆたかにすることを目的とする」児童福祉施設である。実施主体は都道府県，指定都市，市町村，社会福祉法人等様々で，対象は18歳未満のすべての児童である。乳児期，児童期，思春期の子どもの発達の特徴を踏まえ，一人ひとりの子どもの育成を支援する。

　児童館には，その機能や規模によって小型児童館，児童センター，大型児童館といった種別がある。小型児童館は，小地域を対象として，児童に健全な遊びを与えるとともに，母親クラブなどの児童の健全育成に関する総合的な機能を持つ施設である。児童センターは，小型児童館の機能に加えて，運動を主とする遊びを通じての体力増進を図ることを目的とする事業や設備のある施設である。大型児童館は，子どもの健全育成の象徴的な施設である。広域の子どもを対象としている点も特徴である。

具体的な活動としては，午前中の幼児クラブ活動，母親クラブ，放課後児童クラブなどがある。午前中の幼児クラブ活動は，3歳未満の子どもと母親を対象とした活動である。地域子育て支援拠点事業と同じように，未就園児親子が気軽に行って安心して過ごせる空間である。母親クラブは，母親に限らず，地域ぐるみでボランティア活動や研修などを行う活動である。放課後児童クラブは，主に共働きの家庭の小学生が，学校から直接来館し，安定した放課後の時間を提供する登録制の活動である。

　2018年10月には，「児童館ガイドライン」が7年ぶりに改正された。そこでは児童館の特性を新たに示し，①拠点性，②多機能性，③地域性の3点に整理している。また，不登校やいじめへの対応，虐待など，子どもに福祉的な課題があると判断した場合には，関係機関等との連携により，適切な支援を行うことも明記されている。従来の遊びの施設という機能から，子どもの最善の利益を保障する地域施設としての福祉的機能も求められている。

　児童館や児童センターは，前項で解説した地域子育て支援拠点事業よりも，年齢の幅が大きい点が特徴である。そのため，不登校傾向の子どもの居場所になることもある。また，虐待や貧困といった要保護の問題を抱えた子どもの見守り，受け皿，居場所になることも期待されている。

（4）児童家庭支援センター

　児童家庭支援センターは措置権等を伴う行政機関ではなく民間の機関であるため，利用する家庭にとって抵抗が少なく敷居が低いという強みがある。また，相談・支援を担当する職員と，心理療法等を担当する職員がいるのが特徴である。地域の家庭からの相談に加え，児童相談所からの受託による指導を行うこともある。要保護性がある児童，施設を退所後間もない子どもとその家族に寄り添い，地域での生活を支えていく。また，里親やファミリーホームからの相談に応じるなど，訪問や研修を通した支援も行う。

　児童福祉を取り巻く状況は地域によって大きく異なるため，それぞれの地域のニーズに応じたサービスを，柔軟に行っている。

┌─ 考えてみよう・話し合ってみよう ─

①　あなたが地域子育て支援拠点事業のスタッフだったら，初めて利用した親子に
対し，どのような声掛けをするだろうか。また，どのような点に気を付けて対応
するだろうか。具体的に考えてみよう。

②　地域子育て支援拠点事業や児童館（児童センター）のスタッフとして，虐待が
疑われる子どもと出会った時に，どのような対応が求められるだろうか。考えら
れる対応を話し合って整理しよう。

参考文献

・第2節

厚生労働省「母子保健関連施策」2015年9月。

厚生労働省「『子育て世代包括支援センター』と利用者支援事業等の関係等について」
2015年9月。

全国保育士養成協議会『ひと目でわかる保育者のための児童家庭福祉データブック
2020』中央法規出版，2019年。

・第3節

児童育成協会監修『目で見る児童福祉 2019』中央法規出版，2019年。

全国保育士養成協議会監修，西郷泰之・宮島清編『保育者のための児童家庭福祉デー
タブック』中央法規出版，2020年。

松村和子編著『子ども家庭支援論』建帛社，2019年。

1　地域社会資源の活用

（1）家庭生活を支える社会資源

　今日，私たちの生活は，家庭だけですべて完結する自給自足的な生活ではない。電気，ガス，上下水道，インターネット環境，スーパーマーケット，コンビニエンスストア，ドラッグストア，衣料品店等，暮らしに関わるすべてのモノや人の提供するサービスを受けて私たちの生活は成り立っている。また子どものいる家庭では，その子どもが小学校に就学するまでは，必要に応じて保育所や認定こども園，幼稚園等を利用し保育・教育を受けることができる。発達に遅れのある子どもは，その状況に応じて支援を受けることができ，体調が悪い時には，病院に行き医師の診察を受けることもできる。このような，保育，教育，医療，福祉等のシステムやサービスは，国や自治体または民間の法人等が運営，実施しており，そこにはその分野における専門職が配置されている。

　私たちの暮らしに欠くことのできないこれらのモノやサービス，また私たちの生活の質を維持し，子どもたちの成長や発達を支える機関や専門職は，家庭にとって重要な社会資源である。

（2）社会資源としての保育者の役割

　児童福祉法第48条の4では，「保育所は，当該保育所が主として利用される地域の住民に対してその行う保育に関し情報の提供を行い，並びにその行う保育に支障がない限りにおいて，乳児，幼児等の保育に関する相談に応じ，及び助言を行うよう努めなければならない」と規定されている。地域では親と子どもだけの世帯，いわゆる「核家族」が増加する中，保護者は子育てに関して，様々な悩みを抱えている。保育所は，そのような地域の保護者にとってはまさ

に社会資源であり，保育者は保護者のニーズを把握し支援することが求められる。

　保育所だけではなく他の児童福祉施設や幼稚園，認定こども園においても，その施設や園に通う子どもたちへの保育とその保護者への支援とともに，地域に居住する子どもとその保護者への支援を行っている。そのため，保育者はカウンセラーやソーシャルワーカーではないが，カウンセリングやソーシャルワークの理論と方法等，相談援助を行う上での基本的な資質を獲得しておく必要がある。悩みを抱える保護者に対して，信頼関係を構築し寄り添い支えることはとても重要なことである。

　一方，子どもや保護者の様々な悩みは，話を傾聴するだけでは解決に至らないこともある。保育者は，子どもや保護者のニーズを把握し，保護者に対し，地域の様々な関係機関や専門職等の情報を提供することが求められる。また，保育者は地域の子どもとその保護者を支えるために関係機関の専門職と連携する必要もある。したがって，まず，保育者は地域の関係機関や専門職の役割，機能を十分に理解しておく必要がある。

（3）保育者が関わった地域の社会資源の活用事例①――発達障がいへの支援

1）社会資源を活用した支援――子どもが発達障がいと心配する保護者への支援

　保育所に在籍する拓也くん（4歳）は，以前から落ち着きのなさが目立つ感じではあったが，最近，特に落ち着きがなく，クラスでの集団活動に参加しにくい状態になっている。また，年少の園児に対して，叩いたり，蹴ったりすることもみられる。先日はそのことで担当の保育者が注意したら，クラスから飛び出して，園庭の隅に体を小さくして隠れていた。保育者は，この件を母親に伝えたところ，母親は「実は前から，この子おかしいと思っていたんですよ。やっぱり，発達障がいなんでしょうか。私の育て方がおかしいんですよね」と堰を切ったように話してきた。そこで保育者は母親を別室に案内し，母親の話を傾聴した後，市の保健センターが行っている発達相談の日時や予約方法について伝達した。

　その後，拓也くんは発達検査を受け，発達の偏りや多動性を指摘された。拓也くんは現在，保育所のほか，週に1日，児童発達支援センターたんぽぽに通

っている。保育所では，保護者承諾の下，児童発達支援センターと連携しながら拓也くんの個別支援計画を作成し支援を行っている。3カ月ほど経ち，拓也くんは以前と比べると少し落ち着き，母親も笑顔が見られるようになった。

2）事例の解説──関係機関と連携して行う個別の支援

保育所保育指針第4章2⑵イでは，保育所における保護者の状況に配慮した個別支援について「子どもに障害や発達上の課題が見られる場合には，市町村や関係機関と連携及び協力を図りつつ，保護者に対する個別の支援を行うよう努めること」と明記されている。実際の保育現場では，本事例の保護者のように家庭の子育ての中で，何らかの育てづらさを感じている場合もあれば，感じつつ否定している場合，あるいは，まったく感じていない場合等，様々である。

いずれにしても，保育者は保護者に対して単に子どもの発達特性について指摘し他機関を紹介するだけではなく，受容的態度で保護者の状況に対する傾聴と理解を行う必要がある。状況によっては，保護者は，自責的になったり一時的に攻撃的になる場合もある。保育者には，仕事と子育ての両立をしながら，子どもの育ちについて向き合おうとする保護者に対して，共感的理解や尊敬の念が求められる。

保護者によっては，他の専門機関を紹介しても，拒否をされる場合も少なくない。強引に子どもの検査や診断を迫るのではなく，子どもについて，十分に保護者の思いを傾聴し子どもの育ちを支えていく上で，今，この子どもに何が必要か，保育所でできること，できないこと等を丁寧に保護者に説明していくことが必要である。同様に，関係機関とつながった後も，子どもにとって何が必要か，どのような支援が求められるのか，その方向性を確認し，協働した計画的な支援が求められる。

考えてみよう・話し合ってみよう

① 発達障がいの心配のある子どもにみられる行動特性を挙げてみよう。
② 子どもに障がいの心配があると言われたら親はどう思うだろうか。保育者はどのような姿勢，態度で親に接する必要があるのだろうか。それはなぜだろうか。話し合ってみよう。

（4）保育者が関わった地域の社会資源の活用事例②──ひとり親家庭の支援
1）社会資源を活用したひとり親家庭の支援──ショートステイ⁽¹⁾

　保育所に在籍する京香ちゃん（3歳），悠馬くん（1歳）のきょうだいは，父子家庭になったばかりである。父親はトラックの運転手をしており毎日忙しいようだ。先日，その父親から，「来週，遠方までいく仕事で，帰宅が夜中になる。子どもは連れていけないし，誰も子どもを預かってくれない。どこか，子どもを預かってくれるところを知りませんか？」と相談があった。保育者は状況を聴き，園長に尋ねたところ，近隣の児童養護施設で，ショートステイをやっているところがあるとわかった。父親は早速，手続きを行い，きょうだいは児童養護施設で1泊過ごした。その後，保育所では父親の承諾の下，市役所の家庭児童相談室と連携している。父親は，日常生活支援事業やファミリー・サポート・センター事業⁽²⁾などを活用しながら，なんとか就労と子育ての両立を行っている。

2）事例の解説──多様な社会資源の理解と情報提供

　子育てをしながら働く親にとって，保育所はなくてはならないものである。しかし，保育所の機能だけでは，家庭の子育てを補完できないこともある。特にひとり親家庭では，親族や知人のサポートがなければ，就労と生活，子育ての両立は難しい。たとえば，本事例のように夜間遅くまでの就労や出張時に子どもの保育を誰に頼むかという問題は大きい。夜間や宿泊も可能な認可外保育施設は存在するが保育料は高額である。

　2014年3月には，仕事で数日間子どもたちの養育が難しくなった母親が，インターネットで知りあった自称「ベビーシッター」の男性に子どもを預け，2歳の子どもが死亡するという事件が起こった。何事もインターネット検索で困りごとの解決方法が案内される時代である。そのような時代だからこそ，保育者は地域の社会資源の理解と活用方法について知り，必要に応じて保護者に正しい情報，信頼性のある支援機関等や保育サービスを案内する必要がある。本事例は，市町村が児童養護施設等に委託して行っている「子育て短期支援事業」の活用例である。

┌─ 考えてみよう・話し合ってみよう ─────────────────────

① あなたの居住する地域では，「ショートステイ」等の「子育て短期支援事業」はどこで行っているのだろうか。どのように，申し込めばよいのだろうか。可能ならインターネットなどで検索してみるとよい。その際，どこで（場所），だれが，どのくらいの時間，どのように保育し，費用がどのくらいかかるのか，いつ，どのように申し込むと利用できるのかを中心に調べてみよう。
② もし，あなたの居住する地域に「ショートステイ」等の「子育て短期支援事業」がないとしたら，誰がどのように困るだろうか。その困難はどのように解決していけばよいのだろうか。話し合ってみよう。

└───────────────────────────────────────

2　子育て家庭の支援を行う機関・施設

（1）子どもの病気に保育所・家庭が連携して対応した事例

1）保育中に子どもが熱発した時の困難

　鈴木さん夫婦は，夫は建設会社の営業職，妻は介護職の共働き家庭で，子どもは1人である。今日は月曜日の朝。いつもよりあわただしい。愛ちゃん（3歳）は，風邪気味なのか，朝からぐずっている。それでも，時間がないので，妻が自転車に乗せて，急いで保育所まで送る。自転車をこぎながら，「愛ちゃん，ちゃんとマスクするのよ。熱が出てもママ，今日は忙しいからすぐにお迎え行けないよ」と言ってしまった。言ってからかわいそうだと思ったが，実際，今週は仕事がすごく忙しいのだ。「ああ，こんな日に限って熱が出るんじゃないか。いやいや，考えないでおこう」。

　保育所に着いて，「バイバイ，ママ行ってくるね」と言ったが，なんだかいつもよりも明らかにしんどそうだった。バタバタと保育所を後にしたので，今日の愛ちゃんの体調について，保育者にも伝えられなかった。「昨日，遊びすぎたか。ああ，神様，今日は熱出さないで。迎えに行けないんだよ」と心の中でつぶやいた。

　11時頃，やはり保育所から電話がかかった。こんな日に限ってである。いま，38℃らしい。「ごめんなさい，今，訪問介護中で，どうしても手が離せないので，少し様子を見てもらえますか」と電話を切った。愛ちゃんの不安そうな顔

が頭に浮かぶ。夫に連絡するが返事がこない。そういえば，今日は営業で遠方に行くと言っていたな。参った。こんな時，近所に祖父母がいる人がうらやましくて仕方がない。

2) 事例の解説——病気や病気の回復期にある子どもの保育

① 保護者の保育ニーズと保育所での対応上の制約

乳幼児は，特にウイルスに対して免疫が十分にないため，感染症にかかるリスクが高く，あらかじめ予防接種によって免疫を与え，感染症を未然に防ぐ対策も取られている。しかし，流行性耳下腺炎（おたふくかぜ），ロタウイルス，インフルエンザ等については，希望者が任意に予防接種を受けることが必要であるため，保護者によっては時間と費用がかかることが負担となり予防接種を受けないこともある。また子どもの身体健康上，予防接種を受けられない場合もある。

さらにいえば，受けたからといって絶対に病気にかからないというわけでもない。したがって，集団保育の場では季節により，様々な病気が流行する。厚生労働省はガイドラインを出して，感染症対策の標準化を図っているが，実際の保育現場では，職員の健康管理を含め大きな課題となっている。

感染症以外にも，子どもの体調が悪く，熱発するような場合や各種身体症状がある場合，多くの保育所等には一時的に子どもが静養する簡易な医務室はあっても医療的なケアを行う体制が整っていない。そのため，子どもの健康状況を保護者に報告し，お迎えをお願いするほかない状況である。しかし本事例のように，保護者もまた仕事中で，すぐに仕事を抜け出してお迎えには行けないという場合があるだろう。とりわけ，サービス業の中でも対人援助職である医療，介護，保育，そして私たちの暮らしに欠かせない食品製造，販売，運輸等いわゆるエッセンシャル・ワーカーと呼ばれる人々は社会的に業務継続が求められており，仕事と家庭，子どもの保育について悩みが大きいと思われる。

② 病児保育事業（病後児含む）

まず保育者に求められるのは，子どもの健康について日々観察する視点である。いつもと何か様子が違うところはないか，心身の状況に目を配る必要がある。保護者とのやり取りに際しては，担当の保育者以外であっても，子どもの状態について把握できるようなシステムが求められる。

　さて本事例のように，子どもが保育中に熱発したり体調不良になった場合，仕事中の保護者は困惑する。では，どのような制度やサービスがあるのだろうか。厚生労働省は病児保育事業について3つの類型に大別している。

　病児対応型・病後児対応型　　地域の病児・病後児について，病院・保育所等に付設された専用スペース等において看護師等が一時的に保育する事業である。市区町村により制度やサービスの内容にばらつきがあるが，保育所以外の医療機関が行っている場合が多く，利用には事前登録や診察が必要である。近年では，保護者が仕事等の都合で迎えに行くことができない場合，病児・病後児保育施設の看護師等が保護者の代わりに保育所等へ迎えに行き，医師の診察後，病児・病後児保育施設で一時的に預かるサービスを展開する自治体も見られる。この場合，子どもが日々保育を受ける保育所と病児・病後児保育施設との連携がとても重要になる。心身の状態，お薬やアレルギー等の情報共有が不十分であると結果として，大きな事故につながることを知っておく必要がある。

　病児・病後児保育施設は，疾病流行期等には需要が増大し，対応ができない状態になることもある。

　体調不良児対応型　　保育中の体調不良児について，一時的に預かるほか，保育所入所児童に対する保健的な対応や地域の子育て家庭や妊産婦等に対する相談支援を実施する事業である。現在，国は「保育環境改善等事業」を実施し，保育所等において保育中に子どもが微熱や体調不良を起こした場合，保護者が迎えに来るまで，緊急的なケアができるように病児の保育環境を整備し，看護師等を配置できるよう推進している。

　しかし，地域にもよるが，保育ニーズの増大により，保育者の確保さえ困難な状況である中，保育現場で就労する看護師等の確保については，さらに困難な状況にあるため，ハードが整備されても，それを担う人材不足という課題は大きい。

　非施設型（訪問型）　　看護師等が保護者の自宅へ訪問し，地域の病児・病後児を一時的に保育する事業である。多くの場合，実際には民間の訪問看護事業者やベビーシッター等の派遣事業者が行っており，自治体はその事業を利用する保護者に対して，その費用の一部を助成することで，保護者の子育てと就労の両立を支援し，経済的な負担軽減を図っている。

テレビドラマにもなった『37.5℃の涙』は，子育てと就労を支える訪問型の病児保育事業所の新人保育士が主人公になっている。なおファミリー・サポート・センター事業においても，病児対応可能の場合もあるが，詳しくは次項で説明する。

考えてみよう・話し合ってみよう

① 事例を読んで，あなたはどのように感じたか，また，親の立場，保育者の立場，会社の立場，子どもの立場になっても考えてみよう。
② もし，あなたが子をもつ親として，事例のような状況に置かれたら，どのような解決策があるのか。あなたの居住地に，どのような社会資源（制度，サービス，人等）があるか探してみよう。可能ならインターネットなどで検索してみるとよい。その際，どこで（場所），だれが，どのくらいの時間，どのように保育し，費用がどのくらいかかるのか，いつ，どのように申し込むと利用できるのかを中心に調べてみよう。

（2）保育所とともに家庭を支える預かり支援の事例

1）地域住民の力を活用したサポート資源の利用

田中絹江さん（62歳）は子育ても一段落し，今は夫婦2人での生活を送っている。夫はサラリーマン退職後，再雇用でまだ働いているが，絹江さんは以前から小さい子どもの世話が好きで，落ち着いたら地域の子どもの世話を何かできないものかと思っていた。ある時，市役所で「子育て支援員」研修受講生募集のポスターが目に入り，研修を受講した。最後の研修会の日にファミリー・サポート・センター事業について知り，早速，援助会員登録を行った。

3カ月ほど経った日，センターから連絡が入った。ひとり親家庭の早紀ちゃん（4歳）を母親が残業の日にサポートしてくれないかという依頼であった。母親は会計事務所で働き，普段，残業はないが年度末は繁忙期となり，どうしても定時退社できない日があるとのことだ。絹江さんは事前に母子と顔合わせをし，早紀ちゃんとまた会う約束をし，「今度は，おばちゃんが保育所にお迎えに行くので，その時は，お母さんが帰ってくるまで一緒にお家で遊んで待っておこうね」と約束した。母親はファミリー・サポート・センター事業の利用

について，保育所に状況を伝えておいた。

　当日，保育所では，早紀ちゃんが保育士に「今日はお母さんじゃなくって，おばちゃんがお迎え」と話していたという。保育士は，「そうかあ，お母さんが帰ってくるまで，おばちゃんと一緒にお家で待つんだね，えらいね，また明日どんなお遊びしたか教えてね」と返した。夕刻，絹江さんは保育所に早紀ちゃんをお迎えに行った。早紀ちゃんは，少し緊張した表情だったが，絹江さんが，「早紀ちゃん，折り紙持ってきたよ。お家でお母さんが帰ってくるまで一緒に遊ぼうね。いろんなものを折って，お母さんが帰ってきたら見せてあげようね。お母さんびっくりするよ」と言うと，早紀ちゃんは「うん，動物園みたいにいっぱい作る，早く行こう」と言い，手をつないでお家へ向かった。翌日，保育所では，早紀ちゃんが保育士に早速，昨日の折り紙のことを話してくれた。

2）事例の解説──家庭を補完するファミリー・サポート・センター事業

　ファミリー・サポート・センター事業は，1994年に国の補助事業として各市町村で展開されているが，近年では，保育ニーズの高まりから「地域子ども子育て支援事業」として各自治体で取り組まれている。この事業のシステムは，事前に登録した子育て中の保護者と，子育てをサポートしたいという市民をマッチングさせるものであるが，特に子育て経験のある方の活用という観点から世代を超えて，社会的な子育て風土を作るための自治体施策としても再注目されている。

　本事例では，残業時に迎えに行くことのできないひとり親家庭の母親に代わって，絹江さんが保育所に迎えに行き，母親の帰宅時間までサポートしている。都市部では身近に親族等のいない家庭も増え，また，ひとり親家庭も増加している。そして就労体系も様々である。したがって既存の認可保育所の開所時間だけでは保育をカバーできず，そこを支える人が必要となる。

　また前項でもふれた病児・病後児への対応として，自治体によってはファミリー・サポート・センター事業を活用する例も見られる。

3）未就園児等の一時的な保育を支える資源

　ファミリー・サポート・センター事業は，地域にいる在宅の未就園児の保護者への支援としても活用されている。近年，都市部では，核家族で生活する場合も多く，たとえば，保護者が病気や急用，冠婚葬祭や他のきょうだいの学校

図5-1　子育て援助活動支援事業（ファミリー・サポート・センター事業）

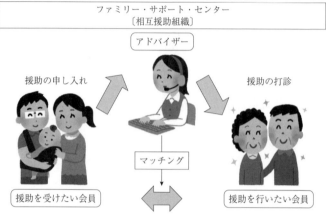

出所：厚生労働省「子育て援助活動支援事業（ファミリー・サポート・センター事業）について」（2022年1月4日閲覧）。

行事の際に未就園児の預け先に困ることがある。また孤立した育児の中で精神的につらくなった場合に，一時的に子育てを休養する「レスパイト」機能としてもファミリー・サポート・センター事業は活用されている（図5-1）。

　保育ニーズが多様化した今日，保育者は地域における各種の社会資源を知り，保護者に情報提供し，関係機関と連携ネットワークを形成し，地域において総合的に子どもと家庭を支えるシステムを担うことが求められる。必要な社会資源が乏しい地域は，専門職の観点から行政に働きかけ，新たな資源を構築する提案を行うことも必要である。

―― 考えてみよう・話し合ってみよう ――

　あなたの居住する地域では，ファミリー・サポート・センターはどこにあるのだろうか。また，保育所や幼稚園，認定こども園，小学校，特別支援学校が終わった後，家庭の保育を補完するシステムとして地域には，他にどのような社会資源（制度，サービス，人等）があるか探してみよう。可能ならインターネットなどで検索してみるとよい。その際，どこで（場所），だれが，どのくらいの時間，どのように保育し，費用がどのくらいかかるのか，いつ，どのように申し込むと利用できるのかを中心に調べてみよう。

3　自治体・関係機関や施設の専門職との連携・協力

（1）機関連携が必要なハイリスク妊婦への支援事例

1）保育所での保護者の妊娠の気づきと機関連携

　保育所に在籍する幸太郎くん（4歳）の母親はひとり親である。その母親は最近，体の調子が悪いようで，時々，仕事を休み，そのたびに幸太郎くんも保育所を休むことが多かった。ある日，心配した担当の保育者が母親に状況を聞くと，母親は「実は，まだ，誰にも言っていないのですが，たぶん妊娠しているんです。正直，父親は誰か，はっきりわからないんですよ。でも授かったんで，産みたいとは思っています。でも，お金もないし，まだ病院にもいっていなくて。ひとり親なのに，妊娠しているって言いにくくて」と語り出した。

　保育者は母親の語りを傾聴し，母親の承諾をとった上で，市の家庭児童相談室と連携し情報共有を行い，母子を支援する体制をとった。さらに，家庭児童相談室の家庭相談員は，母親と幸太郎くんの状況を見立て，管轄の児童相談所の児童福祉司とも連携をとった。その結果，母親は助産施設を利用し出産を行⁽⁴⁾うこと，その間，幸太郎くんは約2週間，児童養護施設に一時保護委託されることになった。某日，母親は元気な男の子を出生し，健太郎と名づけられた。一時的に母親と離れた幸太郎くんは寂しかったようだが，弟ができて喜んでいる。

　今，健太郎くんは3カ月になるが，健康で元気に育っている。また母子は生活保護を受け，幸太郎くんも元気に登園している。市の家庭児童相談室では市の生活保護担当者や保健センターの保健師等と連携し，引き続き母子をサポートしている。

2）事例の解説──なぜ保育所・保育者は他機関との連携が求められるのか

　一般に，妊娠や子どもの出生は，祝いごととして喜ばれるものである。しかし，予期せぬ妊娠をする人もいる。また，若年や高齢，妊婦の基礎疾患や障がい，経済的困窮，また，親族から支援を受けられない等，他にも妊娠や出生には様々な状況があり，母子の健康が心配されることがある。本事例では，母親は「正直，父親は誰か，はっきりわからないんですよ」と語り，そのような状

況でも「授かったんで，産みたい」と語っている。これを聞くと，保育者は，母親に対して怒りの感情を抱くかもしれない。さらに母親は，経済的にも困窮している様子である。そのような母子に保育所として何ができるだろうか。

　母親の出産に伴う入院の際，幸太郎くんの生活はどうなるのだろうか。保育者には，保護者の現況の把握と起こりうる事態の可能性を想像する力が必要になる。その上で，起こりうる事態に対して，保育所だけで解決できるかを想像してみる必要がある。妊娠について誰にも相談できなかった母親が，保育者に意を決して相談したのは，なぜだろうか。母親と保育者との一定の信頼関係があってのことではないだろうか。さらに，そのベースには，日々の保育で幸太郎くんと保育者が形成する関係性も基盤となっている。

　親族も含め誰にも頼ることのできない母子にとって，保育所や保育者は大きな存在であり，重要な資源である。そのことを理解した上で，①保育所・保育者ができること，②できないことを整理したい。さらに，③保育所・保育者がしてはいけないこと，④しなければならないことを確認してほしい。保育士や幼稚園教諭は，子どもの保育，教育に関する専門職である。専門職とはその道のプロである。プロにはその自覚と倫理，計画的な支援内容，自身の専門領域と境界線の明確化，他の専門職との連携，協働が求められる。なお，以下にそれぞれ挙げている項目は一例にすぎないため，各自の想像力で項目を増やしてほしい。

①　本事例について保育所・保育者ができること
　・母親との信頼関係を維持すること。
　・日々の保育の中で幸太郎くんの成長を支え，信頼関係を深めること。
　・課題解決に向け地域の相談機関を紹介すること。
②　本事例について保育所・保育者ができないこと
　・母親のカウンセリングを行うこと。
　・母親の出産に際して，宿泊を伴い子どもを預かること。
　・母子に対して経済的に支援すること。
　　＊②の各内容については保育所の役割として，保護者に向けて適切な機関や施設，専門職につなげる支援を行う。

③　本事例について保育所・保育者がしてはいけないこと

・母親を許せず批判し，中絶を迫ること。

・相談を保育者が1人で抱え込み，個人的に母親に対して金銭を貸すこと。

・幸太郎くんの自立を促すため，厳しい指導を行うこと。

　＊③の各内容はなぜしてはならないかその理由を考えてみよう。

④　本事例について保育所・保育者がしなければならないこと

・保育者と母親とのやり取りについて記録をつけること。

・保育所として，母子が置かれている状況を整理すること。

・必要な関係機関に連絡すること。

3）特定妊婦等への協働支援

　児童福祉法では「出産後の養育について出産前において支援を行うことが特に必要と認められる妊婦」を「特定妊婦」として位置づけている。望まない妊娠だけではなく，若年妊婦，高齢妊婦のほか妊婦の身体，精神に何らかの疾患や障がいのある場合等も母子の健康をサポートすることが求められる。このような妊婦は，「ハイリスク妊婦」と呼ばれることがある。地域において母親を妊娠期から社会的にサポートする体制を作ることは，出産後の子育てに対する不安感や負担感の軽減だけではなく母子の健康や児童虐待予防の観点から子どものいのちを守ることにもつながる（表5-1）。保育所に入所する子どもだけではなく，きょうだいや家族についても支援が求められるような状況であれば，他機関と協働し支援を行う必要がある（特定妊婦の詳細は第6章1参照）。

```
┌─ 考えてみよう・話し合ってみよう ──────────────
│
│ ①　事例を読んで，あなたはどう感じましたか。話し合ってみよう。
│ ②　表5-1に記載されている項目を確認し，このような様子や状況のある親に対
│ 　して関わる際，保育者として求められる姿勢や態度について考えてみよう。また，
│ 　どうしてそのような姿勢・態度が求められるのか話し合ってみよう。
```

表5-1　特定妊婦の様子や状況例

		☑欄	様子や状況例
妊娠・出産	妊婦等の年齢		18歳未満
			18歳以上～20歳未満かつ夫（パートナー）が20歳未満
			夫（パートナー）が20歳未満
	婚姻状況		ひとり親
			未婚（パートナーがいない）
			ステップファミリー（連れ子がある再婚）
	母子健康手帳の交付		未交付
	妊婦健診の受診状況		初回健診が妊娠中期以降
			定期的に妊婦健診を受けていない（里帰り，転院等の理由を除く）
	妊娠状況		産みたくない。
			産みたいが，育てる自信がない。
			妊娠を継続することへの悩みがある。
			妊娠・中絶を繰り返している。
	胎児の状況		疾病
			障害（疑いを含む）
			多胎
	出産への準備状況		妊娠の自覚がない・知識がない。
			出産の準備をしていない。（妊娠36週以降）
			出産後の育児への不安が強い。
妊婦の行動・態度等	心身の状態（健康状態）		精神科への受診歴，相談歴がある。（精神障害者保健福祉手帳の有無は問わない）
			自殺企図，自傷行為の既往がある。
			アルコール依存（過去も含む）がある。
			薬物の使用歴がある。
			飲酒・喫煙をやめることができない。
			身体障害がある。（身体障害者手帳の有無は問わない）
	セルフケア		妊婦本人に何らかの疾患があっても，適切な治療を受けない。
			妊婦の衣類等が不衛生な状態
	虐待歴等		被虐待歴，虐待歴がある。
			過去に心中の未遂がある。
	気になる行動		同じ質問を何度も繰り返す，理解力の不足がある。（療育手帳の有無は問わない）
			突発的な出来事に適切な対処ができない。（パニックをおこす）
			周囲とのコミュニケーションに課題がある。
家族・家庭の状況	夫（パートナー）との関係		DVを受けている。
			夫（パートナー）の協力が得られない。
			夫婦の不和，対立がある。
	出産予定児のきょうだいの状況		きょうだいに対する虐待行為がある。（過去または現在，おそれも含む）
			過去にきょうだいの不審死があった。
			きょうだいに重度の疾病・障害等がある。
	社会・経済的背景		住所が不確定（住民票がない），転居を繰り返している。
			経済的困窮，妊娠・出産・育児に関する経済的不安
			夫婦ともに不安定就労・無職など
			健康保険の未加入（無保険な状態）
			医療費の未払い
			生活保護を受給中
			助産制度の利用（予定も含む）
	家族の介護等		妊婦または夫（パートナー）の親など親族の介護を行っている。
	サポート等の状況		妊婦自身の家族に頼ることができない。（死別，遠方などの場合を除く）
			周囲からの支援に対して拒否的
			近隣や地域から孤立している家庭（言葉や習慣の違いなど）

【その他 気になること，心配なこと】

出所：厚生労働省雇用均等・児童家庭局総務課長，母子保健課長「要支援児童等（特定妊婦を含む）の情報提供に係る保健・医療・福祉・教育等の連携の一層の推進について」別表1，2016年，15頁。

（2）要支援児童と子ども家庭福祉行政との連携

1）要支援児童の把握と連携

　児童福祉法第 6 条の 3 第 5 項では「保護者の養育を支援することが特に必要と認められる児童」を要支援児童としている。前節で述べた「特定妊婦」以外にも，保育現場では家庭環境や子どもの状態が心配になるいわゆる要支援児童の事例が見られる。児童福祉法や児童虐待防止法では，児童虐待が疑われる場合の通告を義務にしているが，児童虐待が疑われる，あるいは要保護児童とまではいかないが心配な場合がある。そのような事例は虐待予防の観点からも，早期に市町村と連携し支援体制を整えておく必要がある。

　児童福祉法第21条の10第 5 項では，「病院，診療所，児童福祉施設，学校その他児童又は妊産婦の医療，福祉又は教育に関する機関及び医師，歯科医師，保健師，助産師，看護師，児童福祉施設の職員，学校の教職員その他児童又は妊産婦の医療，福祉又は教育に関連する職務に従事する者は，要支援児童等と思われる者を把握したときは，当該者の情報をその現在地の市町村に提供するよう努めなければならない」と規定し，要支援児童発見への気づきを促すための目安を例示している（表 5 - 2，要支援児童についての詳細は第 6 章 1 参照）。

2）市町村の支援体制

　2005年 4 月以降，地域の子どもや家庭に関する相談の最初の窓口は主に市町村が担うことになり，実質的に担当する窓口の「家庭児童相談室（通称：カジソウ）」の役割は大きくなっている。家庭児童相談室は各市町村の福祉事務所の中にあるのが一般的だが，自治体間で相談体制の格差が大きく，市役所や役場の担当課フロアに「福祉事務所」と掲示され，さらにその中に「家庭児童相談室」と掲示された小コーナーで対応している場合もある。家庭児童相談室は市町村の「要保護児童対策地域協議会」の事務局を担っていることも多く，児童虐待事例についてリスクアセスメント（危険度や緊急性の判断）やケースマネジメント（現況の支援内容の把握）を担っている。

　保育所等，子どもに直接関わる機関では，市町村から要支援児童のモニタリング（経過観察）を依頼されることもあり，家庭児童相談室との連携は欠かせない。なお，要支援児童の状況について養育環境リスクが高まった場合，市町村は，子どもの一時保護の権限や入所措置の権限をもっていないため，その権

表5-2　乳幼児期の要支援児童等の様子や状況例

		☑欄	様子や状況例
子どもの様子	健康状態		不定愁訴，反復する腹痛，便通などの体調不良を訴える。
			夜驚，悪夢，不眠がある。
	精神的に不安定		警戒心が強く，音や振動に過剰に反応し，手を挙げただけで顔や頭をかばう。
			過度に緊張し，担任教諭，保育士等と視線が合わせられない。
			大人の顔色を伺ったり，接触をさけようとしたりする。
	無関心，無反応		表情が乏しく，受け答えが少ない。
			ボーっとしている，急に気力がなくなる。
	攻撃性が強い		落ち着きがなく，過度に乱暴だったり，弱い者に対して暴力をふるったりする。
			他者とうまく関われず，ささいなことでもすぐにカッとなるなど乱暴な言動が見られる。
			激しいかんしゃくをおこしたり，かみついたりするなど攻撃的である。
	孤立		友達と一緒に遊べなかったり，孤立しがちである。
	気になる行動		担任教諭，保育士等を独占したがる，用事がなくてもそばに近づいてこようとするなど，過度のスキンシップを求める。
			不自然に子どもが保護者と密着している。
			必要以上に丁寧な言葉遣いやあいさつをする。
			繰り返し嘘をつく，空想的な言動が増える。
			自暴自棄な言動がある。
	保護者への態度		保護者の顔色を窺う，意図を察知した行動をする。
			保護者といるとおどおどし，落ち着きがない。
			保護者がいると必要以上に気を遣い緊張しているが，保護者が離れると安心して表情が明るくなる。
	身なりや衛生状態		からだや衣服の不潔感，髪を洗っていないなどの汚れ，におい，垢の付着，爪が伸びている等がある。
			季節にそぐわない服装をしている。
			衣服が破れたり，汚れている。
			虫歯の治療が行われていない。
	食事の状況		食べ物への執着が強く，過度に食べる。
			極端な食欲不振が見られる。
			友達に食べ物をねだることがよくある。
	登園状況等		理由がはっきりしない欠席・遅刻・早退が多い。
			連絡がない欠席を繰り返す。
保護者の様子	子どもへの関わり・対応		理想の押しつけや年齢不相応な要求がある。
			発達にそぐわない厳しいしつけや行動制限をしている。
			「かわいくない」「にくい」など差別的な発言がある。
			子どもの発達等に無関心であったり，育児について拒否的な発言がある。
			子どもに対して，繰り返し馬鹿にしてからかう，ことあるごとに激しく叱ったり，ののしったりする。
	きょうだいとの差別		きょうだいに対しての差別的な言動や特定の子どもに対して拒否的な態度をとる。
			きょうだいで服装や持ち物などに差が見られる。
	心身の状態（健康状態）		精神科への受診歴，相談歴がある。（精神障害者保健福祉手帳の有無は問わない）
			アルコール依存（過去も含む）や薬物の使用歴がある。
			子育てに関する強い不安がある。
			保護者自身の必要な治療行為を拒否する。
	気になる行動		些細なことでも激しく怒るなど，感情や行動のコントロールができない。
			被害者意識が強く，事実と異なった思い込みがある。
			他児の保護者との対立が頻回にある。
	幼稚園，保育所等との関わり		長期にわたる欠席が続き，訪問しても子どもに会わせようとしない。
			欠席の理由や子どもに関する状況の説明に不自然なところがある。
			行事への不参加，連絡をとることが困難である。

家族・家庭の状況	家族間の暴力，不和	夫婦間の口論，言い争いがある。
		絶え間なくけんかがあったり，家族（同居者間の暴力）不和がある。
	住居の状態	家中ゴミだらけ，異臭，シラミがわく，放置された多数の動物が飼育されている。
		理由のわからない頻繁な転居がある。
	サポート等の状況	近隣との付き合いを拒否する。
		必要な支援機関や地域の社会資源からの関わりや支援を拒む。

【その他 気になること，心配なこと】

※参考事項	経済的な困窮	保護者の離職の長期化，頻繁な借金の取り立て等，経済的な困窮を抱えている。
	生育上の問題	未熟児，障害，慢性疾患，発育や発達の遅れ（やせ，低身長，歩行や言葉の遅れ等）がみられる。
	複雑な家族構成	親族以外の同居人の存在，不安定な婚姻状況（結婚，離婚を繰り返す等）
	きょうだいが著しく多い	養育の見通しもないままの無計画な出産による多子
	保護者の生育歴	被虐待歴，愛されなかった思い等，何らかの心的外傷を抱えている。
	養育技術の不足	知識不足，家事・育児能力の不足
	養育に協力する人の不在	親族や友人などの養育支援者が近くにいない。
	妊娠，出産	予期しない妊娠・出産，祝福されない妊娠・出産
	若年の妊娠，出産	10代の妊娠，親としての心構えが整う前の出産

注：不適切な養育状況以外の理由によっても起こる可能性の高い事項のため，注意深く様子を見守り，把握された状況をご相談ください。

出所：厚生労働省雇用均等・児童家庭局総務課長，母子保健課長「要支援児童等（特定妊婦を含む）の情報提供に係る保健・医療・福祉・教育等の連携の一層の推進について」別表2，2016年，16-17頁。

限をもつ児童相談所との連携も欠かせない。

　近年では，児童虐待通告の増加と地域での相談援助システム強化のため，国は，全市町村に対しては，地域相談体制を見直し，2022年までには「子ども家庭総合支援拠点」を設置するよう求めている。

3）児童相談所の役割と連携の必要性

　児童相談所では，市町村域を超え広域で子どもに関する各種の相談や療育手帳の発行等の様々な相談支援業務を行っているほか，市町村が対応する相談ケースについて助言指導を行っている。また，児童虐待や非行を含め対応が困難な要保護性の高い児童（要保護児童）について，職権による一時保護や入所措置の手続きを行っている。また親の意に反して施設入所が必要なケースについては，家庭裁判所に申し立てを行うこともある。

　本項の冒頭の事例は，要支援児童として保育所を通して家庭児童相談室に相談のあったケースであるが，母親の入院を前に，関係機関で総合的に検討した結果，今後の支援の可能性も含め，幸太郎くんを児童養護施設に一時保護委託することになった。

児童相談所では，支援が必要な子どもとその家庭について，児童福祉司が家族関係や児童の学校，地域での状況等について情報収集をし，児童心理司が心理的なアセスメントを行う。一時保護所では児童指導員のほか保育士が配置され，行動観察を行う。その他，医師が医学診断を行うほか，最近では弁護士も配置され，子どもの権利擁護の観点から法的なサポートを行っている。保育所等，児童福祉施設や幼稚園，認定こども園等では，市町村とともに，児童相談所とも直接に連携することもあるため，その機能と役割について，十分に知っておく必要がある。

考えてみよう・話し合ってみよう

① 表5-2に記載されている項目を確認し，このような様子や状況のある子どもや親の背景について考え，話し合ってみよう。

② 一時保護や一時保護委託について，児童相談所の立場，市町村の立場，親の立場，施設等の立場等から考え，話し合ってみよう。

③ 一時保護や一時保護委託について，子どもの立場，子どもの権利擁護の立場から考え，話し合ってみよう。

注
(1) 子育て短期支援事業の一つである短期入所生活援助事業（ショートステイ）。保護者が疾病や仕事等の事由により子どもの養育が一時的に困難となった場合，又は育児不安や育児疲れ等の身体的・精神的負担の軽減が必要な場合などに児童養護施設等で一時的に養育・保護を行う（原則として7日以内）。

(2) 子育て援助活動支援事業（ファミリー・サポート・センター事業）。乳幼児や小学生等の児童を有する子育て中の労働者や主婦等を会員として，児童の預かり援助を受けたい者と当該援助を行いたい者との相互援助活動に関する連絡，調整等を行う事業のこと。

(3) ひとり親家庭等が一時的に生活援助・保育サービスが必要な場合や，生活環境の変化により日常生活に支障が生じている場合などに家庭生活支援員の派遣等を行う事業。

(4) 助産施設とは，児童福祉法第36条に規定され，「保健上必要があるにもかかわらず，経済的理由により，入院助産を受けることができない妊産婦を入所させて，助産を受けさせることを目的とする施設」のことである。具体的には，自治体が指定

した分娩を行う医療機関のことである。

参考文献
厚生労働省雇用均等・児童家庭局長「『市町村子ども家庭支援指針』（ガイドライン）について」2017年。

厚生労働省雇用均等・児童家庭局総務課長，母子保健課長「要支援児童等（特定妊婦を含む）の情報提供に係る保健・医療・福祉・教育等の連携の一層の推進について」2016年。

第6章　要保護児童・多様な支援を必要とする子どもとその家庭への支援

1　要保護児童等とその家庭への支援

（1）要保護児童等

　要保護児童は，児童福祉法第6条の3第8項において「保護者のない児童又は保護者に監護させることが不適当であると認められる児童」と規定されている。「保護者のない児童」とは孤児，「保護者に遺棄された児童，保護者が長期拘禁中の児童，家出した児童」などのことである。

　「保護者に監護させることが不適当であると認められる児童」とは，「保護者が虐待している児童，保護者の著しい無理解または無関心のため放任されている児童，保護者の労働又は疾病のため必要な監護を受けることができない児童，知的障害又は肢体不自由等の児童で保護者のもとにあっては十分な監護が行われないため，専門の児童福祉施設に入所して保護，訓練・治療した方がよいと認められる児童，不良行為を行ったり，行うおそれのある児童」のことである。このような子どもたちが要保護児童であり，その保護者も含めて支援の対象となる。

　要保護児童等への支援のために，市町村には要保護児童対策地域協議会が設置されている。要保護児童対策地域協議会において支援対象としているのは，前述の要保護児童に加えて要支援児童とその保護者，特定妊婦も含まれる。児童福祉法第6条の3第5項において，「要支援児童」とは「保護者の養育を支援することが特に必要と認められる児童」となっている。保護者の養育を支援することが特に必要と認められる児童とその保護者とは，課題はあるが市町村のサービス等の支援によって地域での生活が可能な以下のような保護者と子どものことである。たとえば，出産後，間もない時期に育児ストレスや産後うつ状態，育児ノイローゼ等の問題により子育てに強い不安や孤立感を抱える保護

者と子どもがいる。また，食事，衣服，生活環境等が不適切な養育状態にある家庭など，虐待のおそれやそのリスクを抱え，特に支援が必要と認められる保護者と子どもも対象となる。さらに児童養護施設等からの退所または里親委託の終了により，子どもが保護者のもとに復帰した後の保護者と子どもといった家族も含まれる。

また「特定妊婦」とは「出産後の養育について出産前において支援を行うことが特に必要と認められる妊婦」のことである。出産後の養育について出産前から特に支援が必要と認められる妊婦とは，若年の妊婦，妊婦健康診査未受診や望まない妊娠など妊娠期からの継続的な支援を特に必要とするハイリスクな妊婦のことである。

（2）要保護児童等の家庭

要保護児童等とその家族が地域の支援を受けたにもかかわらず，家庭で生活ができなくなった時，入所型の児童福祉施設を利用することになる。要保護児童等の家庭について考えるための参考になるものが，児童養護施設等を利用することになった家庭の状況である。そこで児童養護施設入所児童等調査を基に考えてみる。施設の入所理由を見てみると保護者の入院・疾病が多い。特に母親の精神疾患により施設入所する場合が多いことがわかる。

また，保護者の放任・怠惰といった理由も多い。中でも母親の放任・怠惰は養護問題の発生理由につながりやすい。これらのことは父親が子育てに関わることが少なく，母親が子育てを担っているという社会状況も影響していると考えられる。さらに破産等の経済的理由による入所も多い。そして児童養護施設を利用することになった子どもたちの6割以上が，虐待を受けた経験がある。虐待経験のある子どものうち，6割以上がネグレクトを経験している。

このように，施設に入所している多くの子どもたちが放任され，十分な世話を受けることができていない状況であることがわかる。そして施設を利用することになった子どもの半数以上はひとり親家庭である。ひとり親家庭の中でも実母のみの世帯が実父のみの世帯よりも格段に多い。そして入所した後，家族との交流がなくなる子どもが約2割もいる。これらの施設を利用することなった子どもたちの家庭について見ることにより，要保護児童等の家庭を考えてみたい。

　要保護児童の背景には経済的な貧困がある。2018年の全国の子どもの貧困率は13.5％であり，一般世帯の7人に1人が貧困状態ということになる。さらにひとり親家庭の貧困率については，子どもがいる現役世帯のうち大人が1人の世帯の貧困率は48.1％と非常に高く，ひとり親世帯の2人に1人が貧困状態ということになる。日本における家族の世帯構成はひとり親と子どもの世帯が以前に比べ増加しており，中でも母親と子どもの世帯が増加している。就労状況を見てみるとほとんどの父親がフルタイムで働いているのに対し，母親はフルタイムで働いている人は父親に比べ少ない。結婚前までは就労していた女性も，結婚・出産を機に子育てや家事に専念するため退職することが多い。

　そして離婚し，ひとり親となった母親が再就職をしようとしても，育児などのためにフルタイムで働きづらい労働環境であるために，アルバイトなどの不安定な就労形態で働かなければならない状況である。2018年の全世帯の平均所得額は552万円余であるのに比べ母子世帯は306万円である。このことから母親のみのひとり親家庭では経済的な基盤が脆弱であることがわかる。子育ては父親と母親が共に行うものであるが，育児休業取得率は女性が8割以上取得するのに対し，男性の取得率は少しずつ上昇しているものの2020年度は12.65％である。さらに，仕事をしている女性のうち第1子出産後に退職する女性は4割を超えている。こういったことから一般的に母親が子育てを担っている家庭が多いと考えられる。

　そういった家庭で母親が行方不明になったり，放任・怠惰，罹患といったことにより母親としての役割が機能しなくなった場合，子育てを父親だけでは担うことが困難となり支援が必要となって，要保護児童となることも多い。そのためにも，母親が子育てを継続できるように支援しなければならない。中でも注意深く見守らなければならないものとして，母親の育児ストレスや産後うつ状態といった精神的なことがある。これらは養育拒否や虐待につながる可能性があるからである。

　また夫から妻への暴力といったことが起きているDV家庭についても，十分に注意が必要である。たとえば，夫から妻へのDVにより，母親である妻が，父親である夫に支配され子どもへの暴力の加担者になっている場合もある。また母親が望まない妊娠の後に子どもを出産した場合，子どもの育児を放棄し

てしまうこともある。そのため出産前から母親となる女性を支援していくことが必要である。このようなことから，子どもたちが生まれ，育つ家庭環境について地域の関係機関等が把握しておくことが，子育て支援には重要となる。

（3）要保護児童等の家庭への支援

　母子保健による支援として，市町村において妊娠をした女性に母子健康手帳が交付され，妊産婦健康診査が実施される。妊婦は妊娠中の健康状態，胎児の発育状況を確認するために定期的に健診を受けなければならない。けれども様々な事情により妊婦健診を受けない妊婦もいる。妊婦健診が未受診の家庭の中には，望まない妊娠，子育ての不安，養育能力の低さといった問題を抱えている家庭が少なくない。そういった妊婦に対して保健師などが健診を受けるように促したり，訪問したりする活動の中で出産後の養育について支援が必要な妊婦を把握することができる。

　そして，子どもが生まれたすべての家庭に生後4カ月になるまでの間に訪問し，親子の心身の状況を把握するとともに子育て支援の情報を提供する乳児家庭全戸訪問事業が実施されている。この訪問は助産師，母子保健推進員などが行い，家庭と地域社会をつなぎ，家庭の孤立化を防ぐことを目指している。この乳児家庭全戸訪問事業は，ほぼ全国の市町村で実施されている。そのような活動により発見された，支援が必要な家庭に対して養育支援訪問事業が実施される。この事業は保健師・助産師・保育士等が家庭に訪問し，子育てについての指導や助言をするものである。

　そして1歳6カ月児健康診査，3歳児健康診査など，子どもの健診の機会を利用して，親子の状況を把握することができる。また出産から子育て期にわたる切れ目のない支援をするために，子育て世代包括支援センターが市町村に設置され，保健師やケースワーカーなどが子育てに関する相談に対応し，必要に応じて他機関につなぐことをしている。

　そして乳幼児のいる子育て中の親子が気軽に集い，相互交流や育児相談，情報提供などを行うことを目的として，保育所や児童館などの地域の身近な場所で地域子育て支援拠点事業が実施されている。さらに保育所などにおいて保護者の休養，急病などに対応するために一時預かり事業を行っている。一時預か

り事業は，日頃保育所を利用していない家庭でも利用でき，育児に疲れて休みたい保護者，子どもと少し離れてリフレッシュしたい保護者なども利用できるようになっている。さらに保護者の就労形態に合わせて朝・晩の時間を延長して保育する延長保育や夜間保育・病児保育など多様な保育を行い，子育て家庭を支援している。

　また地域で子育てを支えるものとして，ファミリー・サポート・センター事業がある。子どもの預かり等の支援を受けたい保護者と援助を行いたい支援者との相互援助活動の連絡・調整を行う事業である。この事業は保育所の送迎，保育時間外・学校の放課後などの子どもの預かりなどを行うものであり，精神疾患を抱えた保護者など要保護性のある家庭も利用している。

　さらに，保護者が子育てをしながら安心して働ける環境を整備するためのものとして，子育て短期支援事業がある。子育て短期支援事業にはショートステイ事業とトワイライトステイ事業がある。ショートステイ事業は保護者の疾病や仕事等の理由により養育が一時的に困難となった場合，育児不安や育児疲れ，慢性疾患児の看病疲れ等の身体的・精神的負担の軽減が必要な場合に，子どもを児童養護施設等で一時的に預かるものである。子どもと一緒にいるとイライラして虐待をしてしまいそうな保護者なども利用することがある。トワイライトステイ事業は，保護者が仕事その他の理由により平日の夜間や休日に不在となることで，家庭において子どもを養育することが困難となった場合，児童養護施設等で保護し，食事等の提供を行う事業である。

　そして共働き家庭などの留守家庭の小学生の健全育成のために，児童館や公民館などで放課後等に適切な遊び，生活の場を与える放課後児童健全育成事業（放課後児童クラブ）がある。この事業は戦後まもなく，保護者が働いている間，子どもたちが安全で生き生きと過ごすために作られた学童保育から始まったもので，非行対策というねらいもあった。

　市町村や様々な機関による子育て家庭への支援が行われる中で，より専門的な知識や技術を必要とする家庭に出会う。そういった家庭に対応する機関として児童家庭支援センターがある。児童家庭支援センターには相談員や心理療法担当職員が配置されている。児童家庭支援センターは家庭からの相談だけでなく，市町村に対しての技術的助言・援助を行うとともに，児童相談所から委託

を受けた施設入所までは要しない要保護性のある子どもや家庭への継続的な指導を行う。

　さらに要保護性の高い子どもに対応する専門機関として児童相談所がある。児童相談所には児童福祉司・児童心理司・精神科医師等の専門職が配置され，家庭からの相談だけでなく，市町村の援助・施設入所等の措置などを行う専門性の高い機関である。

（4）要保護児童対策地域協議会

　市町村では子どもや妊産婦の実情把握，必要な情報提供，相談援助を行っている。地域の中でも様々な団体，専門員が子どもと家族への支援を行っている。しかし一機関・個人が行う単独の支援のみでは，家族を支えることが困難なことが多い。そのため，より適切で有効な支援を行うために機関連携が必要となる。そういった連携をするための大きな役割を担っているのが要保護児童対策地域協議会である。

　要保護児童対策地域協議会は，2004年の児童福祉法の改正において児童福祉法第25条の2に規定され市町村に設置されることとなり，現在はほとんどの市町村に設置されている。要保護児童対策地域協議会は虐待を受けている子どもなど要保護児童の早期発見や適切な保護のために，関係機関等が情報の交換を行い支援を協議するためのものである。

　要保護児童対策地域協議会の構成員は，市町村の児童福祉担当部局，児童相談所，福祉事務所，保育所，児童養護施設等の児童福祉施設といった児童福祉関係，市町村保健センター，保健所，医師会，医療機関といった保健医療関係，教育委員会，幼稚園，小学校，中学校といった教育関係，警察，弁護士といった警察・司法関係，法務局，人権擁護委員といった人権擁護関係，配偶者暴力相談センターといった配偶者からの暴力関係，NPOやボランティア団体など，要保護児童に関係する様々な機関・関係者によって構成されている。

　要保護児童対策地域協議会の多くは，代表者会議，実務者会議，個別ケース検討会議の三層構造となっていることが多い。代表者会議は構成員の代表者による会議であり，支援に関するシステム全体の検討や活動状況の報告や評価を行う。実務者会議は実際に活動する実務者による会議である。この会議ではす

べてのケースの定期的状況の把握，援助方針の見直し，情報交換，要保護児童の実態把握などを行う。個別ケース検討会議は，対象となる子どもに直接関わっている担当者や今後関わりが生じる可能性がある機関等の関係者による会議である。この会議では，虐待事例の危険度や緊急度の判断，具体的な支援内容・支援計画の検討，支援の経過報告及び評価といったことを行うための会議である。

（5）支援を必要とする子どもと家族を支えるために

　支援を必要としている子どもと家族は，複数の生活課題を抱えていることが多い。たとえば保護者の失業による経済的困窮，子どもへの虐待，保護者の疾患や薬物依存，家の中は寝る場所もないほどの不衛生な住宅環境，子どもの発達の遅れ，不登校，地域での孤立といったいくつもの問題が重なっていたりする。これらの問題を一度に解決することは難しいことであり，一つの機関ですべてを解決することも困難である。子どもへの虐待問題は児童相談所などの相談機関や福祉施設，不登校は学校やスクールカウンセラー，経済的な問題は就職活動への支援や手当の支給など福祉担当課，保護者の疾患等は市町村保健師や医療機関といったように，多くの機関や専門員の協働により一つずつ解決していかなければならないものである。

　さらに，どの問題を優先して解決していくのかも考えなければならない。このように要保護児童と保護者を支援するためには地域の社会資源をつなぎ，調整するコミュニティソーシャルワークという視点も重要となる。取り返しのつかない危機的な状況を避けるために，このような支援活動ができる人材の育成と市町村などへの適切な配置が必要である。そして地域の支援活動を担う社会資源の構築や掘り起こしも重要である。

　──　考えてみよう・話し合ってみよう　──

　①　要保護児童等の家庭の状況について話し合ってみよう。
　②　要保護児童等の家庭への支援を行う関係機関について話し合ってみよう。
　③　要保護児童等の家庭への支援をする時，どのようなことに配慮したらよいのかを考えてみよう。

2　発達障がい児とその家庭への支援

（1）発達の障がい

　子どもの障がいには早期に気づくものと成長していく中で気づくものがある。早期に発見できるものとして，新生児の聴覚スクリーニング検査による難聴がある。難聴があることに気づかずにいると，言葉の発達が遅れたり，コミュニケーションがとりにくいなどの支障が起きるため，早期に見つけて適切な支援を行うことが大切である。

　また妊娠中から生後１カ月の間に起こった脳損傷により，運動麻痺となる脳性麻痺の中には早期に気づけるものもある。脳性麻痺の子どもには乳児の頃からの早期の運動訓練を行うことで，日常生活で必要な能力を向上させることができる。また染色体の異常により発達に遅れなどの症状が見られるダウン症候群やターナー症候群，プラダー・ウィリー症候群なども早期に発見されやすい。このような染色体異常の子どもの場合，内臓疾患，筋肉の緊張低下，身体発達の遅れなどがあることが多いため，機能訓練，医療的ケアなど様々な面からの支援が必要となる。

　早期に気づきにくく成長の過程の中で気づくものに，知的障がいや発達障がいがある。発達障がいについて，発達障害者支援法では「自閉症，アスペルガー症候群その他の広汎性発達障害，学習障害，注意欠陥多動性障害その他これに類する脳機能の障害であってその症状が通常低年齢において発現するもの」と規定している。自閉症には言葉の発達の遅れ，コミュニケーションの障がい，社会的関係形成が困難，パターン化した行動，興味や関心が狭く特定のものにこだわるといった特徴がある。アスペルガー症候群は，自閉症と同じようなコミュニケーションの障がい，社会的関係形成が困難，パターン化した行動，興味や関心が狭く特定のものへのこだわりといった特徴があるが，基本的に言語の発達の遅れはない。

　学習障害（LD）とは，基本的には全般的な知的発達に遅れはないが，読む，書く，計算するといった能力のうち特定のものの習得と使用が著しく苦手なことである。注意欠陥多動性障害（ADHD）は，年齢あるいは発達に不釣り合い

なほど注意力がなかったり，行動が衝動的であったり多動であったりする。その他の発達障がいとして，トゥレット症候群のように，まばたき・顔しかめ・首振りのような運動性チック症状や，咳払い・鼻すすり・叫び声のような音声チックを主症状とするタイプのものも発達障がいに含まれる。なお自閉症，アスペルガー症候群その他の広汎性発達障害を自閉的な傾向の連続体と考え，自閉スペクトラム症（ASD）というようにもなっている。

（2）障がいのある子どもの家族

　出生後の早い時期に発見される障がいは，医師などにより保護者に伝えられることが多い。保護者は子どもが産まれた喜びの中，障がいがあることを知り大きなショックを受け混乱状態になったりする。また，保護者は子どもの障がいについて受け入れられずに，否定したい気持ちになったりする。混乱した状態の保護者が徐々に子どもに障がいがあることを受け入れられるように，医療や福祉などの職員は寄り添い，支援しなければならない。そして子どものために保護者としてできることをやろうと動き出し，混乱状態を乗り越えた保護者であっても，子どもの成長の過程の中で，気がかりなことが絶えず生じ，不安になることを支援者は忘れてはならない。

　また知的障がいや発達障がいといった早期に気づきにくい障がいの場合，保護者や子どもと関わる保育者などが子どもの様子から気づくことが多い。たとえば，歩行などの運動発達がゆっくりであったり，言葉の数が増えないなどの言語発達が気になったり，会話が一方的でコミュニケーションがとりにくかったり，いつも動いていて着席ができないといったことなど，日常生活の中でいろいろ気になったりする。けれども保護者の多くは子どもの様子が気がかりであっても，「まだ幼いから，そのうちにできるようになる」「他の子どもが気になってはしゃいでしまうだけ」などと思いたい気持ちもある。

　そして乳幼児健診や発達相談などで子どもの発達の遅れなどを指摘され，保護者も子どもの発達についてしっかり向き合い始める場合もある。しかし，なかなか子どもの発達のつまずきを受け入れられない保護者もいる。保護者が子どもの障がいについて受け入れ，子どもの成長のために共に動けるようになるために，医療や福祉などの関係者は焦ることなく丁寧に支援していかなければ

ならない。

　障がいのある子どもたちの保護者は，自分を責めたり子どもの将来に不安などを抱いたりするものである。そういった保護者の気持ちを理解して支援しなければならない。また保護者への支援だけでなく，きょうだいのことを考えるのも大切である。保護者はきょうだいに十分に関われていないことを悩んだり，保護者から関わってもらえていないきょうだいは不安定になったりもする。あるいは障がいのある兄弟姉妹のために頑張ろうとして無理をしていたりもする。そういったきょうだいについても目を向け，家族全体を支えるということを忘れてはならない。

（3）障がいのある子どもへの支援

　障がいを早期に発見しやすい機関は，出産時の医療機関である。そして乳幼児健診等を実施する保健センターなどの保健機関である。新生児期に発見された場合は医療機関から専門の療育機関につなげられることが多い。保健センターなどが行う1歳6カ月健診や3歳児健診において発達が気になった子どもは，心理職員が心理（発達）個別相談を行ったりする。そして発達が気になりフォローが必要と思われた子どもは，継続的な相談や保健師等の家庭訪問が行われる。

　さらに親子遊びの場などを紹介し，子どもの発達を継続して見ていくようにしている。そして療育などを受けた方がよいと思われる子どもに対して，児童発達支援センターや児童発達支援事業所などの専門機関につなげる。また幼児期における他児との関わりも子どもの成長のためには重要であるため，障がいのある子どもも保育所や幼稚園に通うことがある。保育所等には障がいのある子どものために加配職員が配置される場合がある。また，保育所等に障がい児支援の専門職員が定期的に訪問する支援も行われている。

　学校においては，知的障がいなど以前から行われていた特別支援の対象となる障がいだけでなく，通常学級の中で学んでいる発達障がいの子どもも含めて特別な支援を必要とする児童・生徒として支援することになった。これにより通常学級に在籍する軽度の言語障がい，情緒障がい等のある児童・生徒は，必要に応じて通級指導教室などで授業を受けることができるようになった。また

長期休業期間や放課後の支援のために，放課後等デイサービスが実施されている。

そして発達障がい者の行動やコミュニケーション，日常生活等についての相談支援，就労支援などを行う機関として，都道府県等に発達障害者支援センターが設置されている。

（4）「障がい」ということ

「障がい」ということについて考えてみたい。たとえば，発達障がいの特徴の一つであるこだわりの強さということについて考えてみよう。毎日，同じ道を通って通園しないと大声を出して暴れてしまう発達障がいのある和輝くんという子どもがいる。和輝くんと同じように，私は毎日同じ経路を通って職場まで通勤している。同じ経路であることは安心できる。けれども，いつもの経路が事故などのために急に変更しなければならなくなった時，私は大声を出し暴れはしないものの，とても不安になる。私と同じような思いをする人は，他にもきっといるであろう。

毎日，同じ道を通うことで安心している和輝くんは，こだわりの強い発達障がい児であるといわれる。私も和輝くんと同じように同じ経路で通勤することで安心しているが，こだわりの強い発達障がい者とは診断されてはいない。こだわりという特徴の強さに違いはあるものの，こだわりは私と和輝くんの共通した特徴ではないだろうか。このこだわりという一本の歩道の上に和輝くんと私が立っていて，私と和輝くんの間には距離があるということだけではないだろうか。

私と和輝くんの間の歩道には，こだわりという特徴をもった同じような人たちがたくさん立っていると考える。さらに和輝くんの先にも，私の後ろにもこだわりという歩道は伸びていて，そこにも多くの人たちが立っているのであろう。この歩道のどこに立っている人から発達障がいと診断され，どこからは発達障がいとはいわれないのであろうか。誰がどこにそのような線を引いたのであろうか。何のためにそのような線を引いたのであろうか。この引かれた線が人として生きていくのに役立てるための線であるのなら，発達障がいといわれることになった人のために役立つ線でなければならない。このことは，障がい

といわれているすべてのものに当てはまることであると考える。

　そして将来いつの日か，そのような線を引く必要のない社会になることを願っている。目の前に歩くことができなくなり，うずくまっている人を見つけた時，自分の力に余裕があったら，きっとあなたはその人に肩を貸し，共に歩くに違いない。私たちは共に支え合いながら生きていくことにより生き延びてきたと考えている。他者を支援するというのは，少しだけ余裕がある人がその人のできることにより，共に生きる人に手を差し伸べることだと考える。

```
┌─ 考えてみよう・話し合ってみよう ──────────────┐
│  ①　発達障がいのある子どもの家族への支援をする時，どのようなことに配慮した │
│    らよいのかを考えてみよう。                              │
│  ②　「障がい」ということを，どのように考えるのか話し合ってみよう。        │
└────────────────────────────────────┘
```

3　医療的ケア児とその家庭への支援

（1）医療的ケアの必要な子ども

　医学の進歩，新生児医療の発展を背景として，以前であれば出産前後に亡くなっていた超未熟児や先天的な疾患をもつ子どもたちの命が救われるようになってきた。それに伴い，出生後に医療的なケアが日常的に必要な子どもたちが増えている。出生後 NICU 等に長期入院した後，引き続き人工呼吸器や胃ろう等を使用し，たんの吸引や経管栄養など医療的ケアが日常的に必要な子どもを「医療的ケア児」と定義されている。医療的ケア児は，2020年時点で２万人を超えており増加傾向にある。⁽¹⁾

　このような医療的ケア児の多くは未熟児⁽²⁾で生まれていたり，小児の慢性疾患や，難病を患っていたり，その疾病等は様々である。

１）小児慢性特定疾病

　小児慢性特定疾病とは，長期にわたり慢性的な病気で治療が必要となる疾病をいう。具体的には16の対象疾患群がある（表６-１）。多くの小児慢性特定疾病は，治療法が確立されていない疾病や発症が明らかでない疾病である。

表 6 - 1　小児慢性特定疾病（対象疾患群）

1．悪性新生物　2．慢性腎疾患　3．慢性呼吸器疾患　4．慢性心疾患　5．内分泌疾患 6．膠原病　7．糖尿病　8．先天性代謝異常　9．血液疾患　10．免疫疾患 11．神経・筋疾患　12．慢性消化器疾患　13．染色体又は遺伝子に変化を伴う症候群 14．皮膚疾患群　15．骨系統疾患　16．脈管系疾患

出所：小児慢性特定疾病情報センター HP「小児慢性特定疾病の対象疾病リスト」（2022年 1 月 6 日閲覧）。

　小児慢性特定疾病では，医療費助成制度があり，小児慢性特定疾病をもつ18歳未満の患者に対して（継続申請は20歳まで延長可），入院費などの医療費の助成を受けることができる。

2 ）難　　病

　治療が難しく，慢性の経過をたどる疾病のことを難病と呼ばれている。難病という言葉は医学的に明確に定義された病名の名称ではない。難病のうち，指定難病とされ患者の医療費負担軽減の対象となっているものがある（小児慢性特定疾病と共通の疾病については小児慢性特定疾病医療費で助成される）。

（2 ）医療的ケア児と家庭支援

　医療的ケア児への支援は，医療・福祉・子育て支援・保健・保育・教育等の多岐にわたる分野の連携が不可欠である。医療的ケア児とその家族が活用できるサービスは，地方自治体においても窓口が異なっているなど，網羅的に把握することが困難である現状があった。それを少しでも改善するために，2016年の児童福祉法改正において，地方公共団体に対し，医療的ケア児が必要な支援を円滑に受けることができるよう，保健・医療・福祉等の関連分野の支援を行う機関との連絡調整を行うための体制整備に関する努力義務が規定（児童福祉法第56条の 6 第 2 項）された。

　このように，医療的ケア児に向けた支援体制の構築が推進される中，地域の保育所・幼稚園・認定こども園等においても体制を整えれば，看護師の配置等のもと医療的ケアの必要な子どもが保育施設に通うことが可能となっている。しかし，医療的ケアが必要な子どもの多くは体制が未整備のため認可保育所などへの入所が難しく，保護者が就労できず，子どものケアにつきっきりになっているのが現状である。地域の中で医療的ケアが必要な子どもと家庭を支えて

いく視点は重要であり，医療機関・保健センター・保育所などの児童福祉施設といった多機関，多職種（保健師・看護師・医師・保育士など）の専門職で連携を図りながら家庭全体の生活を踏まえて支えていく必要がある。

　2021年より，医療的ケア児及びその家族に対する支援に関する法律（医療的ケア児支援法）が施行され，国や自治体が医療的ケア児の支援を行う責務を負うことが明記された。この法律により，これまで自治体等の「努力義務」とされてきた医療的ケア児への支援が「責務」となり，各自治体は保育所・学校等での医療的ケア児の受け入れに向けて支援体制の拡充が求められる。たとえばたんの吸引などのケアができる看護師や保育士などの配置や，家族の相談に応じるための支援センターを各都道府県で設置すること等が推進される。

（3）保育所における慢性疾患の子どもと保護者への支援事例

　保育所に入所している子どもが慢性疾患となった場合，保育者はどのような対応が必要だろうか。慢性疾患が明らかになり，自宅療養と長期入院が必要となった子どもへの配慮と家庭支援について事例を基に考えていく。保育所及び保育者としての専門性を活かした支援のあり方を見ていきたい。

1）紫斑病性腎炎の発症と自宅療養・長期入院[(3)]

　核家族で暮らしている鈴木さん一家は，父親（建築関係）母親（実家の自営業手伝い），姉（小学校2年生），次女の愛子ちゃん（5歳児），妹（1歳児）の5人家族である。

　愛子ちゃんは，身体を動かすことが大好きな女の子である。4歳時の3月上旬，朝起きると両足にあざのような発疹があり，足全体が腫れていた。翌日には強い腹痛があり，歩けない状態であった。母親はかかりつけの小児科を受診したところ，紫斑病と診断され，他の病院の紹介状を渡された。母親は，紹介先の病院を受診したところ，紫斑病性腎炎と診断を受けた。自宅療養をして様子を見ることになり，保育所は体調が回復するまで欠席することになった。

　その後，体調は回復する様子はなく，3月末には検査のため1週間入院した。検査の結果，7月以降入院し，治療することが決定した。治療後体調が落ち着くまでは，保育所へは登園できないことが明らかになった。

　母親は保育所に受診の結果を伝えるとともに，今後どうしたらよいのか主任

と担任保育者に相談した。母親は，病状や今後の治療日程を伝えた後で最後に，「先生，ずっとお休みするので保育園を辞めた方がよいですか？　いつになったら保育園に行けるのかわからないので辞めた方がよいのかと思って」とやっとの思いで気持ちを吐き切るように言った。母親の様子から，主任は園長にも話し合いに参加してもらった方が良いと判断し，母親の相談内容を伝えた。園長は，「お母さん，愛子ちゃんが治ったら少しずつ保育園に来ればよいから，保育料はかかってしまうけど辞める必要はないと思いますよ」と伝えた。主任も「月刊絵本やお便りなどはお渡しできますし，体調のことも確認できるので私たちも安心できます。他に心配なことはないですか？」と尋ねた。すると「園を辞めなくてもよいんですか？　よかった。辞めないといけないと思っていました。実は……。それと……愛子が入院した時に，下の子を見てくれる人がいなくて……。おばあちゃんも見てくれるけど，夏休みになるし，上の子もいるので……。」と口に出した。園長は，「わかりました。妹さんが入園できるとよいですよね？　できれば，愛子ちゃんが入院する前に慣らし保育を終えて，お母さんも安心して愛子ちゃんの治療に臨めるようにしたいですよね。確か，きょうだいのお子さんの看護も入所の条件に当てはまりますよ。市役所に確認してみますね」「また，わかり次第連絡します。お母さん，何でも，いつでも心配なことがあったら園に相談してくださいね」と伝えると，母親は「ありがとうございます。よろしくお願いします」と言って帰宅した。

　愛子ちゃんは，7月末より入院し治療を行うこととなった。妹は6月から入園し，愛子ちゃんが入院する頃には保育所の生活にもすっかり慣れていた。愛子ちゃんの入院中は，妹の送迎は祖母や父親になった。

　7月に入り5歳児クラスの子どもたちは，愛子ちゃんが入院して治療することを知り，保育者とともに何かできることはないか話し合った。そして，病室に飾ってもらうように "がんばってねカード" を作成し，プレゼントした。8月末には，愛子ちゃんは治療も無事終了し退院した。その後は自宅療養となった。

　10月に入り，母親から担当医師より登園の許可が出たと話があった。そこで，保育所で気を付けた方がよいことなど確認をするために母親と園長，主任，担任保育者で話し合いを行った。最初に体調の回復を喜び合った。そして，母親

に医師からの指示と保育園生活で心配な点を伝えてもらった。

その後，血液検査等の検査結果も安定し受診回数も減っていった。3月末の卒園式では，元気に式に参加することができた。

2）事例の解説——保護者に寄り添う支援と園内連携

本事例では，慢性疾患を発症し長期入院が決まり，保育所を長期欠席した子どもとその家庭への支援についてのケースである。保育者は保護者に，お便りや月刊絵本を渡す際に子どもの様子を尋ねている。母親を通じてクラスの様子やみんなが待っていることを愛子ちゃんに伝えてもらった。クラスの子どもには，担任保育者が愛子ちゃんの様子を定期的に伝え，クラスの一員でいることが理解できるように配慮している。保育所としては母親にきょうだい児の送迎の際に，愛子ちゃんの様子を尋ね母親の気持ちに寄り添っている。そして愛子ちゃんが登園するようになってからは，体調を考慮し無理なく保育園生活が送れるよう職員会議で体調や配慮事項の確認を行った。このように職員会議を通して職員全体に経過を伝え合い，連携を密に取ることが大切である。

── 考えてみよう・話し合ってみよう ──

① 愛子ちゃんの事例で，「保育園を辞めた方がよいですか？」と言った時の母親の心情について話し合ってみよう。
② 慢性的な疾病等の理由によって園児の欠席が1週間以上続いた時，担任保育者としてどのような家庭支援（保護者支援）の方法があるのか考えてみよう。

4　多文化・外国にルーツをもつ子どもと家庭への支援

（1）外国籍人口の増加と保育

日本では，1980年代後半からグローバル化に伴い外国人労働者が増加している。法務省によると，2020年末現在における在留外国人数は，288万7,116人で，都道府県別に見てみると，在留外国人数が最も多いのは東京都の56万180人，続いて愛知県の27万3,784人，大阪府の25万3,814人となる。今後も外国人入国者数が増加することが予想され，これまで以上に多文化，多様性を大切にでき

る社会を目指していかなければならない。

　在留外国人の中には，日本国内で同じ外国籍をもつ者同士が結婚するケース，国際結婚をするケースも増加してきており，日本で暮らす外国籍の子どもたち，国籍が日本であっても両親のいずれかが外国籍をもつ子どもたちなど，多文化化や外国にルーツをもつ子どもも同時に増加傾向にあると考えられる。さらに，海外生活が長かった子どもたちに関しても，異文化家庭としての配慮を必要としているといえる。このような多様性に対応できる保育観が必要になってきていることが明らかである。

　現場の実態として，外国籍等の子どもを受け入れている保育所等の有無について自治体を対象としたアンケート調査[4]が報告されている。そこでは，回答があった自治体の約7割が「外国籍等の子どもが入所している保育所等がある」という結果であった。保育の現場では，外国籍等の子どもたちとその保護者への支援や理解が求められているといえるのではないだろうか。

（2）外国籍をもつ家庭の子どもや保護者の悩み

　多国籍をもつ家庭では，自国の文化や価値観をもつ保護者と，日本の文化や価値観で育つ子どもが共に生活している。多様性という観点から見ると豊かな家庭に見えるが，自分は何者なのか（アイデンティティ）ということが，曖昧になってしまうことが心配される。また，自国のものとは文化も言語も異なる場所での子育ては親の不安も大きい。

　一度，自分が外国で暮らすイメージをしてみるとわかりやすい。聞きなれない言葉や文化，日本とは違う気候の中での生活をイメージしてみよう。日本の食材や調味料が手に入らないスーパーマーケットでの買い物を終え，食事を作りながら子どもたちの帰りを待つ。保育所から持ち帰るお便りは，読めない文字が並び，保育者が話しかけてくれてもその言葉を理解できない。自身の子どもはその国の文化に馴染み，成長するにつれ現地の言葉も上達するが，親子での生活会話はよく使われる簡単な日本語でのやり取りが精一杯だろう。周りには相談できる頼れる知人もなく，職場ではよくわからない言葉が飛び交う。そんな時，あなたはどんな支援を必要とするだろうか。外国籍をもつ家庭という当事者の立場になることで見えてくるだろう。

今度は子どもの立場からイメージしていきたい。子どもは日本で生まれ，両親は外国で生まれ育った家庭をイメージしてみよう。子どもは両親が生まれた「母国」と呼ばれる国には一度も行ったことがない。父親と母親のやり取りは母国語で行われるため，その言語に馴染みのない子どもは理解できず，両親と子どもとのやり取りには日本語が使われる。近くの保育所に通い，日本の友達と日本の文化を学ぶ。食事も周りの子どもたちと同じように箸を使い日本の食文化に触れる。たくさんの言葉を覚え，少しずつ日本語の読み書きができるようになると，日本の友達と同じように地域の小学校へ進む。次第に両親が理解できる少ない日本語では，親子としてのコミュニケーションもうまくいかなくなり，自国の文化で育った親と日本の文化で育った子どもとの関係にはすれ違いが多くなってくるかもしれない。

　親が外国籍をもつ家庭で育つ子どもは，自分の親が外国人であるという認識をしていても，日本で生まれ育ち，日本の文化や教育を受け，育ってきた自分は「日本人だ」と認識しているというケースも少なくない。たとえ子どもも外国籍をもっていたとしても，1度も行ったことのない国を自分の母国だと思えるようになることは，決して簡単ではないだろう。外国籍の親から生まれた子どもたちは，想像する以上に周りの子どもたちとその家庭環境を自分自身の境遇と比べながらそれらの葛藤の中で生きていることを理解しておきたい。

（3）コミュニケーション方法の配慮と理解──保育現場での実践

　次に保育現場において，実際にどのような支援ができるのか考える。外国籍等の保護者への支援を行う上で，言語がうまく通じない，または何となくしか通じていないという不安は大きい。そこで，保育者が「子育てのサポートをしたい」「保育者として母親，父親の力になりたい」という気持ちを伝えるためには，どのような手段があるだろうか。共通言語の取得はハードルが高いが，ここで注目しておきたいのが笑顔である。笑顔は，相手に安心感を与えてくれる世界共通のコミュニケーションツールであるといえる。笑顔を保ちつつ，「相手に伝えたい」「気持ちを理解したい」という思いを伝えるために，はじめは挨拶や簡単な会話を心がけ，話すスピードはゆっくりがよい。

　また，伝えたい事柄は難しい丁寧な言葉を選ぶのではなく，日常でよく使わ

れる言葉を選び，端的に伝えることを心がけるとよい。そして，お便りや手紙でやり取りをする際には，日本語と外国語を併記したり，イラストを活用したり，保護者の日本語理解度によって，ローマ字表記や振り仮名を入れることも有効である。曖昧な表現はやめ，読み手が汲み取れるだろうと考え省略しがちな細かい部分まで，文章として1～2文加えることも大切である。

　さらに面談をする際には，より正確な情報交換ができるように通訳を付けるなど，外国籍の保護者と保育者が安心できる場で信頼関係を築くことが大切である。また，その家庭には相談できる友人がいるのか，同じ文化を共有できるようなつながりを持っているのかなども確認ができると，寄り添った支援を立てるヒントになるだろう。外国籍をもつ家庭では，夫婦間では母国語，子どもと話す時は簡単な日本語や母国語，それらを混ぜ合わせながら会話していることが少なくない。複雑でより専門的なやり取りをする場合は，母国語でなければ難しくなることが多い。自国の文化で育った親と日本の文化で育った子どもが言葉の違いや価値観の違いから，コミュニケーションに問題が生じているケースもある。時には保育者自身が間に入り，保護者の気持ちを子どもへ伝え，子どもの気持ちを親へ伝えるなど親子の架け橋になることを心がけていきたい。

　そもそもコミュニケーションは言葉だけではない。たとえば，子どもたちの生活の中で日常の動作を伝える時に「靴を片づけましょう」という言葉だけではなく，下駄箱にはそろえてしまわれた靴の写真を用意し，動作とともに言葉で伝える。そうすることで，子どもたちは言語と視覚の双方から情報を得られることができる。さらには，できたことを保育者に褒められることで自信を得られ，信頼関係を築くこともできる。言葉の通じないもどかしさよりも，言葉の壁を乗り越え通じ合えた時の喜びは，子どもも保護者も保育者も，誰もが味わえるものではないだろうか。

　また，日本国籍をもつ子どもと外国にルーツのある子どもたちが一緒に生活しているということ自体が素晴らしいことであり，子どもたち自身が多様性を学ぶよい機会になる。保育現場で日本の文化に沿った行事を取り入れるように，外国籍の子どもの国の話題やニュースをトピックとして取り上げたり，給食のメニューにその国の代表的な食べ物を取り入れると，より豊かな保育となり，何気ない生活の中から自然と多様性と向き合い，それらを受け入れる子どもに

育つことも期待できるのではないだろうか。その他にも就学前の支援として，名前の読み書きや簡単な日本語表現，数の数え方や基本的生活習慣を身に付けられるよう支援すると，小学校へのスムーズな移行につながるだろう。

　外国籍の親をもつ子どもたちは，家庭と保育所等での生活では言葉や文化が異なるため，言語面や情緒面で混乱していることがある。言葉が通じないもどかしさから相手を嫌な気持ちにさせる言葉をぶつけてしまったり，時には攻撃的な態度を取って相手を遠ざけるような行動を起こすこともある。そうした行動の理由には，わからない言葉や表現を使われることで自身が混乱するため，自ら相手との関わりを断つ行動を起こし，周りの子どもを避けた方が安全で落ち着いて過ごすことができると考えるからかもしれない。つまり，このような行動は，自己表現やコミュニケーションがうまくできていないことも同時に表しているともいえる。子ども自身が抱えている問題に共感しながら寄り添い，子どもが安心して日本の言葉や文化を学んでいけるよう，温かい言葉や人と人が気持ちよくつながりあえるような配慮を心がけたい。これらの支援は，外国籍の子どもたちに限らず，すべての子どもたちにとっても必要とされているものである。

（4）大切にされて生きていく権利の保障

　保育者は子どもの抱える困難に，子どもの人権の立場から考え支援しなければならない。児童の権利に関する条約（子どもの権利条約）を理念として明記された児童福祉法を基に，子どもたちの安心安全を守る専門職としての役割を担っている。これはすべての子どもの人権を保障するものであり，日本で暮らす外国籍の子どもたちも対象であることは言うまでもない。日本は外国からの労働者や実習生の受け入れを進めているので，前述したように，今後は保育や教育・社会的養護の現場には，外国籍をもつ子どもたちの増加が予想される。多文化や多様性というものは，国だけではなく，民族的なものや宗教的なものの考え方など様々な事柄があてはまる。これまでの自分が当たり前としてきた文化と異なる文化への偏見をなくし，互いの文化を認め合い，尊重し合う考え方ができるようになるには，保育者などの支援者自身がより多くの文化に触れ，それらを理解し身近に感じる感覚を養うことが必要である。それぞれの文化を

切り離して捉えるのではなく，目の前の子どもとその背景にある文化を，周りにいる支援者が「大切に思っている」「とても素敵なことなのだ」と受け入れる姿勢を示すことが，自分自身を大切にできる子どもを育てていくために大切なことである。

　いつどこで生まれるのかは，誰も選ぶことはできない。しかし，目の前にいるすべての子どもたちは，どの国籍をもつかにかかわらず，子どもらしく大切にされて生きていく権利を持っている。保育者は，幅広い視点から子どもの権利を守るための支援を模索していくことが望まれる。

── 考えてみよう・話し合ってみよう ──

① あなたが外国で住むことになった時，どのようなことで困るだろうか。また，どのような時に助けを必要とするだろうか。書き出してみよう。
② あなたが担任するクラスに外国籍をもつ子どもや保護者がいたら，どのような配慮ができるだろうか。また，日本語が少ししか分からない場合やお便りを出す時にどのような工夫ができるだろうか。様々な場面でできることを考え，意見交換してみよう。

注

(1)　厚生労働省「医療的ケア児について」（厚生労働省 HP，2022年1月24日閲覧）。
(2)　身体の発育が未熟のまま出生した乳児（1歳未満）であり，正常児が出生時に有する諸機能を得るに至るまでの子どもで，出生時体重が2,000 g 以下や，生活力が特に弱い乳児等である。28週未満で出生した子どもを超未熟児という。
(3)　紫斑病性腎炎は，皮膚に点状出血斑，関節痛や腹痛の症状がみられ，長期療養が必要な病気である。小児慢性特定疾病の対象疾患（慢性腎疾患）である。
(4)　「令和2年度子ども・子育て支援推進調査研究事業　外国籍等の子どもへの保育に関する調査研究報告書」で，全国の市区町村（1,741団体）及び保育所等（合計30,034カ所）を対象とした調査。自治体1,741のうち，回収数（回収率）：1,047団体（60.1％）の結果が得られている。

参考文献
・第1節
厚生労働省子ども家庭局・社会援護局障害保健福祉部「児童養護施設入所児童等調査

の概要（平成30年 2 月 1 日現在）」2020年 1 月。

厚生労働省「2019年国民生活基礎調査の概況」2020年 7 月。

厚生労働省雇用環境・均等局「令和 2 年度雇用均等基本調査」2021年 7 月。

庄司順一・鈴木力・宮島清編『子ども家庭支援とソーシャルワーク』福村出版，2011年。

高辻千恵・山縣文治編著『家庭支援論』ミネルヴァ書房，2016年。

内閣府男女共同参画局「『第 1 子出産前後の女性の継続就業率』及び出産・育児と女性の就業状況について」2018年11月。

・第 2 節

小原敏郎・橋本好市・三浦主博編『演習・保育と子育て支援』（学ぶ・わかる・みえる シリーズ保育と現代社会）みらい，2019年。

高辻千恵・山縣文治編著『家庭支援論』ミネルヴァ書房，2016年。

・第 3 節

小児慢性特定疾病情報センター HP「小児慢性特定疾病の対象疾病リスト」（2022年 1 月 6 日閲覧）。

難病情報センター HP「難病対策及び小児慢性特定疾病対策の現状について」（「令和元年 5 月15日　第61回厚生科学審議会疾病対策部会難病対策委員会・第37回社会保障審議会児童部会 小児慢性特定疾患児への支援の在り方に関する専門委員会」資料・「難病対策及び小児慢性特定疾病対策の現状について」）。

・第 4 節

植木信一編著『子ども家庭支援論』建帛社，2019年。

法務省「出入国在留管理庁の統計」（出入国在留管理庁 HP，2022年 1 月18日閲覧）。

「令和 2 年度子ども・子育て支援推進調査研究事業 外国籍等の子どもへの保育に関する調査研究報告書」三菱 UFJ リサーチ＆コンサルティング株式会社，2021年（2022年 1 月18日閲覧）。

第7章	保育における日常生活に関わる支援

1 登園を嫌がる子ども・保護者への支援

（1）視　　点

　本節では，保育の場面でよく見られる登園渋りの場面を取り上げる。登園渋りという問題は，子どもだけ，保護者だけの問題から発生するのではなく，子どもと保護者，あるいは子どもを取り巻く家族関係の中の，相互関係における心的な課題であることを理解する必要がある。登園を渋る子どもの気持ちにどのように寄り添い，支援していくとよいのか。さらに子どもだけでなく，我が子の登園渋りに直面した時の保護者の気持ち，葛藤を理解し，保護者を支援していくにはどうしたらよいのか。支援事例を通して，保育の現場でできる様々な支援の方向性を考えてみる。

（2）事　　例

1）家庭背景

　明人くん（4歳）の家族は，30代前半の両親，生後4カ月の妹の4人家族である。近所には父方の実家があり，父方祖父母は母親の子育てを手伝ってくれている。母方の実家も車で30分程度の所にあり，双方の実家との関係も良好である。

2）こども園での様子

　明人くんは，年少から地元のこども園に入園した。入園当初はなかなか集団になじめず，母親と離れるのを嫌がって泣くこともあった。また，初めての課題に取り組む時や，行事の時には固まってしまうことが多い。しかし，年少の後半には，園での生活にも慣れ，友達と仲良く遊ぶ姿も見られるようになった。また年少時の冬に妹が誕生し，入退院の前後は双方の実家を行き来した。妹の

誕生により，明人くんが精神的に不安定になるのではないかと母親は心配していたが，明人くんは妹の誕生を喜び，かわいがる姿があったので，ほっとしていたところでの進級だった。

　年中では担任が替わり，部屋も1階から2階へと移動し，トイレの位置も部屋の中から外になるなど，環境の変化があった。明人くんは連休後から少しずつ登園を嫌がるようになった。登園しても，母親から離れることができず大泣きし，時には暴れることもある。そんな様子に赤ちゃんを抱えた母親は途方に暮れていた。家では指しゃぶり，赤ちゃん返りが出現している。

3）心配な出来事

　ある月曜日，明人くんはいつもより登園を嫌がり，泣いて暴れ，とうとう明人くんの母親は「いい加減にしなさい！」と明人くんを怒鳴りつけた。すぐにハッと我に返った母親だったが，目には涙がたまり，もう限界という様子であった。そういった母親の様子を心配した主任が声をかけると，母親は「先程はお恥ずかしいところを見せてしまって……。」と申し訳なさそうに話した。保育者は，赤ちゃんが生まれて大変なのに，明人くんの気持ちに寄り添い，頑張っている母親の姿を労うと，母親はぽろぽろと涙を流し，登園渋りをする明人くんに対してどう接してよいのかわからないと語った。

（3）援助の方向性

　その報告を受けた園長は，母親の気持ちを吐き出す場所が必要であろうと，市が行う育児相談を母親に勧めた。また，園内では明人くんの登園渋りが少しでも緩和できるように，どのような対応をしたらよいのか，職員会議で話し合った。

1）育児相談での様子

　母親は明人くんについて健診などで遅れや問題を指摘されたことはないが，幼少期から人見知りが強く母親から離れようとしない子どもだったので，地域の児童館活動などに積極的に参加して，できるだけ友達と関わる機会を設けていたとのことだった。年少の時も，最初は慣れなくて大変だったが，次第に園での生活を楽しみにするようになった。妹の誕生時は，明人くんが妹にやきもちを焼くのではないかと心配だったが，明人くんは妹をかわいがってくれるな

ど成長した姿が見られ，嬉しかったそうである。

　一方，双方の祖父母からは，人見知りの強い明人くんについて，「男の子なんだから，もっとしっかりさせなくては」と言われ，常にプレッシャーを感じてきた。特に妹が生まれてからは，「明人くんはお兄ちゃんなんだから，自分でできるでしょう」と注意されることが増えた。次第に，祖父母の前では頑張る姿があるものの，明人くんからは笑みが減り，祖父母が帰宅した途端に赤ちゃん返りをし登園渋りが始まった。

　母親は，父方祖父母はよく手助けしてくれ感謝しているが，その反面，自分がダメな母親だと思われているのではないかと不安に思うと述べた。母方祖父母も「あなたがしっかりしないといけないのよ。こんなにご迷惑をかけて」と言い，自分の実家にも頼れない気持ちになっているという。また，明人くんが「お兄ちゃんなんだから」と言われているのを聞くと，母親である自分がしっかりしていないので，明人くんにも負担をかけてしまっているのではないかと思い，申し訳ない気持ちになることや，余裕がないと，つい明人くんに八つ当たりをしてしまい，自己嫌悪に陥ると涙された。

2）育児相談による支援

　育児相談での場面では，次のような母親への支援方針が立てられた。

- ・母親との面談をしばらく継続し，傾聴しながら，母親のもつ自己肯定感を上げることができるように支援する。また，父親や祖父母らとの連携を模索し，明人くんを支える家族環境を整えることができるように支援する。
- ・母親の同意の上，園との連携を図り，明人くんの心理的な課題を共有し，明人くんについての母親の理解を深める。

3）園内での支援

　職員会議で，最近の明人くんの様子や，育児相談での様子など，様々な情報を共有した。前担任からの情報によれば，明人くんは，新しい場面が苦手であるが，一度経験して流れを理解できると，2回目からはスムーズにできることが多いと報告された。現担任は4月以降，トイレの場所が変わったことに戸惑い，明人くんがトイレに行くタイミングを見失って排泄の失敗が数回あったと報告した。また，活動の内容は年少の時と同じはずなのに，担任の顔をじっと

見て，不安そうにしている様子があるとのことだった。こういったことを踏まえて，以下のような子どもへの支援を全体で共有した。

　・できるだけ活動の流れを一定にし，流れをつかみやすくする。
　・活動の見通しがもてるように，個別に声をかけ，明人くんの不安を解消する。
　・明人くんの気持ちに寄り添い不安な気持ちを受けとめ，心の安定を図る。
　・朝の準備や着替え，給食など，基本的な生活習慣はきちんと習得しているので，明人くんができていることを褒め，認める関わりを増やす。

（4）経　　過

　7月に入り，明人くんはプール遊びを楽しみにするようになり，登園渋りはなくなっていった。行事の前には見通しがもちやすいように，写真やイラストで視覚的に知らせるようにすると，明人くんは安心して取り組めるようになった。また母親はお迎えの時間は妹を祖母に預け，必ず明人くんを抱きしめ，園での頑張りを褒めた。

　育児相談に父親も参加したことで，母親の気持ちや明人くんの心の課題，頑張りを理解し，祖父母にもそのことを伝えてくれた。祖父母も明人くんが甘えられるようなゆったりした関わりを心がけ，家庭での明人くんの笑顔も増え，子どもらしく振る舞えるようになった。

（5）解　　説

　母親の様子や話から，母親自身，真面目で責任感の強いタイプであることが窺える。手伝ってもらえる環境にあるものの，祖父母からの何気ない一言が母親にはプレッシャーに感じられ，自信をなくす要因になっているようであった。また，産後の抑うつ状態も考慮に入れる必要性がある。一般に産後の抑うつ状態が悪化しないか，悪化した場合には速やかに医療機関を受診できるように支援していくことは重要である。

　明人くん自身の心の課題は，環境の変化への適応である。もともと人見知りが強く新しい場面への苦手さは認められるが，母親や保育者との関係を基盤にして，自分の世界を広げていく力ももっている。妹をかわいがろうとする優し

いお兄ちゃんの姿や，祖父母の期待に応えようと頑張る姿があり，明人くんには基本的な信頼関係や愛着が形成されているといえよう。同様に，母親も気持ちのすれ違い，行き違いはあるものの，祖父母らへの感謝の気持ちをもつことができ，明人くんの気持ちにも十分に共感する力がある。こういった母子のもつ潜在的な力を発揮できるように支援していくことが重要である。

──考えてみよう・話し合ってみよう──

①　明人くんの事例において，登園渋りを引き起こす要因となった不安や気持ちを考え，進級時に起こる環境の変化と子どもの不安について話し合おう。

②　あなたが担任の保育者だったら，登園渋りをする子どもと母親にどのような声掛けをするだろうか。また，親子の不安を解消するためにどのような工夫をするだろうか。具体的に考えてみよう。

2　トイレットトレーニングに悩む保護者への支援

(1) 視　　点

　子育て支援センター（地域子育て支援拠点事業）などを利用する親子は，年々増えつつある。それぞれ家庭環境の違い・子育ての思い，悩み等を抱えて利用している親子もいる。子育て支援センターなどに勤務している保育者は，子どもとの遊びを通して，親子の様子や関わり方等に寄り添い，声を掛けたり，受けとめたりしている。親子にとって居心地の良い場所となり，悩みや困っていることが相談できる雰囲気づくりにも心がけている。本節では，保育所の敷地内に併設している子育て支援センターを利用する親子についてトイレットトレーニングができなくなった子どもと親への支援事例を通して考えてみる。子どもが出すサインの捉え方，受けとめ方についても合わせて見ていきたい。

(2) 事　　例

1) 家庭背景

　父親・母親（鈴木さん）・由紀ちゃん（3歳），沙紀ちゃん（0歳）の4人家族である。父親は会社員，母親は看護師として働いていたが，2人の出産を機に

仕事を辞めた。父親は，子育てを母親に任せているが，休日は子どもとよく遊び，子どもたちも父親を慕っている。

2）子育て支援センターでの様子

鈴木さん親子は，6月頃より保育所の敷地内にある子育て支援センターを近所の友達親子と利用している。母親は，子どもと一緒に遊ぶというよりも，姉の由紀ちゃんに妹の沙紀ちゃんを見させて大人同士の話に夢中になることが多かった。子育て支援センターに慣れてきた7月頃には，由紀ちゃんや沙紀ちゃんは保育者に慣れ慕ってくるようになってきた。鈴木さんも，保育者に「本当は子どもを保育所に入れて働きたい」という思いを話すようになってきた。

3）心配な出来事

7月の終わり頃に，鈴木さんから「看護師の仕事に復職しようと思っている。職場は今探している。保育所に姉妹揃って入所できるか心配だ」と相談があった。8月後半から9月にかけて保育所入所申請の受付があることから，まずは申し込みをするように伝えた。ただ姉の由紀ちゃんは，年中組として入所できるが，妹の沙紀ちゃんは，待機児童の多い3歳未満児入所になるので，母親の仕事が決まらないと保育所入所が難しくなることも伝えた。その時，鈴木さんは少し焦っているように見受けられた。

早速，鈴木さんは保育所入所申請書を提出したが自分の職場がなかなか決まらず，イライラしているようでもあった。また友人の母親は，鈴木さんより先に仕事が決まっていた。そのためか，ますます焦りと不安そうな様子が見られた。

それと同時に，姉の由紀ちゃんが，家ではトイレに行けるのに，外出するとトイレに行けなくなり，我慢をするようになってきた。時々失敗をすることもあった。今まで普通に利用していた子育て支援センターのトイレにも行けなくなってきた。鈴木さんが一緒について行こうとしても，嫌がって泣き出す場面も見られた。12月に入り，鈴木さんの職場がようやく決まった。その反面，由紀ちゃんは，ますますトイレに行けなくなり，失敗することが多くなってきた。年の明けた1月からは完全にトイレに行けなくなり，おむつを利用するようになった。

4）母親からの相談

その頃に母親は，子育て支援センターの保育者に由紀ちゃんについて相談した。1月以降は家でもトイレに行くのを嫌がり，「一緒に行こう」と誘っても泣いて「こわい，こわい」と嫌がるので，どうしたらよいのかわからないという。父親は，「そのうちに行けるようになるから大丈夫だ」と言うだけであるとのこと。「由紀は4歳児で保育所に入所するので，おむつが取れていないと恥ずかしくて心配だ。トイレだけでも嫌がらずに行かせたい」と話された。また母親は由紀ちゃんに「保育所に入ったら，妹も見てあげてね」と伝えていた。

（3）援助の方向性

親子の関わり方や，言葉がけを見たり聞いたりしながら実態把握を行った。母親の心配なことに寄り添い，受けとめていき，保育者間では，情報共有を行い，子育て支援センターが入所を希望している保育所とも連携を取りながら支援していくことにした。

①　子育て支援センターと保育所の連携
・職員会議等で報告し，情報を共有する。同敷地内にある保育所の保育者は，親子が子育て支援センターを利用される時，笑顔で接するようにして声を掛け，信頼関係が築けるように支援する。

②　子どもへの支援
・由紀ちゃんの好きなキャラクターを，子育て支援センターのトイレに貼り，安心してトイレに行けるようにしておく。
・保育者は，由紀ちゃんが安定した気持ちで過ごせるように，声を掛けたり遊びに誘ったりして見守る。
・無理にトイレに誘ったり声掛けをしたりしないよう，由紀ちゃんの思いに寄り添う。
・自分の思いや伝えたいことが出せない時は，代弁したり気持ちを受けとめる。

③　母親への支援
・子育て支援センターと保育所は常に連携を取り合い，子育てを見守り，支援していく機関であることを伝える。

・子育て支援センターを利用する時は，保育所の保育者も声を掛けて，いつでも気兼ねなく話せるような雰囲気づくりを心がける。
・母親に由紀ちゃんの思いや気持ちを保育者が代弁して伝え，由紀ちゃんの発信するストレスやサインに気づいてもらえるよう声掛けする。

（4）経　　過

　その後，由紀ちゃんがトイレを嫌がるのは相変わらずであったが，子育て支援センターでは，2月中頃から保育者と一緒なら3回のうち1回はトイレに行けるようになってきた。母親には，行けた1回目の時，抱きしめて「由紀ちゃん大好きだよ」「お母さん嬉しいよ」とスキンシップを取ることを勧めた。一方で「また行こうね」「もう行けるね」などと，本人の負担になるような言葉掛けはしないことも伝えた。

　保育者から母親に，由紀ちゃんが自分の気持ちや思いが言葉で伝えられないことや理解してもらえないことがストレスやサインとなり，トイレに行けなくなってきたのではないかと伝えた。その時にできるだけ具体的に由紀ちゃんの内面や様子，気持ちを代弁して鈴木さんに伝えた。父親には，子育てで悩んでいる母親の気持ちに寄り添い，話し合える場をもってほしいと伝えた。父親の協力もあり，母親は納得した様子で保育所入所まで見守っていきたいと話した。

　4月になり，由紀ちゃんは年中組に，沙紀ちゃんは未満児組に保育所入所ができた。入所して1～2週間は，担任が由紀ちゃんをトイレに誘っても行こうとしなかった。妹のいる未満児の部屋を覗く姿が多く見られた。未満児の保育者もそんな由紀ちゃんを受け入れ，「沙紀ちゃんと遊ぶ？」と声を掛けたり，一緒に遊ばせたりして過ごさせた。1カ月くらい経つと，由紀ちゃんは沙紀ちゃんの様子に安心したようだった。また，由紀ちゃん自身も保育所の生活に慣れてきた様子で，妹の部屋を覗くことは少なくなってきた。由紀ちゃんのクラスの子どもたちと笑顔で遊ぶ様子が見られた。心が安定して落ち着いてきたのか，皆と一緒にトイレにも行けるようになり，おむつの必要もなくなってきた。迎えに来た母親に担任がそのことを伝えると，嬉しそうに由紀ちゃんを抱きしめていた。また母親には，困ったことや悩みがあればいつでも子育て支援センターの保育者に声を掛けてほしいとも伝えた。

（5）解　　説──子どものストレスやサインから読み取る内面の気づき

　本事例は，親の何気ない言葉掛けや期待する姿等が，子どもに不安やプレッシャーを与えてしまい，今までできていたことができなくなってしまうことにつながっていた事例である。子どもの内面の読み取りや，母親への支援は，信頼関係が築かれてこそできる。子育て支援センターや保育所には，心を開いて何でも話せる，頼れる場所であることを母親に伝えていくという役割がある。子どもは，大人のように思いをうまく言葉にできず，伝えることができない。そのため身体全体から色々なサインやストレスとして訴えてくる。そのサインやストレスを見逃すことなくキャッチするには，保育者間で連携して，情報共有を図ることが大切である。そして，子どもの思いを受けとめ，母親の関わり方に寄り添うことが，子どもの心の安定を図り，支援につながっていく。親子の関わり方や，遊びの様子を，保育者間で連携して話し合い，分析していくことで信頼関係や内面支援につながっていく。本事例のように，子育て支援センターと保育所などが連携して，支援につなげていくことが大切である。

── 考えてみよう・話し合ってみよう ──

　① 　母親のどのような様子から，子どもにプレッシャーを与えていると読み取れるか書き出してみよう。
　② 　母親はどのようなことで困っているのか，考えられることを話し合って整理してみよう。
　③ 　子どもの内面の読み取りを，子どもの立場になって話し合い，具体的に考えてみよう。

3　子ども同士のトラブルが生じた時の保護者支援

（1）視　　点

　3～5歳児は，集団生活の中で自主性・社会性が育まれていく時期であり，3歳児の自己主張が顕著に表れる時期を経て，自己抑制機能が4歳児になるにつれて段階的に発達していく。個人差により自己主張を表出する子どもと自己抑制をする子どもの間でトラブルが生じることが多い年齢でもある。しかし，

その要因が子ども同士のトラブルだけではなく，子どもの背景にある家庭環境が深く関わり，不登園，保護者同士のトラブルに発展する場合も少なくない。

　保育者は子どもの心情を把握し，トラブル発生の際は，なぜそのような行動を引き起こしたのかを模索するとともに，子どもの行動と言動の要因に着眼し，家庭環境を含めた多面的な要因を冷静に見極めることが大切である。本節では，保育現場での支援事例について考えてみる。

（2）事　　例

1）家庭背景

　誠くんの家庭は，祖父母，父母，中学3年生の兄，小学6年生の姉と誠くん（4歳）の7人家族である。母親は穏和な性格をもち，高齢の祖父母の介護と受験を目前とした誠くんの兄と姉の塾の送迎や相談等で多忙を極める。

　勇士くんの家庭は，父母，勇士くん（4歳）と生後5カ月の弟の4人家族であり，母親は几帳面な性格の持ち主で，日々，子育てに専念している。

2）園での様子

　誠くんは，乳児クラスから入園し，現在4歳児クラスに属する明朗活発な男の子である。自分の好きな遊びを中心に，賛同してくれる仲間だけで遊び，自由奔放な性格から外遊びの時間や降園時間などに，子ども同士のトラブルが生じることが多い。保育者の前では大人しい態度を示すが，保育参観日などの母親がいる前では，自己主張を押し通し，周りの人たちを困惑させる行為や，園の遊具などに傷を付けるなどを繰り返していた。

　勇士くんは他の保育所から転園して来て4歳児クラスに4月から入った男の子であり，正義感が強く真面目な性格の子である。少し神経質な面も有り，自分の思いをすぐに口に出せない所があるが，間違ったことが嫌いな気質から周りの子どもたちの信頼も厚い。乳児期に病気がちであったこともあり，病弱で静かな遊びを好む。

3）心配な出来事——子ども同士の関係性から

　勇士くんは以前から活発な誠くんと遊びたいと願っていたが，中々言い出せず，4月後半に誠くんが勇士くんを外遊びに誘い，それ以来2人は意気投合し，仲の良い友達関係を構築したかのように見えた。誠くんは総合遊具の活発な遊

びを好み，勇士くんは室内遊びや砂場で遊ぶなどの時間が多く，お互いに自分の好きな遊びに誘い合い，しばらく仲良く遊ぶ様子が窺えた。

　しかし，日が経つにつれ勇士くんの表情が徐々に暗くなり，1人で保育室に残り，絵本を読んでいる姿を何度か目にするようになった。外に遊びに行く気力がないとの返答で，病弱な身体を懸念した。4月の時点では，特に2人の間に問題があるようには見受けられなかったが，5月中旬のある日，勇士くんの母親から突然の電話があり，勇士くんが「園に行きたくない」と前夜から泣き出したとのこと。理由を尋ねると，誠くんが勇士くんに対して仲間はずれや意地悪な言動を繰り返すことが多くなり，「園に行くのが怖くなった」と夜中に泣いているという。勇士くんの母親によると，誠くんは毎朝，先生が見えない所で勇士くんに意地悪な言葉を耳打ちし，先生がいる前では仲の良い振りをしているという。誠くんに尋ねると，自分はそんなことはしていないと何度も言い張っている。

　その後，勇士くんのお休みは3日間続いた。毎日担任が母親に電話をして説得を続け，3日後に母親と登園したが登園直後に泣き出し，担任が勇士くんを説得後，母親は帰宅をする。誠くんは，「大丈夫？」と勇士くんに近寄って来たが，勇士くんは誠くんを避けるようにして行動し，保育園では担任の側から離れず，しくしくと泣いて過ごした。翌日から，勇士くんの不登園が約1週間続いた。

4）トラブルの背景・要因と経過

①　保護者との面談

　子ども同士のトラブルが不登園へと発展したことを踏まえ，2人の母親と学年主任が個別に面談を実施した。しかし，勇士くんの母親は，誠くんの心無い言葉や仲間はずれの実態を指摘し，不登園は誠くんの母親のしつけが悪いことが原因であると憤慨した。学年主任は，誠くんの家庭事情を聞いた後に再度面談をすることにした。

　改めて誠くんの母親に家庭の現状を尋ねると，祖父母の介護と受験生2人のきょうだいで手がいっぱいの様子が窺えた。現状を把握した上で，母親に誠くんへの愛情表現方法を尋ねると，母親は「最近は，忙しくてそれどころではありません」と首を横に振り，「いつもうちの子どもが悪いと言われて，近所の

方や他のお母さん方に白い目で見られているんです」と諦め切った表情で返答
をした。

　その時点では，特に勇士くんのことを話題に出さずに，家庭事情を伺うとと
もに，現在の誠くんの園での様子を伝えるだけに留めた。

　②　トラブルの要因

　誠くんの園での様子を継続的に観察していると，仲間はずれは不定期であり，
以前からの兆候で特に保育者の前では良い子を演じている様子が窺える。登園
直後に友達の所に行き，何か耳元で伝えている様子があるが，その直後に耳打
ちされた子どもの表情の明暗が明らかであり，耳打ちする内容が日により変化
することなどを含めて判断をすると，情緒の不安定さが明確に見受けられた。

　誠くんの言動を多面的に分析すると，要因は子ども同士のトラブルだけでは
なく，母親との愛着関係が深く関わっていると推察された。母親が誠くんに対
して愛情を示す態度が見受けられず，表面上は明朗活発である誠くんは，誰も
自分を認めてくれない，受けとめてくれないという寂しい気持ちや苛立ちを抱
えたことにより，友達への心無い暴言や態度が生じているのではないかと考え
られる。母親の誠くんに対する愛情形成の不十分さが，誠くんの自己肯定感を
低くし，繰り返し生じるトラブルの要因になった可能性が高いと推測された。

（3）援助の方向性

1）保護者支援

　誠くんと勇士くんの保護者と園の連携を図ることを目的に，再度個別面談を
設け，園と連携を図りつつ，お互いの子どもに対する理解と深い思慮の下，以
下の点を踏まえトラブルの解決に臨むことにした。

　　①　誠くんの母親には，園でも誠くんの自己肯定感が高まる支援を継続的
　　　に行うことを伝え，家庭においては誠くんへの愛情表現として，母親の
　　　愛情を態度や言動で表出し，情緒安定の構築を依頼するとともに，特に
　　　毎朝，登園する前には愛情表現を実践してもらうよう要望を伝える。

　　②　勇士くんの母親には，勇士くんが園で安心して過ごせるように，密に
　　　担任と連絡を取り合うことを約束し母親の心情を考慮して，連絡帳や口
　　　頭で園での様子を細やかに伝えることにより母親の不安を軽減し，園で

の出来事を過度に心配されないように配慮する。

2）園内支援

・園では誠くんの心情変化を経過観察し続けるとともに，自己肯定感を高める言葉掛けに重点を置き，誠くんの自己効能力を高めるように努める。

・友達に対して過敏に反応する勇士くんには，不安を払拭できるように，楽しく他の子どもたちと過ごせる環境を整え，細やかな配慮を心がける。

・学年主任，4歳児担任を含めた各学年ミーティングを設け，子ども同士のトラブルと要因について情報を共有し，保育室内外での2人の様子を継続的に行動観察するとともに，協力体制の下で保育者で見守り，連携を取り合って園内支援を行う。

・担任は2人の母親と子どもたちの状況を常に連絡し合えるように，送迎時の対面相談，連絡帳，電話などを通して連携を図りつつ，家庭における子どもに関しての悩みも，安心して気兼ねなく相談できる場所として園があることの認識を再度促し，保護者支援を継続することとする。

（4）経　　過

その後1週間もしない間に，園での誠くんの態度に変化が現れた。他の子どもが困っていると手助けをしてあげるなど，友達に対して思いやりをもって接する様子が窺える。勇士くんはすぐには誠くんのことを信用する様子がなく，ぎこちない感じが窺えたが，徐々に他の子も交えて誠くんと一緒に遊ぶ時間が増え，少しずつ勇士くんは園にも昔のように泣かずに登園するようになった。

家でも明るさを取り戻した様子から，2人の関係性が修復したことに気づいた勇士くんの母親は，徐々に誠くんに対して好印象をもつようになり，1カ月後には誠くんの母親と談笑するまでに至った。誠くんは，保育参観日も母親の前で自己主張をすることもなく，園でも積極的に保育活動に取り組み，相手の気持ちを察した優しい言動や思いやり深い行動が見受けられるようになり，明らかに友達同士のトラブルが減少していく傾向が見られた。

（5）解　　説

本事例は，子ども同士のトラブルが，子どもの背景にある家庭環境が要因で

生じた情緒不安定な心情の真因により，保護者同士にも影響を及ぼした事例である。子どもは日々，家庭での生活と園生活の双方を拠点として過ごしていることを念頭に置き，生活の基盤である家庭での子どもの心情が園生活に反映していることと，園での子どもの心情も家庭に影響を及ぼしていることを忘れてはならない。園と家庭が常に連絡を取り合い，同じ方向性を向いて車の両輪の如く子どもを共に支えることが求められる。

　一方で，保護者の不信感が子どもの不登園につながることがないように，保育者は保護者との信頼関係を構築し，個人情報保護法遵守の上，保護者が悩みを気兼ねなく相談できるよう，園内の子育て支援体制の維持及び向上に努めなければならない。

　子ども同士のトラブルが長引く場合は，表面上に表出している行動，言動から解明するだけではなく，水面下に潜んでいる子どもの心理的な心情の変化を察知し，多面的に要因を分析するとともに，子どもを取り巻く環境と心情の変化を的確に把握し，トラブルの要因を見極めた上で，解決方法を模索する必要性がある。

　保育実践の場では，子どもが自らの気持ちを素直に表出できる環境づくりと保育者が子どもの思いを受けとめ認めることにより，子どもが自己肯定感を高め，他児への思いやりを育み，集団生活をいきいきと過ごせるように配慮していくことが大切である。

　保育者は，各家庭環境の実状に応じた理解と親子関係を思慮した上で，保護者の気持ちに寄り添った子育て支援を心掛けるとともに，園と家庭との信頼関係の構築と連携の上，子どもが安定した情緒の下，安心して過ごせる環境を整え，子どもと保護者の心情に寄り添う保育を実践していくことが求められる。

```
── 考えてみよう・話し合ってみよう ──────────
　①　子ども同士のトラブルをいくつか箇条書きにして，それぞれのトラブルの要因
　　の見極め方を書き出してみよう。
　②　あなたが担任の場合，子どもが不登園になった時の子どもと保護者への対応の
　　仕方を考えてみよう。
　③　トラブル解消後の継続的な保護者支援とは何かを話し合ってみよう。
```

4　子どものかみつきと保護者への支援

（1）視　　点

　保育所はひとり親家庭や共働き家庭，早朝保育から延長保育まで子どもを預ける家庭など様々な家庭環境の親子が利用している。保育所は環境を通して子どもの保育を総合的に実施する役割を担うとともに，保護者に対する支援も行う。その中でも特に3歳未満児の保育を利用する子どもたちは，ほとんどが片言しか話せなかったり，言葉が出てこなかったりする。保育所では，送迎時や家庭との連絡帳を通して子どもを理解・把握していくことが求められる。本節では，ひとり親家庭で，言葉が出ていない，思いが通らないとすぐに大声を出す，かみついてしまう子どもと，子育ての悩みをもつ家庭への支援事例について，子どもの心が満たされてくる変化に着目しながら考えてみる。

（2）事　　例
1）家庭背景

　ひとり親家庭の伊藤さん（母親）は，伊藤さんの母親（祖母），伊藤さんの兄（伯父）・妹（叔母），真也くん（2歳）の5人で生活している。祖母は仕事をしているためか，保育所には顔を見せたことはない。保育所の申請書には，真也くんと母親の名前しか記入されていなかった。真也くんの送迎は，朝が伊藤さんで，迎えはほとんど伊藤さんの兄（以下，伯父さん），時々，伊藤さんの妹（以下，叔母さん）であった。真也くんは保育所で着替えをした時に，背中に1年以上は経っていると思われるタバコでできた火傷のような跡が見られた。

2）保育所での様子

　真也くんは2歳児として入所してきたが，まだ言葉が出ていない。思いを伝える時に指差しか，保育者の言葉掛けにうなずいたりしていた。おむつ替えや着替えをする時に毎日，体に痣や火傷の痕がないか様子を見る。自分の思うようにならないと大声で「ギャーッ」と叫び，怒った顔をする。物を投げたり荒っぽい行動も見られる。保育者が絵本を読んだり体操をしたりしても，皆と一緒にやろうとはせず，自分だけ違う遊びをしていることが多い。外遊びで保育

者と一緒にブランコで遊ぶ時に，一番嬉しそうな表情を見せる。

3）心配な出来事

　保育所に慣れてきた６月頃から，皆と一緒に遊ぶことを好まず自分だけ違う遊びをしていることが多くなった。また，すぐに外に出ていこうともした。保育者が止めると，怒って大声で「ギャーッ」と叫んだり，周りの子どもにかみついたりするので，目が離せなくなってきた。給食の時も，食べたくない物は投げたり，汁物はひっくり返したりする。情緒不安定で荒っぽい様子が多く見られるようになってきた。周りの子どもたちも，真也くんに対して怖そうにして近寄らなくなり，孤立している姿が多く見られた。

4）保育所での様子を保護者に伝える

　真也くんが情緒不安定で荒っぽい様子であることを，朝の登園時に母親に伝えようとしても，忙しそうに慌ただしく真也くんの身支度を済ませ，仕事に行ってしまうので話せない状況であった。迎えにきた伯父さんに伝えても，無言ですぐに帰ってしまう。連絡帳に書いても返答はない。真也くんが迎えの中で唯一嬉しそうな表情をする叔母さんに話すことができた。しかし，「すみません，家では周りが大人ばかりなので，かみつくことはないです」と答えただけだった。母親に真也くんの保育所での様子が伝わったかはわからない。

（3）援助の方向性

　親子の過ごしてきた環境や，母親の子育てに対する思い，真也くんの保育所での行動や様子を，保育者間で話し合い，細かく分析することで，支援の方法を探ることにした。また真也くんが，周りの子どもにかみついたり物を投げたりして目が離せないことを考慮して，園長か主任保育士が真也くんと１対１で関わる時間帯をもつようにした。おむつ替えや着替えをする時，全身を見て痣や火傷の痕がないかも確認をした。

1）子どもへの支援

　給食時や保護者が迎えに来るまでの時間帯に，園長か主任保育士が１対１で真也くんに関わり，以下の点を踏まえ信頼関係を築いていくことになった。

　　①　なるべく簡単な言葉で声を掛けたり，話したり，伝えたりして言葉が
　　　出るきっかけを積極的に作る。

②　クラスの子どもたちには，真也くんの遊びの様子や良かったことを伝えて，認めてもらえるように心がける。真也くんには，クラスの中での存在感が伝わるように配慮する。

2）母親・保護者への支援

・保育所は，常に保育者間で連携して保育をしている。保育所や保育者は，守秘義務があるので，情報を漏らすことはない。そのため，困ったことや話したいことがあれば，気兼ねなく声を掛け，頼ってほしいと母親に伝える。

・叔母さんや伯父さんにも，送迎時には真也くんの遊びの様子や，成長したところを伝え，喜び合えるように声を掛け，信頼関係を築く。

・母親の仕事や働きながらの子育ての大変さに共感しながら，頑張りを認める。

（4）経　　過

　10月頃より，真也くんは簡単な単語や意思表示が出てきた。表情も以前より穏やかになってきた。園長か主任の保育士が部屋に入っていくと，嬉しそうに寄ってくる姿や，迎えまでの外遊びを楽しみにする様子が見られるようになった。しかし目を離すと，相手の子どもにかみついてしまうことがある。母親の表情は以前と変わらず無表情ではあるが，保育所での様子を聞こうとする姿勢が見られ始めた。母親に真也くんの成長したことや良かったことを伝えると，嬉しそうな表情を見せた。

　叔母さんが迎えに来た時にも声を掛け，真也くんの成長してきたことや，嬉しそうに遊ぶ様子を伝えた。すると初めて叔母さんから，「家で思うようにならないと，大声を出したり物を投げたりするので，姉（真也の母親）もどうして良いのかわからず困っている。姉は，朝早くから夜遅くまで仕事をしているので，真也くんとあまり関われていない」と，母親の悩みを聞かせてくれた。そこで，①1日1回で良いから，真也くんを抱きしめてスキンシップを取ること。②朝，保育所に送ってくる時，なるべく真也くんに声を掛けて，成長したところや嬉しかったところを伝え褒めてあげること。この2つの事を実践してほしい，と伝えた。もし母親ができない時は，家族の方がやってほしいとも伝えた。

　年が明けた1月頃より，真也くんの情緒も安定してきた。母親の表情も柔ら

かくなってきた。かみつきについても，相手の子に対して申し訳ないと母親からの言葉も聞かれるようになってきた。また真也くんの言葉がまだ出ないので心配である，と悩みも話されるようになってきた。

　そうした中，4月からは家を引っ越すため，他の保育所に入所することになった。3月の終わり頃，母親から「子育てで悩んでいた時，声を掛けてもらって嬉しかった。真也も保育所の皆さんが大好きだった。ありがとうございました」と挨拶された。その時に，保育者は母親に，真也くんが「ギャーッ」と叫ぶのは何かのトラウマではないか，背中の火傷の痕と関係があるのではないかと尋ねてみた。すると，父親は真也が泣くと「うるさい」と言って火のついたタバコを，真也の背中に押し付けるようになったこと，そのことがあり真也くんの父親と別れたと話してくれた。伊藤さんの気持ちに寄り添い「つらかったね」と声を掛け，これからも真也くんとのスキンシップを心がけてほしいと伝えた。4月から入所する保育所とも連携を取り合っていくことを伝え，安心感をもたせた。

（5）解　　説──環境からくる親子の内面支援が子育てにつながる

　ひとり親家庭になった背景や環境からくる親子の内面支援の事例である。母親が若くしてひとり親になったこと，子どもの背中に残る火傷の痕や大声での叫び声には様々な背景が見え隠れする。これらを保育者間で話し合ったり，保護者との連携を通して分析したりして，どのような支援が必要になるかにつなげていく。保育所では，母親や叔母さん・伯父さんに対して，子どもの成長したところや遊びの様子を伝え，喜び合えるようにして信頼関係を築いていった。子どもの情緒不安定なところは，園長や主任保育士が1対1で関われる時間帯を作り，寄り添っていくことで安定して穏やかに過ごせるようにした。子どもに変化が見られることで，親も心を開き，信頼関係が生まれてくる。親子の心が満たされていくことにもつながっていく。新しい環境に不安のないよう，新しく入所する保育所，学校へとつなげていく支援体制を作っていくことも大切である。

┌─ 考えてみよう・話し合ってみよう ──────────────┐

① 子どもが「ギャーッ」と叫ぶのは，どのような背景が考えられるか気づいたことを話し合ってみよう。

② 母親が育児で困っている様子がわかる箇所を書き出して話し合ってみよう。

③ 親子の心が満たされていくことがわかる内容を読み取り，子どもの立場になって具体的に考えてみよう。

└────────────────────────────────┘

参考文献

・第3節

民秋言編集代表，西村重稀・清水益治ほか編『幼稚園教育要領・保育所保育指針・幼保連携型認定こども園教育・保育要領の成立と変遷』萌文書林，2017年。

無藤隆・増田時枝・松井愛奈編著『保育の実践・原理・内容——写真でよみとく保育』ミネルヴァ書房，2006年。

第8章	保育における特別な配慮を必要とする支援

1 妊娠期から子育ての不安を抱える家庭への支援

(1) 視 点

　障がいや病気をもつ人とその家族にとって，妊娠，出産，子育ては喜び以上に不安を伴うことが多く，同時に迷いや葛藤，拒絶や諦め等が入り交じり，前を向いて進みはじめるまでに時間を要する場合が多くある。支援者は，当事者の課題解決のために，不安の詳細だけでなく家族の関係や抱えている障がいの程度や病気の進行状態等を把握し，すでに支援を行っている担当者と連携を取りながら，信頼関係を構築しつつ支援を行う。本節では，知的障がいのある若年女性の妊娠期から出産後の支援事例（特定妊婦の事例）について考えてみる。

(2) 事 例

1）家庭背景

　小川さん夫婦の夫は温厚な優しい人柄で，介護施設で働く介護職員である。妻はパートの仕事をしており，仲の良い夫婦である。小川さん夫婦には2人の知的障がいをもつ子どもがいる。長子の正人さん（20歳）は重度の知的障がいで家の近くの作業所に通所している。末子の陽子さん（17歳）は軽度の知的障がいで公共交通機関を利用して特別支援学校高等部に通学している。小川さんは正人さんの幼児期に障がいに気づいた。陽子さんの障がいは，正人さんの通所していた療育の指導員から指摘された。小川さんは2人の子どものために療育等に通い，特別支援教育の先生方からの助言を受けてきたので，子どもたちの障がいの特性を理解しており，自立のための家庭生活を日々支えていた。

2）陽子さんの妊娠

　陽子さんの母親である小川さん（以下，小川さん）は学校の個別懇談で，陽子

さんの月経がないこと，普段から生理不順であること，受診について迷っていることを相談した。相談を受けた学校は，陽子さんや男子生徒と個別面談を行い，妊娠している可能性が高いことを把握し，小川さんに陽子さんの受診を勧めた。学校の勧めにより早速受診した。医師からは，「妊娠24週で中絶はできない」と言われた。小川さん夫婦は相手の家族と話し合いも行ったが，理解や協力が得られる状況ではなかった。今回の妊娠は，本人・相手・両家の家族・すべての人が望まない妊娠であり，陽子さんには親となる自覚はなく，出産後の子育ても期待できない状況だった。

　小川さんは陽子さんの妊娠，出産について市の保健センターの保健師に相談した。小川さんは「出産しかない。陽子は高校を卒業し就職させたい。出産前に休学させ，出産後の早い時期に復学させる」と話した。保健師は，児童福祉係や児童相談所職員とともに複数回の面談を行い，制度や支援について説明した。小川さん夫婦は，子育ては陽子さんの母親がパートを辞めて行うこと，生まれた子どもは小川さん夫婦との養子縁組を考える，との結論を出された。小川さん夫婦からは，出産前後の登校しない期間の過ごし方について，陽子さんが1人で出かける場所を確保したいという希望があったが，支援サービスとしての提供及び妊娠後期の安全確保が困難であることから，保健師による安全な出産と子育てのための家庭訪問（保健指導）を継続的に行うことを提案し了解を得た。

（3）援助の方向性

1）陽子さんへの妊娠期支援

　保健師は安全な妊娠・出産のために，家庭訪問において妊婦健診受診状況の把握と保健指導を行うとともに，育児手技について段階的な指導計画を立案し，実践した。また休学期間について「出産後早期に登校を再開させたい」と言う小川さんに，陽子さんの体調管理からは，最短でも出産後1カ月健診での医師の判断に従うべきであることを説明した。陽子さんの母親である小川さんは，妊娠発覚当初は「誰にも言えない，相談できない」と困惑気味だったが，徐々に子育てに必要な品々を用意し，保健師に楽しそうに見せてくれるようになった。

　陽子さんへの育児手技の指導は，赤ちゃん人形を用いた実践形式を基本とし，指導の最後に復習として学習内容を「育児ノート」に陽子さん自身でまとめる（記録する）作業までを 1 回とした。この作業により，理解の状況を把握するとともに，陽子さん自身が作成した「育児ノート」が出産後の育児の手引書として活用できるようにした。このような家庭訪問指導を繰り返したが，陽子さんの母親である小川さんは保健師を迎えてくれるものの，育児手技の保健指導時には席を外したり，離れた場所から見ていたりすることがほとんどだった。

2）保護者の思いに寄り添う

　家庭訪問指導は毎回 2 人の保健師で行った。そこで，陽子さんの育児手技指導は若年保健師が担当し，陽子さんの母親である小川さんへの支援は年長の保健師が担当することとした。この役割分担により，陽子さんから離れた屋外で小川さんとしての不安や迷い，本音や希望，子育て及び孫育てについての今後の計画等の話を聴きとることができるようになった。小川さんは「陽子に赤ん坊の世話はできない。学校に行って就職の準備をする方が将来のためには大切で，就職のための職場体験実習は絶対に参加させたい」と強く考えていることがわかった。小川さんの気持ちを把握した後は，指導場面への同席を求めず，母子各々への支援と捉えて継続した。

3）出産と産後の家庭訪問指導

　陽子さんは自然分娩で男児を出産した。入院期間は 5 日間で，母子共に異常は認められず，予定通りの退院となった。男児は康太くんと命名された。母乳分泌については早期復学と乳房管理困難なことを理由に，分泌抑制剤の服薬が行われた。

　家庭訪問では，陽子さんに康太くんの脱衣をしてもらい身体計測を行う等，陽子さんの育児手技の確認や康太くんへの愛着形成確認を伴う観察を重視した。また，妊娠期の延長で康太くんの育児日記と題したノートを作成し，おむつ交換，授乳，入浴等の康太くんのお世話と生活リズムの記録をお願いした。その後の真面目で几帳面な記録の継続は，訪問で確認している。

　小川さんとの面談では陽子さんの育児手技や母子の生活を確認した。小川さんによると，昼間は見守りの中でおむつ交換や調乳を行い，授乳と夜間のお世話は主に陽子さんの母親である小川さんが行っているとのことだった（夜間，

陽子さんは自室で眠り，康太くんの添い寝は小川さんの役目）。陽子さんが授乳できない理由を尋ねると，「康太の十分な観察ができず，気持ちを推し量ることができないため，息継ぎやぐずりなどに合わせられず不機嫌を招く」とのことだった。

　ある訪問日，担当保健師は陽子さんの調乳作業を確認した。計量したミルクにお湯を差し入れるまではよかったが，その後，適温に冷ますことができず，完成したミルクは高温だった。授乳についても息継ぎや咽（のど）への対応に配慮がなく，無理やり押し込む様子が見受けられた。

4）学校との連携と陽子さんの再登校開始

　陽子さん・小川さん・養護教諭・担任と，現状や休学中の訪問指導内容の報告，再登校の調整を行った。保健師からは学校における産後の健康管理について依頼した。学校は陽子さんの状況を考慮して選択した授業の短時間登校から開始，様子を見て小川さんと相談し，時間や内容を調整していくこととなった。

　産後1カ月健診で医師の許可を得て，陽子さんは短時間登校からの再登校を開始した。再登校開始後も保健師の訪問は継続実施した。数カ月後，陽子さんは出産前と同じ生活を取り戻した。

（4）経　　過

　陽子さんは康太くんへの執着による登校渋り等を起こすことなく過ごしている。小川さんは時折，康太くんの成長確認のために保健師を訪ねてくる。保健師たちは小川さんとの面談を繰り返す内に，母親である小川さんが陽子さんを誰よりも理解して育ててきたことや，将来のために陽子さんがなすべきことを選択したということを深く感じるようになっていた。

　康太くんが生後8カ月を過ぎた頃，小川さん自身の就労について相談があった。その内容は，「以前のパート先は我が家の事情を理解し，勤務や休暇に融通が利いた。そこから再雇用の誘いがあり，経済的にも大変なので働きたい。康太の保育所の入所はいかがなものだろう」とのことだった。保健師は康太くんの成長発達状況や小川さんの育児負担，陽子さんの状況及び小川家の事情について保育所担当と情報を共有し検討を行った。そして，小川さんに保育所入所に関する情報を提供し申請を勧めた。

（5）解　説

　本事例は，若年障がい者の望まない妊娠と出産への支援事例である。妊娠期から子育ての様々な不安を抱えていた陽子さんの家庭に向けた支援では，陽子さんとその母親である小川さんが不安や迷い，葛藤が入り交じる中，支援者はその気持ちの揺れを受けとめ，複雑な心境を見守りつつ特別支援学校などの関係機関と連携を取りながら，徐々に信頼関係を構築していった。

　また事例を振り返ってみると，支援する側が考える特別な配慮が必要な根拠や特別な配慮の内容は，関わりの時間経過や関係性によって変化していることも見えてくる。本事例を通して，「特別」について考えを深める機会になればと思う。

考えてみよう・話し合ってみよう

①　一般的な妊娠，出産に伴う費用及び公的サービスや支援について，いくつかの医療機関・自治体を調べてみよう。また，特定妊婦とはどのような妊婦であるか調べてみよう。

②　陽子さんが妊婦教室や育児講座に参加することについて考察してみよう。陽子さんへの支援として，抱っこ，衣類やおむつ交換，調乳と授乳等の育児手技の指導方法について考察してみよう。

③　小川さん（陽子さんの母親）の気持ちを考察し，小川さんに寄り添う方法について検討してみよう。

④　康太くんの保育所入所について，あなたの考えをまとめてみよう。入所となった場合，保育所ではどのような配慮が必要になるか考えてみよう。

2　障がい児のいる家庭への支援

（1）視　点

　障がい児の発達は，発達過程に障がい特性が絡み合ってわかりにくくなっていることが多い。そして，保護者はそんな子育ての困難さに自分自身への自信をなくし，悩みが複雑になっていることも多い。だからこそ，まずは保護者の声をしっかりと聴き，問題や困難なことを整理していくこと，そして解決の方

法を急ぐのではなく，行動の背景にある子どもの願いに目を向け，一緒に考え合っていくことが必要である。

　そして，保護者自身が問題の本質に気づいていけるようサポートすることが大切である。ここでは，自閉スペクトラム症の子どもをもつ家庭に対する児童発達支援事業所での支援事例を紹介する。

（2）事　例

1）家庭背景

　高橋さんは，母親，父親，大地くん（3歳）の3人家族である。母親は大地くんが生まれてから仕事を辞め，家事と子育てに専念してきた。父親は会社員で，大地くんの子育てにとても協力的である。両親とも，大地くんのために必要なことは何でもやってあげたいと思い一生懸命に育ててきたが，大地くんが2歳になった頃から育てにくさを感じるようになってきた。

2）大地くんが療育につながるまでの経緯

　大地くんは1歳半健診で言葉の遅れを指摘され，保健センターの親子教室に通っていた。2歳半頃より，親子教室の部屋に入ることを嫌がって暴れるようになり，それまでできていたこともできなくなることが増え，不安になった母親が病院を受診した。3歳の誕生日頃に「自閉スペクトラム症」と診断をされ作業訓練を開始した。3歳2カ月の時に療育手帳では軽度と判定された。3歳半の4月に児童発達支援事業所の利用につながった。

3）利用開始直前（利用前の3月）に保護者が困っていたこと

・大地くんはこだわりが強く，「イヤ」となったらすべてがイヤになっておさまらない。保護者は暴れる大地くんを押さえるしかないが，体も大きくなって押さえられなくなってきた。言葉でやり取りができないので，何がイヤなのかわからない。保護者はどう接したらよいのかわからずイライラしてしまい，次第に母親は「イヤを出されたら困る」と思いながら子どもと関わるようになってしまった。

・発達がゆっくりであるのはわかっているが，「3歳児ならこれくらいやってほしい」と焦ってしまう。

・大地くんの好きなものがテレビアニメ以外に見つけられない。あちこち動き

回る大地くんの後を追うだけで，一緒にどう遊んだらよいのかわからない。

（3）援助の方向性

1）児童発達支援事業所の療育と保護者支援

　この児童発達支援事業所の建物は，同法人の保育園と同じ敷地の中にあり，障がいのある子どももない子どもも，日常的に共に関わり合いながら育ち合っていくことを目指し，統合保育を行っている。そして，「どんなに障がいが重くとも子どもの発達の道筋は同じである」という考えに基づき，その子どもの発達に応じて一つひとつ丁寧に積み上げていけるよう，保護者と「子どもの発達の道筋」を共有し，我が子の発達の様子を一緒に捉え直し，親としてどう子どもに向き合ったらよいのかを一緒に考えていけるよう，単独通園施設ではあるが保護者の状況に応じて親子通園も取り入れている。

　また障がい児の親同士が集まり，子育ての悩みを出し合える場として茶話会を行うとともに，日常的に一緒に活動をしている保育園児の保護者とのクラス会も行っている。

2）保護者支援の実践と経過

　大地くんを児童発達支援事業所の単独通園で受け入れ，保育園の3歳児（同年齢）クラスと統合保育を行うこととした。そして，保護者が大地くんを多面的に捉え子育てで大事なことに気づいていけるよう支援していくことになった。

（4）経　　過

1）父子通園の実施（5月）

　父親に父子通園をしてもらい，大地くんと友達との散歩に参加をしてもらった。アニメが大好きだと思っていた大地くんは，実は虫や動物が大好きなことがわかった。虫を探しながら，草の茂みに行って「バッタ！」と大はしゃぎすれば友達がたくさん集まってくる。友達が蝶々を見つければ，そこに急いでかけよる。散歩はなかなか進まないが，楽しそうな大地くんと父親の姿があった。以下は，父子通園後の父親の感想である。

　　・大好きな虫を通して，こんなふうに友達とつながることができるのかと
　　　驚いた。

・「散歩に行く」となると，寄り道をせずに目的地に到着することが大事なことのように思っていた。今まで，大地が楽しいかどうかよりも，大人が思う楽しいことを大地に押しつけようとし，大人の「こうしなくてはいけない」と考える枠に大地をはめ込もうとしていた。大地のやりたいことをもっと一緒に楽しめばいいんだ，と気がついた。

2）母親が保育園とのクラス会に参加（6月）

児童発達支援事業所の3歳児の保護者と保育園の保護者合同のクラス会が行われ，保育園の友達が大地くんを助けてくれたり，大地くんの存在が保育園の友達を助けていることが共有された。また，保育園，児童発達支援事業所，それぞれの保護者の抱える子育ての悩みが話された。以下は，クラス会後の母親の感想である。

・保育園児（健常児）と一緒に過ごす姿を見ることで，「なんでもできると思っていた健常児（3歳児）にもできないことがあるんだ」「3歳児には3歳児の悩みがあるんだ」「助けてもらうばかりだと思っていた大地も，友達の助けになることができるんだ」ということがわかって，悩んでいるのは自分だけでも我が子だけでもないのだと，子どもの見方が変わり，気持ちが楽になった。

・できないことは今もたくさんあるが，「こんなことができるよ」「こうすればできるよ」と言ってもらえたことで，私が大地を認められるようになってきた。そして，子育てに自信を失くしていた自分を認められるようにもなってきた。

3）大地くんの「イヤ」の意味を母親とともに考える（8月）

大地くんが「イヤ」と拒否したり，泣いて暴れる姿には必ず意味があることを伝え，職員が大地くんの姿をどう捉えて対応しているのか，児童発達支援事業所での毎日の出来事を映像も使いながら丁寧に伝えることを大切にした。また母親から家庭での出来事を聞き取り，その時の大地くんの行動の意味を一緒に考え，家庭でできる対応の仕方の工夫を一緒に考えてきた。以下は，半年を振り返った母親の感想である。

・大地が泣いて嫌がることは「障がいのせいだ」と思っていたが，「イヤ」と拒否する力は大地の自我が育っていく上で大事な力であり，どの子ど

もにも訪れる発達的な姿だと理解できるようになったら，気持ちが楽になり，大地が気持ちを切り替えるのを待ってあげられるようになってきた。

・大地が家庭でこだわったり，思い通りにならなくてぐずったりした時に，職員の対応を思い出してやってみた。すると，家庭でも大地が自分で折り合いをつけることができる場面が増え，それが私自身の自信になってきた。

4）児童発達支援事業所の保護者同士で集まる茶話会に参加（10月）

保護者自身が子育てへの手ごたえを感じ，以前よりも大地くんを前向きに捉えることができるようになったが，悩みがなくなったわけではない。大地くんの母親は「大地は以前よりもできることが増えてうれしいが，それでもやはり健常の子どもと比べてしまう。同じようにはできない姿を見ると，辛くなる。比べる必要がないこともわかっているし，大地は大地で育っていることもわかる。それでも比べてしまう自分自身に腹が立ってしまう」と茶話会で想いを話してくれた。

こうした想いを経験する人は多い。そんな時は「先輩母さん」の出番である。そうやって落ち込む自分を否定せず，共に悩み励ましてくれる親の仲間がいることで，保護者自身も悩みながら，障がいをもつ我が子と向き合い直し，自分自身を振り返り，人としての価値観を新たに作り直していくのである。そうした出来事を何度も繰り返すことで，保護者自身も少しずつ成長していく。

（5）解　　説

大地くんの保護者のような人への支援で大切なのは，保護者が仲間の中での子どもの姿や，職員の子どもへの関わり方を見るなど，保護者自身が保育を「見る」ことである。そして保護者自身が「学ぶ」ことである。子どもには子どもの発達の道筋があり，発達の願いがある。障がい特性だけでなく，発達の道筋を学ぶことで，子どもの行動の意味がわかるようになり，子どもの関わり方のコツが見えてくる。それを，職員の子どもへの関わり方と重ねて伝えていく。

次に，保護者自身が職員の関わり方を思い出して「やってみる」ことである。

そして保護者と職員とが一緒に「振り返る」ことである。振り返ることは，上手くいった時も上手くいかなかった時も，その理由を考えることが子どもの願いを考えることになる。上手くいかない時には，その保護者に合ったやり方の工夫を職員が一緒に考える。こうした実体験の積み重ねによって，子どもの行動の背景にある子どもの願いに気づいていくのである。

　統合保育の中で，子どもたちは障がいの有無にかかわらず同じ仲間としてお互いを理解しようとし，お互いの存在がお互いにとって価値あるものになっていく。そうした子ども同士の育ち合う姿を保護者に気づいてもらうことで，我が子の集団の中での価値に改めて気づくことができるのである。

　またクラス会や親子通園等を通して，健常児やその保護者と関わることで，どの子どもにも苦手なことがあり，健常児の保護者もまた子育てに悩む同じ保護者同士であると実感できる。何人も子育てをしてきた健常児の先輩母さんの経験談は，障がいの有無にかかわらず子育ての見通しにつながる。いろいろな人とのつながりが保護者を支え，それぞれ違う立場だからこそお互いの価値になっていくことを，保護者自身が実感として学ぶことが大切である。

　── 考えてみよう・話し合ってみよう ──
　①　親子通園と単独通園，それぞれの良い点と配慮が必要な点は，どんなところだろうか。
　②　障がい児の保護者支援として，職員がもつべき大切な視点とは何だろうか。

3　発達が気になる子どもと家庭への支援

（1）視　　点

　本節では，多動傾向，場面緘黙，自閉スペクトラム症など，発達の偏りがある子どもを取り上げる。どのような支援が必要となるか，またその様子をどのように保護者と共有し，その子どもの成長につなげていくことができるのか。子どものもつ発達的な課題を捉えながら，保育場面での3つの支援事例について考えてみる。

（2）事例1

1）家庭背景

晴馬くん（3歳）は，ひとり親家庭で，母親との二人暮らしである。母親は，夫からのDVのため離婚している。

2）保育園での様子

晴馬くんは，保育園の年少クラスに4月から入園した。入園当初から自分の思いが伝わらないと相手を叩き，かみつくのでトラブルが絶えない。また，じっと座っていることが苦手で離席が多く，教室から飛び出して園庭で遊んでいることもある。そういった晴馬くんの様子を聞いた母親は「もっときつく叱って下さい。先生が優しいからつけあがるんです」と言い，保育者の目の前で晴馬くんをひどく叱った。母親は晴馬くんに対して一層厳しく接したが，友達とのトラブルはますます増加した。晴馬くんの状態を心配した担任の保育者から市の発達相談を紹介された母親は，嫌々ながらも相談に訪れた。

（3）援助の方向性

1）発達相談による支援

発達相談では，晴馬くんの発達検査を行い，検査結果を基に母親に育児のアドバイスが行われた。検査結果からは，視覚的な情報を捉える力は高いものの，聴覚情報に注意を向けて聞き取る力が弱く，目の前の刺激に反応しやすい傾向がうかがえた。

また母親から聞き取った生育歴から，カッとすると手が出る元夫と晴馬くんが重なって見えて，母親は余計に厳しくしなくてはと思っていることが語られた。晴馬くんの落ち着きのなさは母親の育て方の問題ではなく，発達の偏りや苦手さが要因である可能性があることを説明されると，母親は安心した様子であった。そこで療育施設の利用を促し，週1回の母子通所が始まった。

2）園内での支援

療育施設の通所が始まると，保育園，家庭，療育場面での様子をそれぞれが連絡帳に記し，晴馬くんが直面している課題を三者で共有する取り組みが行われた。また担任の保育者が療育場面を参観し，晴馬くんに合った声掛けや指導の仕方を学ぶ機会を設けた。

（4）経　　過

　保育者は友達への関わり方を遊びを通して教えたり，相手の気持ちに気づくことができるように，相手の子どもの気持ちを丁寧に伝えたりした。また，「〜してはダメ」などの言葉掛けをやめ，「〜するといいよ」「〜できるとかっこいいね」と期待される行動を伝えるようにすると，晴馬くんに適切な行動が増え，トラブルが減少した。

（5）解　　説

　事例1では，子どもの多動傾向を母親が自分の子育てが悪いからではないかと不安になっている様子がうかがえる。実際，手が出るなどのトラブルが絶えない子どもの母親は，周囲から「しつけがなっていない」と非難されることが度々ある。発達相談を受けることに最初は抵抗があった母親だったが，検査結果から晴馬くんの苦手さを客観的に知ることができ，晴馬くんと向き合うことができるようになった。

（6）事例2

1）家庭背景

　優菜ちゃん（5歳）は，両親と姉の4人家族である。幼少期より人見知りが強く，他の子どもがいるところでは，母親の後ろに隠れてしまい，姉としか遊ばない子どもだった。

2）保育園での様子

　優菜ちゃんは年少から保育園に入所しているが，年長になった今も園ではほとんど言葉を発しない。家庭ではよく話をするのに，外ではまったく声が出ないことを両親は非常に心配していた。

（7）援助の方向性

　優菜ちゃんの両親も担当の保育者も優菜ちゃんの様子を心配していたので，母親の了承を得て，定期的に行われる市の発達相談員による巡回訪問相談を利用した。発達相談員が保育場面での様子を観察したところ，優菜ちゃんは注目されていると感じると，過剰に意識し身体まで固まってしまう。

しかし，遊びの中でのやりとりでは笑みも見られたし，朝の会の歌でも声は出ていないが，口が少し動いていた。体操遊びでは，教室の端の方で隠れるように体操する様子があり，一緒にやりたい気持ちも確認された。そこで，相談員は無理にしゃべらせようとプレッシャーを与えるのではなく，遊びの中で自然に笑い声が出るような関わりを心がけるようにアドバイスした。

またグループでの当番活動を通して，みんなで声を合わせて発表する場面を設定し，その際，優菜ちゃんの声が出なくても，みんなと一緒に活動していることを認めていくようにとのことだった。緊張しやすい優菜ちゃんがみんなと一緒に前に出るだけでも大変なことだと保育者も理解し，これまでは気づかなかった優菜ちゃんの頑張りを認めることができるようになった。

（8）経　　過

それまでは当番活動で少しでも声が出せるように指導していたが，みんなと一緒にいて，口を動かすだけでも良いと認められるようになると，優菜ちゃんはかなりリラックスした様子を見せるようになった。保育者の変化を受けて，周囲の子どもたちが「優菜ちゃんの分まで大きな声で言うから大丈夫」と言ってくれたのも良かったようで，優菜ちゃんは友達との活動で笑いが多く見られるようになった。

すると，ある日の外遊びで，優菜ちゃんが小さな声ではあったが，笑う姿が見られた。保育者も周囲の子どももそれに気づいたが，指摘することはせず，そっと見守った。迎えに来た母親にそのエピソードを保育者が報告すると，母親は涙を浮かべて喜んでいた。

（9）解　　説

事例2では，緘黙の子どもに関わる大人が陥りやすい状況がうかがえる。みんなと同じように行動できることを求めるあまり，かえって心理的なプレッシャーを与え，声が出なくなってしまうことがよくある。最近では場面緘黙の背景に発達的な問題や，HSP（人よりも繊細で敏感な性質をもつ人）が関係しているのではないかといわれている。

無理に周囲と同じことを求めるのではなく，安心してコミュニケーションが

取れる関係性を目指すことが改善につながっていった例である。

(10) 事例3

1）家庭背景

　空くん（4歳）は，保育園入園前に自閉スペクトラム症と診断され，療育施設に通所しながら，保育園を利用している。両親と空くんの3人家族で，空くんの子育てに非常に熱心である。

2）保育園での様子

　空くんは年中クラスであるが，まだ言葉もほとんど出ておらず，知的な遅れがあるため，加配の保育者による1対1での対応が必要である。また，こだわりが強く，いつもとパターンが違うとパニックになって大泣きすることも多いので，対応に苦慮していた。母親は空くんが少しでも園での生活になじみ，友達との関わりが増えることを望んでいた。

(11) 援助の方向性

　母親は空くんが視覚的な手がかりがあると安心しやすいことから，療育でのアドバイスを受け，抵抗のある病院や初めての施設などは，必ず写真を撮って，事前に見せておく工夫をしていた。このやり方は空くんに非常に合っていたので，母親は保育園でも何かしら取り入れられないかと担任の保育者に相談した。保育者はすぐに療育施設の職員に連絡し，園ではどのような工夫ができるかを相談した。アドバイスを基に，トイレや職員室，本のお部屋など，空くんが使用する場所を写真にし，保育の場面で活用するようにした。

(12) 経　　過

　場所だけでなく，1日の流れをカードで示すことで，空くんは活動の見通しがもちやすくなり，教室にいられる時間が増えていった。またプール遊びが始まった時も，カードを見せて事前に知らせておいたことで，みんなと一緒にプールに入ることができた。保育園，療育施設，家庭が緊密に連携し，ルールが徹底されるようになると，空くんはパニックを起こすことが減っていった。

（13）解　　説

　事例3では，自閉スペクトラム症の子どもの特性を理解し，保育の場面でできる工夫を模索した事例である。療育施設の職員からの専門的な知見を保育場面に取り入れることで，空くんのパニックを減らすことができた。

考えてみよう・話し合ってみよう

①　それぞれの事例において，その子どもがもつ苦手さや，行動の特徴はどのようなものがあるだろうか。考えられることを話し合って，整理してみよう。
②　保護者との問題共有は不可欠だが，その際，保護者への言葉掛けとして，どのようなものが適切か具体的に考えてみよう。
③　あなたが担任の保育者だったら，それぞれの事例において，保育の場面で，どのような遊びを取り入れるだろうか。いくつかの場面を設定して，具体的に遊びのねらいを考えてみよう。

4　児童虐待が心配される家庭への支援

（1）視　　点

　保育所等を利用している家庭の中には，児童虐待が起きている家庭，または児童虐待とははっきりいえないが，気になる家庭・心配な家庭がある。保育者や教育者など子どもに関わる専門職は，虐待等が疑われると気づいた時に児童相談所等への通告義務があり，必要な支援を行わなければならない。早期発見や対応，見守り支援の場として重要な役割を担う保育の場で，子どもを虐待から守り，保護者との信頼関係を築きつつ，家庭への支援をどのようにしたらよいのか。ここでは，虐待が心配される家庭と保育所での支援事例について考えてみる。

（2）事　　例

1）家庭背景

　ひとり親（母子）家庭の田中さんは，母親，竜馬くん（3歳），春香ちゃん（1歳7カ月）の3人家族である。田中さんは26歳であり飲食店に勤務し，精神

的に不安定である。また，田中さんは実家とは関係が悪く，連絡をとっておらず疎遠である。

2）保育園での様子

竜馬くんは保育園の年少クラス，春香ちゃんは1歳児クラスである。2人は今年の4月に他の保育園から現在の保育園に転園してきた。母親は口数は少ないが子どもたちの世話を母親なりに頑張って1人でやっている。春香ちゃんは時々おむつを代えずに登園したり，2人とも朝食をとらず菓子などを食べて登園したりすることがしばしば見られた。給食では何度もおかわりを求め，すごい勢いで食べる様子が見られる。また，竜馬くんはとても甘えん坊な一面もあり，保育者にべったりとくっついて独占して甘える姿がある。そして，7月に入ってプール遊びが始まると，竜馬くんの背中に青痣が2カ所見られた。保育者が青痣について母親にそれとなく尋ねると，「よく転ぶから」と話していた。保育者は気になったが，それ以上は聞かず様子を見ることにした。

3）心配な出来事

竜馬くんと春香ちゃんが，8月1日・2日と続けて母親から連絡がなく保育園を欠席した。心配に思った担任保育者は主任に伝え，電話をすることとなった。すると，母親が電話に出て「今日は休みます。連絡を忘れていました」ということだった。翌日の3日，翌々日の4日も連絡なく欠席が続き，保育園から連絡をするが電話がつながらなかった。そして5日も連絡なく欠席しており，連日の猛暑が続く時期で熱中症も心配されるため，園長から児童相談所にネグレクトの心配があるとして虐待通告を行うこととした。

保育園からの通告を受けた児童相談所の児童福祉司は，家庭訪問をして母親と子どもたちの安全確認をすることとした。5日の午後に児童福祉司が家庭訪問をした際，母親が疲れた表情で出てきた。児童福祉司が事情を尋ねたところ，母親は春香ちゃんが麻疹にかかり，保育園を休んでいたこと，3日には竜馬くんも高熱が出て休んでいたと話す。また家には食べるものがなく，菓子パンで数日過ごしていたとのことだった。

4）保育者と母親との面談

その後，春香ちゃんの麻疹が完治し，竜馬くんと春香ちゃんが再び保育園に登園するようになった。そして担任保育者と主任保育者は，家庭の状況につい

て話を聞くため，母親と面談を行った。母親は子育てが大変でイライラしてしんどい気持ちになっていること，実家との関係も悪く，子育てを助けてもらえないことを話しはじめた。母親自身も母子家庭で育ち，厳しい母親の下で育ったこと，今は疎遠で（子どもたちにとっての）祖母は頼れないことを話す。

　最近は気分が落ち込んで何もやる気が起きなかったり，急にイライラしたりと浮き沈みがあり，よくぐずって泣き止まない竜馬くんにあたってしまう，と話す。引っ越してから近所に知人や友人もおらず，土日は子ども以外に誰とも話さないとのことだった。保育園では定期的に母親と面談をし，しばらく見守っていくことにした。児童相談所とも連携を行い，家庭を支えていくことになった。

（3）援助の方向性

　主な方向性としては，子どもたちの身の回りの世話が十分にできているか家庭を見守り，母親への子育て，精神的な支援を行っていくこととなった。子どもたちの健康面，食事については，給食の様子を見守り，発育状況を確認していき，また竜馬くんは友達とのトラブルなど，落ち着かない状況も見られるので保育園では十分に甘えを受けとめていくようにすることにした。

　保育園内で職員間の情報共有を行いつつ，他機関と連携し，それぞれの機関や専門職による支援を分担し，協力して家庭を支援していった。

1）園内による支援

①　園内連携

・職員会議で報告し，情報共有を行った。ネグレクト傾向・身体的虐待が心配される家庭として職員全体で共通認識の下，見守っていく体制をつくった。

②　子どもへの支援

・健康・発育…竜馬くん，春香ちゃんが家庭で十分な食事がとれているか。身　　状況　　　　長体重を定期的に測定し，増減などから発育状況が順調かを確認していった。

・安全確認…母親はイライラした時に子どもにあたってしまうことがあるため，おむつ替えや排せつ時，着替えをする時に，全身を見て痣や傷などがないか確認をするようにした。

・情緒の安定…竜馬くん，春香ちゃんの心の安定や甘え方などを気にかけてい
　　　　　　　　き，甘えたい気持ちを受けとめていった。頑張っていることは
　　　　　　　　褒めて自信につなげていきながら，保育園が安心できる心地い
　　　　　　　　い場所と感じられるようにした。
　③　母親への支援
　保育園は，母親とともに子育てをする機関であることを実感してもらえるよ
う関わりをもっていった。
・送迎時…母親の様子を気にかけ，何気ない世間話や母親を気遣う声掛けなど
　　　　　をし，園全体で母親が気兼ねなく話せる雰囲気づくりをしていった。
・連絡帳…子どもの成長の姿をこまめに伝え，保育園での関わりを具体的に伝
　　　　　えた。母親の精神面，身体面の体調を気遣う言葉を添えるように心
　　　　　がけた。
・面　　談…母親の精神的な負担を軽くするため，子育ての悩みや不安について
　　　　　定期的に面談の機会をもうけ，傾聴していった。子どもへの関わり
　　　　　方で困っていることのアドバイスを行い，いつでも頼ってもよいこ
　　　　　とを伝えていった。
　2）児童相談所による支援
・家庭訪問や…月1回程度の家庭訪問を行って，子どもの様子，母親の家庭で
　保育園訪問　の子育ての様子を見ていった。必要に応じて保育園に訪問して
　　　　　　　もらい，機関同士の情報共有や子どもの安全確認を行った。
・一　時　保　護…母親の精神的な不安が高くなって，子どもたちの世話が難しく
　　　　　　　なった時には子どもたちの一時保護をすることができることを
　　　　　　　母親に伝える。
　3）要保護児童対策地域協議会による支援
　保育園，児童相談所，市の家庭児童相談室・保健センターなどの関係機関，
専門職が定期的に集まるケース検討会議において情報共有，経過報告し，それ
ぞれ関わりのある機関での支援の役割を確認し合い，援助の方針を検討した。

（4）経　　過

　11月に入り，8月の虐待通告から3カ月が経過した。子どもたちは保育園に

元気に登園しており，少しずつ母親の気持ちも安定してきた。

　保育園では，主任保育者が母親と定期的に面談を行っている。母親は，土日など家にいると竜馬くんがよく泣いてぐずるのでどう対処したらよいのかわからなくなり，イライラして叩くこともある，と漏らす。主任保育者は，竜馬くんの発達年齢の特徴について話し，自分でやりたい気持ちがあったり，思うようにいかなくて泣いたりすることがよくあると伝え，思いを言葉にしてあげたり，見守ったりなどの保育園で行っている対応を話した。母親は，「うちの子だけじゃないんですね。家でもやってみます」と少し安心したようであった。

　また主任保育者は，「土日などでイライラが続いてしんどい時は，園では土曜日保育もやっているので，いつでも頼って下さいね」と伝えた。

（5）解　　説——保育園を中心に家庭を支えながら地域の中で見守る

　この事例はひとり親家庭で頼れる親族や知人が身近にいない孤立した子育てをしている母親が，十分に子どもの世話ができていないネグレクト，長男への身体的虐待を行っているというケースである。保育園では子どもたちの生命の安全や健康な発達を見守り，日々の園生活の中で体調や発育面を支え，情緒の安定などの支援を行っている。

　また，母親の育児ストレス，精神的不安定な状況もあり，母親自身の心の安定が重要である。保育園では送迎時の母親への言葉がけや定期的な面談を通じて信頼関係を築いていき，何でも話せる，頼れる場所であることを伝えていった。さらに，保育者の専門的な知見から，子育てや乳幼児期の子どもの発達に合わせた関わり方のアドバイスを具体的に行い，母親の育児への不安を取り除いていけるように支援をしている。

　虐待が懸念される出来事が確認された時には，児童相談所に状況を伝え，虐待通告するなど，迅速な機関連携を行うことが必要である。保育者は，母親との良好な関係を保ちつつ，一方で子どもたちの生命を守っていかなければならない。保育園だけの支援では限界があるこうした事例については，児童相談所等の専門機関との連携が欠かせない。さらに，要保護児童対策地域協議会の要支援ケースとして情報共有を行い，地域でネットワークをつくり，親子を見守りながら支援していく体制をつくっていくことが大切である。

5 DV が心配される家庭への支援

(1) 視 点

保育所等を利用している家庭の中にも、ドメスティックバイオレンス（以下、DV）の問題を抱えた家庭は少なからず存在している。また、DV の問題は富裕層から貧困層の多岐にわたり表面化しにくいのが現状である。また DV は、脳の萎縮など子どもの成長期に大きな影響を及ぼすことも確認されている。本節では、DV の早期発見や他機関への連携、その後、被害母子の自立に至るまでの経過を学び、DV を発見してからの早期対応の必要性について解説する。

(2) 事 例

1) 家庭背景

亮平くん（4歳、年中クラス）は、銀行員の父親（38歳）とパート勤務の母親（34歳）、姉のひとみちゃん（小学校1年生）の4人家族である。父親は、地元大手の銀行で課長を任されており信用も高く、保育園の行事にもできる限り参加する子煩悩な父親という印象がある。母親も、亮平くんを保育園に送った後は地元のスーパーマーケットにパートとして勤務している。母親は明るい性格で、保育園へ迎えに来る時間にはいつも他の保護者と笑顔で談笑する姿があった。また、お迎えの時間に遅れることはほとんどなく、時間を気にして生活している様子が見られた。ひとみちゃんも当保育園の卒園生であり、園長も在園時の様子をよく知っている。

2）保育園での様子

亮平くんは，保育園には毎日元気に登園している。担任の保育者や他の保育者にも懐いている。亮平くんは明るい性格であり，家族のことを色々と話してくれる子どもである。特にスーパーマーケットで働く母親のことが大好きで，母親のことをいつも話してくれる。保育園でもレジ打ちの真似をし，お買い物遊びをして過ごす姿が見られた。友達も多く，亮平くんの周りには知らないうちに友達が集まってくるような子どもであった。

3）保育園での変化

お盆休みを過ぎた辺りから，亮平くんの様子に変化が見られた。言葉遣いが荒くなり，仲の良かった友達と喧嘩をすることがあった。また，家での話題を話さなくなり，お買い物遊びにも興味を示さなくなった。日常的にイライラしている状態が続いた。その反面，担任の保育者から注意を受けると極端に泣くなど情緒不安定な様子が多々見られるようになってきた。

そして他の保護者から，姉のひとみちゃんも夏休み明けから登校できない日が目立つようになっていると情報が入った。心配になった園長が母親に電話を入れたが，「大丈夫です」と一言返事をしただけで電話が切れてしまった。さらに，登園時に父親が送ってくることが，週に何度か見られるようになってきた。亮平くんを迎えに来るのは母親であるが，以前のように他の保護者と談笑する姿はなく，言葉少なめに保育園から帰っていくようになった。

4）園の個別懇談

園の個別懇談を行った。今回の懇談では，心配なことが多々あるため，担任保育士に加えて主任の保育士にも同席してもらうことになった。最近の亮平くんの変化を伝えるとともに，ひとみちゃんの不登校傾向などについても心配をしていることを伝える。また，母親の様子の変化も心配していることを伝えたところ，突然，母親が泣き崩れた。仕事の関係で，お盆休みが夫婦で上手く合わず夫の実家へ帰省できなかったことを期に，夫からの DV が始まった，と話しはじめた。

子どもたちの前でも暴力を振るわれ，長女は部屋から怖くて出られなくなったという。亮平くんも父親の姿を見て，男は暴力的になれば相手を倒すことができると思い込み，行動が粗暴になったとのことだった。母親は誰にも言えず，

苦しんでいたこと等について話した。次の懇談も控えていたため別室に案内し，主任保育者，園長とで話を聞くことにした。服で見えない所を殴打されアザができていることや，その痛みでパートの仕事を辞めたこと，仕事を辞めたことを知り，亮平くんも家で暴れたとのことだった。

　また，母親は体の痛みで朝の送りができない時に父親が登園させていたこと等がわかった。緊急事態であることを認識した園長は，翌日の昼間にできる限りの衣類やお金を持って保育園へ来ること，安全な場所へ母子で避難する協力ができることを母親に伝えて一旦自宅へ帰した。

　それと同時に，市の福祉事務所へ連携をとり，DVケースであることを説明し，緊急一時保護の実施の可能性とその後の対応について依頼を行った。翌日に相談員や福祉事務所の担当者に保育園へ来てもらうよう連携を行った。小学校へも福祉事務所を通じて連携を行い，問題の共有化を図った。担任の先生にも状況を説明し，早急に母子の緊急保護を実施できる状況を作ること，父親や他の保護者への情報の漏洩を防ぐことを確認した。

（3）援助の方向性

　DVケースの場合，加害者と被害者を速やかに物理的に離すことが求められる。この場合，被害者の生活の場として，加害者の土地勘のない場所を選ぶことがほとんどで，被害のあった母子にも全く土地勘がない場所であることが多い。DVの被害者にも，全く土地勘のない場所での生活再建が待っている。

　その後，離婚や養育費等の法的な手続きを裁判所などで行い，自立に向かうことが一般的である。そのため，母子の安心安全な自立を目指すため，特に居所に関しての情報の管理は徹底して行う必要がある。場合によっては，加害者である父親が，子どもの行方を探しているという名目で保育園に来ることも十分考えられるため，的確な対応が求められる。

1）保育園でできること

・福祉事務所や配偶者暴力相談支援センターなどと連携を行うこと。

・父親や他児の保護者に情報が漏洩しないように配慮すること。

・子ども・母親の気持ちを受けとめ，傾聴すること。

・園での生活で，子どもができるだけ穏やかに生活できるように支援すること。

・子どもの行動に変化がないかなど，子どもの様子の変化を見ていくこと。
　2）福祉事務所等の関係機関が行うこと
・緊急一時保護を実施すること。
・自立のための母子生活支援施設などとの連携を行うこと。また，必要に応じ
　て施設の利用契約を行うこと。
・警察，弁護士等との連携を行うこと（被害届や調停，裁判の申し立てなど）。
・母子の健康状態や心身の状況に応じて医療連携を行うこと。
・母子についての情報が漏洩しないよう管理を徹底すること。

（4）経　　過
　母子は，緊急一時保護を受けた後，他県の母子生活支援施設に入所した。そ
こで調停，裁判を行い約 2 年かけて離婚が成立する。母親に親権も認められた。
施設の職員の就労サポートや養育支援を受けながら順調に生活基盤の立て直し
を行ってきた。今は自立に向けて就労し，児童扶養手当や児童手当などの公的
な支援を受けながら生活している。ひとみちゃんも安心できる環境で小学校へ
の登校もできている。亮平くんも，一時期見られた粗暴な行動が治まってきて
おり小学校にも毎日元気に登校できている。母親も以前のようにスーパーマー
ケットにパートの仕事に出かけ，笑顔も戻ってきているという。また，毎月自
立に向けて貯蓄も行っているという。
　夫は離婚が成立した後，勤めていた銀行を辞めて実家へ帰ったと言い，夫が
母子に付きまとったり，探し回ったりすることは，今のところ無いようである。
　ひとまず安心できる環境で生活できているといえる。しかし，母親も子ども
たちも DV の影響が後に残っていかないように，心療内科での受診とカウン
セリングを定期的に行っているという。自立の目処としては，来年の春頃には
生活の基盤ができた施設の周辺でアパートを借りて退所をする予定だという。

（5）解　　説——　DV 被害者の傾向と対応
　DV 被害者は，自分から福祉事務所や警察へ相談に行くことができないこと
が多い。また，DV を受けていることを本人自身が隠そうと努力していること
も，DV が表面化しにくい理由の一つである。また被害者の妻は自分が夫を止

めなければいけないと考えていたり，自分が悪いから夫が怒るんだと考えている場合も多く見られる。さらに被害者の父母がDV家庭だと，これが普通であると認識してしまっている場合も少なからず存在する。

　しかしながら，家族の姿の変化や子どもの行動の変化，不登校傾向などの様々なサインは出ているといえるのではないだろうか。子どもの面前でDVが行われている場合，その状況は児童虐待（心理的虐待）であるという認識も広まってきてはいるが，一般的にまだ完全に浸透していないのが現状である。

　だからこそ，子どもやその家族の様子の変化に気づき，周りからどのようなアプローチができるかで，DVが重篤化せずに発見できる可能性が広がっていくと考える。それが専門職の役割であるといえる。

　本事例のように，対象児の兄弟姉妹の日常の変化についての情報などが，他の保護者の会話の中にも含まれている場合がある。子どもたちの言動や様々な所からもたらされる情報を総合的に判断して，家族の問題に結びつけることができるのは，やはり専門職の仕事ではないだろうか。家庭の問題であるため，非常にデリケートで容易に踏み込めないことであると思うが，保育者が意識的に注視していくこと，また同僚の保育者同士や主任・園長と情報を共有しながら，多くの目で子どもの様子や家族の姿を見ていくことでDVなどが発見できていくように思われる。

　家族を総合的に捉えていくことで，安心で安全な子どもたちの養育環境が守られていく。また，子どもたちへの養育支援も質の高いものが提供されていく。このような職場の集団づくりや意識が大切であると思われる。

───　考えてみよう・話し合ってみよう　───
　① 　DV家庭の可能性のある子どもたちの様子の変化に気づくためには，日常保育の中のどんなことに気を付けて，子どもたちと関わるようにしたらよいだろうか。どのような場面で，様子の変化に気づきやすいと思うか具体的に挙げてみよう。
　② 　DV家庭の子どもにおいて，登園時などの子どもと保護者の関係で，どのようなことに注目したら家族の様子を捉えやすいか考えてみよう。

6　経済的基盤に不安のある家庭への支援

(1) 視　　点

　非正規労働者の増加等により，子育て世帯の経済的困窮が子どもの発達に影響を及ぼす「子どもの貧困」が社会問題となっている。しかし，日常生活の中で「子どもの貧困」は意識しなければ捉えることが非常に難しいといわれている。それでは，保育所等の児童福祉施設で働く職員には，どのような専門的対応が求められるだろうか。非正規雇用で働く母子家庭への保育所での支援事例を通じて考える。

(2) 事　　例

1) 家庭背景

　20代前半の未婚の母親である塩崎さんはアルバイトを掛け持ちしながら生計を立て，一人娘のあやちゃん（5歳）とワンルームアパートで暮らしている。あやちゃんは生後6カ月で保育園に入園し，現在は4歳児クラスに所属している。入園以来，月曜日から土曜日までほぼ毎日，朝8時半頃に登園し，閉園時間ギリギリに降園するという生活が続き，帰宅後の就寝も遅くなりがちで不安定な生活リズムが続いている。また，あやちゃんの身の回りの世話，衣類の洗濯等も追いつかないことが頻繁にあり，母親の両親など子育てを手伝っている人の存在は見られない。

2) 保育園での様子

　保育園の職員会議では，園が塩崎さん親子にとって安心で頼ることのできる場所になるよう願い，あやちゃんの保育づくりと母親との関係づくりを進めていくことを確認した。保育者は，生活と子育てを一人で背負う母親の大変さに心を寄せ，担任が中心となってあやちゃんの保育園での様子を伝えながら，「大変なことはありませんか？」「困っていることはありませんか？」と尋ねてきた。しかし，母親からの「いえ，別に」という軽い笑顔での返答に，なかなか信頼関係の手ごたえを得ることができずにいた。

　3歳頃までのあやちゃんは，好奇心旺盛で自我がしっかり育ってきたものの，

母親の仕事や体調で生活リズムが不安定になりがちだった。そのため，登園が遅れると友達が遊ぶ輪の中に入れず，友達と一緒に満足いくまで遊びきる経験や充実感を継続していくことが困難だった。また，給食の時間には空腹ではないため，つい出歩いてしまう，お昼寝の時間には眠くないために静かにしていられないなど，保育者があやちゃんを注意することが増えてしまっていた。集団保育を通じて，「ありのままの自分を認められる自己肯定感」「友達と一緒が楽しい所属感」を十分に保障できずにいた。

3）心配な出来事

　4歳頃になると，あやちゃんは，大人に対しても友達に対しても，攻撃的で暴言が止まらず，否定されることには特に敏感になっていた。また，髪の毛を何日も洗っていないことがあり，登園カバンもなくロッカーの衣類はいつも空だった。お昼寝の布団や，散歩のための水筒など，家庭にあるが当日になると持参できずにいた。担任から母親には何度となくお願いをしてきたが，どうしても手が回らない様子だった。あやちゃんは「自分だけ○○がない」ということを敏感に感じ取り，そのような時には度々友達に対してトラブルを起こしていた。

　この時期，母親の生活状況は非常に厳しそうだった。朝はあやちゃんの手を引きながら走ってやってきて，保育園の玄関に押し込み，誰とも一言も挨拶せずに仕事に向かっていくことが多かった。お迎えは毎日閉園時間を過ぎ，無表情のまま床に座り込んで，あやちゃんと関わる余裕もないほど疲れきっていた。その後，足をひきずって歩いているので尋ねると，立ち仕事が続いて靭帯を損傷しているのだという。職員が「そんなに脚を引きずっていたら，職場の人も心配するでしょう」と尋ねると，「誰も何も言わないです。声を掛けてくれるのは保育園の先生だけ」「病院で仕事を休んだ方がよいと言われたけど，休むことはできない」と無気力に言うだけだった。休むと収入がなくなり，生活できなくなることが考えられた。

（3）援助の方向性

　保育園の職員会議では，あやちゃんと母親の姿を共有して理解を深め，あやちゃんの発達支援と母親への生活支援をしていくことを確認した。母親のあや

ちゃんに対する関わりは，ネグレクトが疑われるものだった。しかし，母親の生活状況と併せて考えた時，生活困窮からくる育児困難であると考えられた。今こそ，あやちゃんにも母親にも，困った時には誰かに相談し頼ってほしいと，会議の参加者は願っていた。

1）あやちゃんへの発達支援

あやちゃんの荒れる姿を職員会議で分析し，「怒って暴れる自分は嫌だ」「誇れる素敵な自分になりたい」という発達要求があることを確認した。そして，あやちゃんにとって安心できる人や場所を保育園で増やしていくこと，友達と一緒にいることの楽しさや安心感を得られる生活をつくっていくことを方針にして保育計画を立てて取り組んだ。また，持ち物については，あやちゃん自身が気づいて母親と一緒に準備できるように考え，持ち物を描いたペンダントを作成し，「あやちゃん，おうちに帰ったらこれを玄関のノブにかけるんだよ。そしたら家を出る前に思い出すからね」と母親と一緒に確認した。

2）母親への生活支援

これまでのような共感や励ましだけでは，今の困窮した生活を変えることは難しく，むしろすでに精一杯である母親を追い込んでしまうことが考えられた。足の治療に専念するためには仕事を休む必要があり，その間の収入が途絶えてしまうので生活保護の受給を勧め，園長が生活保護の窓口に同行した。

（4）経　　過

生活保護の受給が始まると母親の生活にゆとりができ，あやちゃんにも変化が見られた。お迎え時間が早くなり，母親はあやちゃんが友達と遊んでいる姿を微笑みながら見守り待つようになった。また，あやちゃんは髪をきれいに切り揃え，新しい靴を買ってもらうなど，身なりが整ってきた。さらに「あやのこの歯は虫歯でしょうか？　近くの歯医者を教えてほしい」と母親から園に相談するなど，生活や子育てに手が回るようになり，親子の生活はみるみる変わり，安定していった。

あやちゃんもまた，母親がお迎えに来ると手を取って園庭の鉄棒まで連れ出し，「見てて！」と，できるようになった技を何度も見せていた。登園時には，2人でゆったりと時間をかけて支度をするようになり，別れ際には，これまで

母親に対して甘えたい感情をほとんど出さなかったあやちゃんが，「ママがいい！」と後追いをするようになった。そして，母親もまた「かわいい」とあやちゃんを受けとめることができるようになった。あやちゃんは，保育を通じて安心感や信頼感を少しずつ育んできたけれども，どこかでぬぐいきれない不安感や，自分への自信のなさがあった。しかし，ようやく5歳を前にして，あやちゃんの自己肯定感の土台となる親子の愛着関係ができてきたのを感じた。

　母親の足の治療は長期化して時には通園が困難なこともあったが，送迎の手助けを得ながら，あやちゃんはほとんど休むことなく保育園に通い続けた。やがて，あやちゃんは，友達の輪の中でよく遊びよく笑い，時にはケンカをしながら，子どもらしい豊かな生活を送るようになった。生活発表会でのクラス劇であやちゃんは，友達と息を合わせて役を演じ，クラスの一員として輝いていた。もう荒れる姿は見られなくなった。

　現在，母親は生活保護を受給しながら自分の体調やあやちゃんの生活に合わせた働き方をし，保育園の保育者や他の保護者との関係を広げながら安定した生活を送っている。

（5）解　　説——子どもの貧困と向き合う保育園の役割

　塩崎さん親子が，ネグレクトを疑われるような行き詰まった生活から抜け出す転機となったのは，生活保護の受給であった。その転機は，当たり前のように毎日通っている保育園の日常生活を通じて訪れた。保育園は，どのような役割を果たしたのだろうか。「子どもの貧困」を捉える視点，保育園の役割，そして生活理解について考えたい。

1）「子どもの貧困」を捉える視点

　あやちゃんの母親は，決して怠けた生活を送っていた訳ではない。むしろシングルマザーとして子育てをしながらアルバイトで生計を立て，生きていくために身を粉にして働き続け，精一杯の努力をしていた。しかし今日，非正規雇用という不安定労働の母子家庭が生活していくには非常に厳しい現実がある。さらに，いったん生活困難に陥ると，個人の努力でそこから抜け出すのは容易なことではない。もがくような日々の中で，塩崎さんは「うまくやれない自分」に対して自信を失い，「どうせ私なんて」「誰もわかってくれない」「なる

ようにしかならい」という自分と社会に対する諦めと孤独感を蓄積しながら生きてきたのではないだろうか。

　母親のその生き様は，あやちゃんの育ちにも影響していただろう。保育園であやちゃんが荒れる姿は，まさに厳しい生活を背負い，友達の中で「うまくやれない自分」の経験から，「どうせ私なんて」「誰もわかってくれない」「なるようにしかならない」という自分と周囲に対する諦めと孤独感を募らせたものであり，母親の姿と重なるのである。

　母親もあやちゃんも，本当は「自分らしく生きたい」「人の輪の中でよりよく生きたい」と願っていたに違いない。しかし，その願いは周囲から顧みられることはほとんどなく，心を閉ざして突っ張って生きるしかなかったのだろう。それが，塩崎さんとあやちゃんの荒れた姿に表れていたと理解できる。

　「貧困の中で育つ」ことで，保護者の生き様から，自己肯定感の低さや社会への不信を内面化し，不利な生き方・困難を招く生き方を，また受け継いでしまうということが「子どもの貧困」ではないだろうか。

２）保育園の役割

　保育園は，保護者の就労と児童の発達を保障する場である。子どもたちには，友達とともに生活してたっぷり遊ぶ中で，自分の思いを言葉で伝えることと，相手の思いに耳を傾けることを経験的に身に付け，人とともに生きていく力を育んでいく場である。たとえ荒れる子どもがいたとしても，その行為の背景や本当の願いを探りながら受けとめ，友達の中でどこをどう支えたらよいのか常に模索し実践している。だからこそ，あやちゃんの荒れた姿にも，本当の思いを探り受けとめ，友達とつながり，友達の中に居場所ができることを援助し，さらにその背景にある生活の厳しさにも思いを馳せ，あやちゃんへの理解を深め寄り添うことができたのであろう。

　保育園はさらに，保護者と信頼関係をつくり家庭と連携しながら，共に子育てをしていく場でもある。子育てを一緒に喜び合い，時には一緒に悩みながら，背景にある生活も理解し寄り添いながら，子育ての主体者となるよう支援している。あやちゃんの母親はこの保育園と出会い，あやちゃんを通じてたくさんの保育者が話しかけ，きっと驚き戸惑ったことだろう。園はこうした日常の関わりを通じて親子の生活を把握し，親子の心の動きに気づき，必要な援助を常

に模索してきた。保育園は毎日通うところだからこそ生活の一部として存在し，「自分のことを一緒に悩み考えてくれる人がいる」という日常を作り出すことができたに違いない。

　保育園は就学前の親子の生活に最も身近な存在であり，こうした日々の関わりがあるからこそ，生きることに困難な姿を安易に自己責任にせず，信頼関係の上で社会資源につなぐことができるのである。

3）生活理解

　また保育園等が「子どもの貧困」を捉え，社会資源につなぐためには，日常の保育の中で，子育て世帯の生活と子育てとを一体的に構造的に捉えることが求められる。困難を抱えた親子に出会った時，その困難さがどこから来るのか，どこを支えると改善の方向へ向かうことができるのか，生活理解の視点に立つことが重要である。図8−1は，子どもを育てる世帯の生活と子育ての構造を3つの要素に整理し，生活保障と発達保障との関連性を図式化したものである。

　まず，子どもの発達保障の土台として欠かせないのは世帯の生活の安定＝生活保障である。世帯の経済状況（収入や就労），健康，さらに人間関係等で構成され，安定した生活の上に「親子の愛着関係」や「社会性の形成」（集団保育）が安定的に積まれていくと考えられる。

　しかし塩崎さんは，非正規雇用で不安定な収入な上に，働きすぎで足を悪くして思うように生活できず，子育てを応援してくれる人も身近におらず，非常に不安定で孤立した生活を余儀なくされていた。子育てに手が回らないほどの生活の余裕のなさは，親子の愛着関係を困難にし，あやちゃん自身に「自分は愛されている」「自分はここにいてよい存在だ」という自己肯定感を十分に育むことができずにきた。自己肯定感の低さは，集団保育（社会性の形成）において「どうせ私なんて」「誰もわかってくれない」という孤独感や不安感を募らせて，荒れた姿として表出したといえる。生活保護の受給によって，土台で揺らいでいた生活を少しでも安定化させることができた。それに伴って，足のケガの治療と生活のゆとりを取り戻すことで塩崎さん自身の尊厳を少しずつ回復させることができ，保育園を中心に人間関係が広がり始め，親子の情動関係と，あやちゃんの集団保育における居場所の再形成へとつながっていったと考えられる。

図8‐1　子育て世帯の生活と子育ての構造

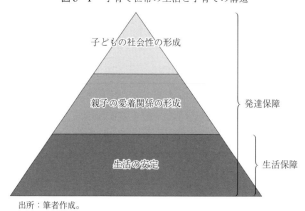

出所：筆者作成。

　本事例を振り返った時，この3つの要素への働きかけは必ずしも順を追った
ものではなく，むしろ同時進行であった。この構造を手掛かりにすると，困難
を抱えた親子への理解を深めることができ，保育園として取り組むべきことが
見えてくるのではないだろうか。

── 考えてみよう・話し合ってみよう ──

　①　「子どもの貧困」や「子育て世帯の経済的困窮」ではないかと思われる親子の
　　姿を書き出してみよう。
　②　子どもの姿からどのような保育をしたらよいのか，保育方針を立ててみよう。
　③　保護者にどのような支援が必要か，保育園でできることを考え，活用できる社
　　会資源について調べてみよう。

7　外国にルーツをもつ子どもと家庭への支援

(1) 視　　点

　保育所保育指針は，保育所の役割を「入所する子どもの最善の利益を考慮し，
その福祉を積極的に増進することに最もふさわしい生活の場でなければならな
い」と規定している。子どもの健全な心身の発達を図るために保育者は，子ど
もにとって最も良いことを考え選択し保育する必要がある。

しかし，私たちは保育所保育指針に書かれているこの「子ども」を，無意識に「日本人」と解釈していないだろうか。保育所に入所する外国にルーツをもつ子どもに対しても，最善の利益を選択し保育にあたる必要があるだろう。本節では，外国にルーツをもつ子どもとその保護者に向けた必要な配慮や，日本人の子どもや保護者への理解について考える。

（2）事　　例

1）家庭背景

　カイケくん（5歳男児）は，父親（ブラジル国籍）・母親（インドネシア国籍）の3人家族である。父親は日本語が苦手だが，母親とカイケくんは日本語でコミュニケーションをとろうとする姿がある。家庭では全員がポルトガル語で会話をしている。両親共にフルタイムで働いているため，カイケくんは延長保育を毎日利用している。

　母親はイスラム教徒でカイケくんも信仰している。母親は常に布のかぶりもの（ヒジャブ）を着用している。カイケくんの給食は豚肉を除去し，アレルギー児と同様に別で配膳される。

2）保育所での様子

　カイケくんは，保育所の異年齢児クラスの年長である。2歳児クラスから入所し，保育所に慣れている。言語面ではひらがな・カタカナが書け，名詞や動詞だけではなく形容詞や形容動詞を用いて自分の感情を言葉で表すことができる。同じ保育所に通うブラジル国籍の子どもと保育者，また母親と保育者の簡単な通訳をすることもできる。通訳者を介さなくても，十分コミュニケーションがとれる。

　人間関係ではブラジル国籍の子どもだけではなく，日本人の子どもとも関わりが多い。同じクラスの年少児の世話をすることもある。活発で，園行事に積極的に参加しリーダーシップを取ることもある。

3）心配な出来事

　新しいクラスメイトとも打ち解け，仲が深まっていった6月にカイケくんは，日本人の友達の風香ちゃん・良太くんと3人で園庭で遊んでいた。すると，保育所に接する土手に自生のミントがあり，カイケくんはそれを摘み匂いを嗅い

だ。「んー，いいにおい。食べたいな」と言うと，2人が「くさーい。そんなの食べたいなんてカイケくん，変なの」と言った。カイケくんは「ブラジルではこれよく食べるんだもん！」と言い，泣き出してしまった。

　通訳者が，ブラジルの食生活やカイケくんの思いを，風香ちゃん・良太くんに伝え，それを2人は理解できた。知らなかったとはいえ，カイケくんに不快な思いをさせてしまったことを2人は自ら謝った。

4）保護者・通訳者との話し合い

　その後も3人で遊ぶ姿が頻繁に見られた。しかし，今回の出来事から母親の異文化の中での子育てや，園生活を自分の子どもが楽しめているのかなど，不安が募ることが予想されたため，通訳者を交えて3者で話し合いをした。

　母親は今回の出来事のように，ブラジル国籍であるがゆえに自分の子どもが傷つくのであれば，地域の小学校ではなくブラジル人学校への進学も検討していると話していた。しかし，園での様子をカイケくんが喜んで話すことが多いので迷っているとも話していた。また延長保育を利用しているため，担任に会えない日があること，会えたとしても自分や子どもの不安を日本語で的確に話すことの難しさが不安を助長していた。母親には同じ保育所に通うブラジル人の友達がいるので，保護者間で情報を共有することもあると話していた。

　保育所では母親の時間が許す時に通訳者同席の下，カイケくんの園での様子を伝え，母子共に安心して通所できるようにした。また日本人の子どもが外国にルーツをもつ子どもに対して間違った理解をしないよう，保育者が適切に介入していくことにした。

（3）援助の方向性

　カイケくんが自分を大切にし，保育所を楽しいと思える場所にすること，母親がカイケくんの姿や保育所からの情報により，安心して子育てができるようにしていく。

1）子どもへの支援

・カイケくんが，クラス内外でどのような人間関係をつくっているのか改めて把握する。
・地球儀や国旗などを保育室内に設置し，カイケくんだけではなく日本人の子

どもに対しても，自分の知らない多様な文化や生活があることを知らせていく。

・今回の出来事のように自分とは違った習慣に遭遇した時に，おもしろさや好奇心をもてるようにする。そのため，まず保育者がカイケくんやそのルーツについて関心をもち，その姿を日本人の子どもに対して見せていく。

2）母親への支援

・担任が顔を合わせられない日が続く時には，通訳者にカイケくんの姿をポルトガル語の文章にしてもらい，降園時の延長保育担当者に渡してもらう。

・通訳者が積極的に母親とコミュニケーションをとり，自分の言語で話すことで信頼関係を築き，子どもを保育所に預ける安心感につなげる。

・カイケくんの成長する嬉しさを担任と保護者で共有できるよう，話し合いの場をこまめに設ける。

3）保育所による支援

・地域の小学校の行事へ年長全員で見学に行き，母親やカイケくんが進学のイメージをもてるようにする。

・保育者が簡単なポルトガル語を覚え，話すことで，母親やカイケくんがより親しみをもてるようにしていく。

（4）経　　過

　その後は，カイケくん・風香ちゃん・良太くんの関係が悪化することなく半年が経過した。母親もカイケくんが喜んで登園し，友達と楽しそうに関わっている姿を見て安心している。

　逆上がりやあやとりができるようになったこと，年下の友達に対し優しく接していたことなどを通訳者に文章化してもらい，母親に手紙を渡すと翌日感謝の言葉や手紙をもらうこともあり，母親とカイケくんの成長を喜び合う機会が増えていった。

　また，宗教上の理由で豚肉が食べられずアレルギー児のように対応していることに疑問をもつ子どもに対しては，カイケくんを交え絵本や地球儀を用いて丁寧に理由を説明することもあった。理解できない部分もあったが，自分と違う考え方や習慣が世の中には存在することを知るきっかけになった。

通訳者が母親を見かけた時はポルトガル語で積極的に話しかけることで，母国語で子育てや日常を話せる安心感を味わっているようだった。母親が通訳者に何気なく話したこと（たとえば，どんな遊びに夢中なのか，誰とよく遊んでいるのかなど）を担任と共有し，保育での配慮につなげていった。また，台風接近時に家庭でいつまで待機していればよいのか，生活発表会で使用する衣装をどう揃えればよいのかなど，母親が日常での困り感を話してくれるようになった。その都度，通訳者を交え解決し，日本人の家庭と変わらない園生活を送れるようにしていった。

（5）解　　説

本事例は，外国にルーツをもつカイケくんと日本人の風香ちゃん・良太くんの当たり前という感覚の違いが，保育所内のマイノリティであるカイケくんを悲しくさせてしまった事例である。今回は保育者と母親，保育者とカイケくんが誤解なく話し合うことができたが，生まれて初めての集団生活の場での「違い」によるトラブルの経験が今後の進学や就職などに影響を与える可能性もあると考える。また自分を大切にできなかったり，自信をもてなくなったりと情緒が不安定になり自分のルーツに誇りをもてなくなる可能性もある。

保育所保育指針に書かれている「入所する子どもの最善の利益」を考えた場合，カイケくんのような外国にルーツをもつ子どもと家庭に対しても，保育者は日本人と同様に最もふさわしい生活の場を提供しなければならないのではないだろうか。保育者が習慣や生活の違いを日本人の子どもに知らせたり，通訳者と連携しカイケくんや保護者の不安を軽減したりするなど，その提供の仕方は様々である。その根底には，保育者が対象となる子どもや保護者をクラスや保育所に馴染ませるのではなく，理解し認め，保育者という人的環境を通して多様であることのおもしろさや楽しさにつなげていくという意識をもつべきである。

保育所では，園だよりをポルトガル語に訳したものを配布したり，保護者が参加する行事にはポルトガル語表記の看板を設置したりしている所もある。外国人の家庭との接点が少ない日本人の保護者に，上記のような配慮をすることで，保育所は多文化に開かれた存在であることを伝えていくことも大切である。

── 考えてみよう・話し合ってみよう ──

① 「なんでカイケくんはみんなと髪の毛の色が違うの?」や「どうしてカイケくんのお母さんは布のかぶりもの(ヒジャブ)を毎日かぶっているの?」など見た目に対する違いに関する疑問を日本人の子どもから質問された時,あなたならどう対応するだろうか。話し合ってみよう。
② 「〇〇人(外国籍)のおうちって,駐車のマナーが悪いのよね」と偏ったイメージをもつ日本人の保護者に話しかけられたら,あなたならどう対応するだろうか。

8 医療的ケアが必要な子どもの家庭への支援

(1) 視 点

本節では,医療的ケアが必要な子どもが入所した際の保育のあり方について,保育所での医療的ケアの必要な子どもと保護者の支援として二分脊椎児の導尿時の関わりを通じて考える。二分脊椎児の導尿は,尿道に管を入れ排泄を人工的に行う医療行為である。導尿時に保育者は,医療的ケアはできない。できる支援は何か考え,保育者としての専門性を活かした家庭への支援のあり方を,具体的に事例から考えていく。

(2) 事 例

1) 家庭背景

核家族で暮らしている加藤さん一家は,父親(飲食店店長),母親(高齢者福祉施設勤務),長女(高校2年生),長男(中学1年生),恵美ちゃん(5歳)の5人家族である。父親は,サービス業であり帰宅は遅く休日は不定期である。母親は,高齢者福祉施設に勤務しており夜勤もある。そのため,恵美ちゃんは,早朝及び長時間保育を利用している。自宅の近くに母親の実家があり,恵美ちゃんの体調不良の際など両親の都合がつかない場合は,祖母が迎えに来ることもあり,育児に協力的である。母親が夜勤の時は,父親や長女が恵美ちゃんの導尿を行っている。恵美ちゃんは年齢の離れた兄弟の末子であり,恵美ちゃんを中心に家族で協力して過ごしている。

2）保育園での様子

お母さんは，仕事の休憩時間に恵美ちゃんの導尿に来ていた。恵美ちゃんは，生まれつき二分脊椎という病気の女児である。母親の胎内にいる時の検診で，二分脊椎であることがわかり，帝王切開で産まれた。産まれてすぐに手術を受けた。

現在，両足とも内反・内転しているために（図8‐2参照），下肢に装具を着けないと自力では数歩しか歩けない。また，装具を両足に着けていても歩行の際に上半身が左右に揺れるため，時々バランスを崩して転ぶことがある。リハビリには3〜4週間に1回通っているが，最近は集中力が続かず，すねたり怒ったりすることもある。

恵美ちゃんは現在，5歳児クラスの暦年齢の集団の中で過ごしているが，着脱や階段の昇り降り，散歩や体育遊びの際など必要に応じて保育者が1対1で個別に付き添い対応している。特に，転倒時の安全確保のためのヘルメットや下肢に装具を付けているため（図8‐3参照），外靴と上靴の脱ぎ履きや衣類の着脱に時間を要する。

6月下旬になり，5歳児クラスは午睡が始まった。5歳児のクラスは2階にあり，午睡の場所は1階にある遊戯室である。そのため，給食後にクラスで午睡時の衣類に着替えた後，1階にある遊戯室に移動する。母親が導尿に来園する時間帯は13時前後である。ちょうど午睡の衣類に着替えの最中や遊戯室に移動している時間と重なっていた。母親は保育園に到着すると，まず2階のクラスへ行き，子どもたちがいないと遊戯室に移動している姿が見られた。

（3）援助の方向性——医療的ケア児に対しての市の支援整備

2018年には厚生労働省から「医療的ケア児保育支援モデル事業」の公募があった。「この事業は受け入れが可能となるよう，保育所等の体制を整備し，医療的ケア児の地域生活支援の向上を目的としている[3]」とあり，市もモデル事業を実施することとなった。市の具体的な支援事業としては，担任保育士の加配配置が挙げられる。市の障害児保育の保育士基準は，園児4人に対して保育士1人加配である。肢体不自由（医療的ケア児含む）においては，園児3人に対して保育士1人の加配になっている。

図8-2 様々な足の変形

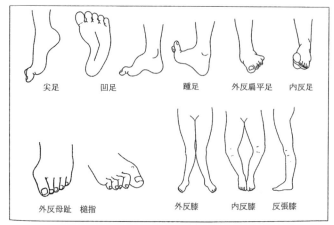

尖足　　　凹足　　　踵足　　　外反扁平足　　内反足

外反母趾　槌指　　　外反膝　　内反膝　　反張膝

出所：日本二分脊椎症協会編『二分脊椎（症）の手引き──出生から自立まで 2014
　　年度版』日本二分脊椎症協会，2015年，61頁。

図8-3　小児用装具の種類

両側支柱 AFO　　　　　ジョグウォーク　　　　　洗えるヘルメット
出所：KAWAMURA グループ提供（川村義肢株式会社 HP，2022年 1 月10日閲覧）。

　恵美ちゃんの保育園では，4 月当初 5 歳児26人中 4 人が加配対象児であり，
そのうちの 1 人が医療的ケア児であった。4，5 歳児の保育士配置基準は，保
育士 1 人に対して園児30人が保育士基準である。つまり，担任の保育士の人数
は以下のようになる。

　　$1 \div 30 \times 22$（健常児の人数）$+ 1 \div 4 \times 3$（障害児の人数）$+ 1 \div 3 \times 1$（医療的ケア児の
　　人数）$= 1.81667 \fallingdotseq 2$（人）

　しかし，恵美ちゃんの保育園では，保育士は 3 人配置された。そのため，医

療的ケア児である恵美ちゃんに対して，１対１で保育できるように配慮された
保育士配置で支援体制を組むことができた。

（4）経　　過――保育者の専門性を活かした保護者支援

　5歳児は１階の遊戯室で午睡していた。そのため，恵美ちゃんの導尿の時間
と午睡のために移動する時間が重なり，日によって導尿をする場所が異なって
いる状況があった。そのため，恵美ちゃん，母親共に負担を感じていることが
見えてきた。また，恵美ちゃんの午睡前の装具の着脱は，午睡用の衣類の着替
えの前後，導尿の際及び午睡時の布団に入眠前であった。短時間に３回も装具
の着脱が行われていることがわかった。そこで，以下のように恵美ちゃんの午
睡前の保育を見直した。保育者の配置も加配されている現状から，導尿時に援
助した。

　①　母親が導尿に来る時間を見計らい，恵美ちゃんと保育者は，１階の遊
　　　戯室で待機する。
　②　導尿は，１階の遊戯室横のトイレで行う。母親が導尿の準備をする際，
　　　保育者は恵美ちゃんの装具を外すなどの支援を行う。導尿中は，恵美ち
　　　ゃんの様子を見守るとともに園での様子や家庭での様子を伝え合う。
　③　導尿後，装具を装着し遊戯室に移動する。自分の布団へ移動し，午睡
　　　用の衣類に着替える。

（5）解　　説

　本事例では，保育園での医療的ケアの必要な子どもと保護者の支援として二
分脊椎児の導尿時の配慮を行っている。恵美ちゃんの導尿の時間により，日に
よって導尿をする場所が異なっている状況があった。また，短時間に３回も装
具の着脱が行われていることに保育者が気づき，恵美ちゃん，母親の負担を軽
減すること，保育者が配慮できることは何か検討していった。午睡前の保育の
見直し，さらに導尿時の装具の着脱の支援，園での様子を伝えるなど母親との
対話を心がけ，保育者ができる援助を考えた。

　このように，保護者が行う医療的ケアのサポートや配慮を行うことが保護者
にとっての心の支えとなり，寄り添う支援となっている。子どものケアに共に

関わる保育者の存在は，孤立感を抱えがちな医療的ケア児を育てる保護者にとって大きな支えとなっている。保育者は，日々の関わりの中で子どもの成長を感じとり，保護者とともに育ちの共有・共感をすることも大切なことである。

─ 考えてみよう・話し合ってみよう ─

① 医療的ケアが必要な子どもたちの疾病は，他にどのような疾病があるだろうか。小児慢性疾患について詳しく調べてみよう。
② 「医療的ケア児保育支援モデル事業」（厚生労働省）について調べてみよう。
③ 保育者は，恵美ちゃんや母親に向けて，どのような支援ができるだろうか。本節の事例で行った支援の他，考えられる支援を話し合ってみよう。

注
(1) 現在は「場を共有する統合保育（インテグレーション：integration）」から「包括的な統合保育（インクルージョン：inclusion）」が目指されている。
(2) 二分脊椎は，分娩1万件に6名の発症率ともいわれている。脳や脊髄などの中枢神経系のもと（神経管）が作られる妊娠4〜5週頃に起こる先天異常のことをいう。本来ならば脊椎の管の中にあるべき脊髄が脊椎の外に出て癒着や損傷しているために起こる様々な神経障害の状態をいう。主に仙椎，腰椎に発生するが，まれに胸椎，頚椎にも生じ，その発生部位から下の運動機能と知覚がマヒし，内臓の機能にも大きく影響を及ぼす。
(3) 厚生労働省子ども家庭局保育課「平成30年度医療的ケア児保育支援モデル事業公募要領」2018年。

参考文献
・第8節
厚生労働省「医療的ケア児等とその家族に対する支援施策」（2022年1月6日閲覧）。
厚生労働省子ども家庭局保育課「平成30年度医療的ケア児保育支援モデル事業公募要領」2018年。
厚生労働省社会・援護局障害保健福祉部障害保健福祉課障害児・発達障害者支援室「平成30年度医療的ケア児等の地域支援体制構築に係る担当者合同会議 医療的ケアが必要な子どもへの支援の充実に向けて」2018年。
日本二分脊椎症協会編『二分脊椎（症）の手引き──出生から自立まで 2014年度版』日本二分脊椎症協会，2015年。

第9章 社会的養護における支援

1 乳児院における支援
——親子分離から家族をつなぐ

（1）視　　点

　乳児院は，家庭で生活することが困難だと判断された乳幼児が生活をする入所居住型児童福祉施設である。入所理由としては，親の就労（借金・貧困）・受刑・次子出産など様々だが，第1は虐待32.6％，第2は父親または母親の精神疾患等が23.4％と二大主訴となっている[1]。

　たとえ虐待が生じ，入所に至った家庭であっても，ずっと親子分離しておけばよいわけではない。どのようなタイミングで，どのような条件整備をして，再び親子の交流機会をもつのか。その親子にとって今，適切な距離（面会，外出外泊の取り組み方）はどこなのか。どのような支援体制をつくれば，次のステップへ進んでいけるのか。こうしたことについて考える機会にしたい。

（2）事　　例

1）家庭背景

　豪くん（1歳半）は，10代で未婚のまま豪くんを出産した母親との2人家族である。豪くんと母親の親権者である母方祖母は近隣地域に住んでおり，母親が困ると祖母を頼るものの，顔を合わせれば言い争いになるため，主力な支援者とは期待できない。

　母親は豪くんを出産後，保健福祉センターの保健師などのサポートを受けながら豪くんの育児を行ってきた。しかし豪くんが1歳を過ぎた頃から保健師の訪問時に母子に会えない，きちんと行っていた予防接種が行われない，所属する保育所への登園が途切れるなど，心配なエピソードが増えはじめた。

　そんな中，発熱した豪くんが母親とともに医療機関を受診した。そこで豪く

んの身体に比較的新しい痣が多数あることが確認され，医師が児童相談所へ通告したことで，乳児院に緊急一時保護となった。

2）乳児院入所時の様子

①　豪くんの様子

1歳半になったばかりの豪くんは，がっちりした体格で，衣服や身体は清潔であり，走ることも可能であった。「ご飯食べようか？」「お着替えするよ」などといった職員からの言葉掛けにも頷いて応えており，月齢相応に発達した子どもであるという印象をもった。一方，知らない大人に連れられて知らない場所である乳児院にやってきたが，泣き出すことはなく不安そうな表情を浮かべるにとどまった。

入所後数日が経ち，乳児院の生活リズムに馴染んできてからも，淡々と日常生活を送り，感情表出がなされなかった。特に遊んでいたおもちゃを取られても，転んでも，さっとその場から走り去り，何事もなかったかのように涼しい表情を浮かべ，嫌な気持ちや痛いといったマイナス感情をやり過ごす。他児が職員に甘えている姿を見ると，物を投げるなどの行動で職員の注意を引くのみで直接的に甘えられない。また何度も高い所に登る，前を見ずに走り回り，扉などに顔や身体をぶつけても止まれないなど，危険な行動や衝動性の高さを感じる行動が多く見られた。

②　保護者の様子

母親は，豪くんを躾のために叩いたと認めるものの「子どもを返してもらえないことには，納得できない」「一刻も早く引き取りたい」と強く要望した。

（3）援助の方向性

1）援助方針 I

日常的に躾と称して体罰が行われていた事実がある一方で，母親の豪くんに対する愛情や想いの強さは感じられる。そのため早期に母子面会を行っていくこととなった。

①　児童相談所による支援

当面の間，週1回児童相談所内で児童福祉司の付き添いの下，母子面会を実施する。その機会を通して，母親と児童福祉司の信頼関係構築を図る。そして

母親の養育力を判断するとともに，今後の方針を決定する。

② 乳児院による支援

　豪くんの衝動性の高い行動は，豪くん自身が多動傾向をもっていることによるものか，主たる養育者である母親から虐待を受けてきたことによるものか，現時点では判断できない。そのため観察を行うとともに，職員は第1に安全確保をするために枠組みを提示すること，養育担当者を中心に大人との信頼関係やアタッチメントを構築すること，そして大人との安定した関係をベースに豊かな感情表出を促すことを支援方針とした。

2）援助方針Iの経過

① 母子面会の場面

　週1回の児童相談所での面会に母親は，毎回遅れることなく来所した。母子の再会場面で豪くんは，緊張した表情を浮かべているが，母親は豪くんのペースを尊重しながら関わる姿が見られた。そんな母親の関わりに徐々に緊張を解き，面会終了時間には，母子共に別れることが辛くて涙を流すことが続いたとのことだった。

　また母親は，児童福祉司に，母親自身の体調が優れず，豪くんの養育が大変だったこと，だからこそ保育所に連れていきたかったが，連絡せずに休んだこと，そのためにその後は登園しづらくなり，ずるずると休んでしまったと語られた。何度も顔を合わせている中で，母親は児童福祉司に対する信頼感をもつようになっていった。

② 乳児院での豪くんの様子

　面会後は気持ちが高ぶり，危険な行動や他者に対して攻撃性の高い行動が見られた。しかし面会時のことを職員に聴いてほしくて，出会う職員に「ママ」「ブーブーした」などと報告している姿から，豪くんにとって貴重な時間になっていることがうかがえた。また母親が持ってきてくれた服を大切にして，嬉しそうに着る姿が見られ，母親とつながる物で安心感を得られていることが感じられた。

　乳児院での日常生活では，職員の注意を引く行動が見られた場合には「抱っこしてって言ってね」などと適切な表現を示すことを繰り返す中で，「だっこ」と豪くんから求められるようになった。毎日職員と1対1で過ごす時間を意識

的にもつことで，大人の膝の上で以前より長い時間，抱っこされているように
なってきた。また意に添わないことがあると，その場にひっくり返って駄々を
こねることができるようにもなり，職員との基本的信頼関係は劇的に構築され
ていった。

　その一方で，一度気持ちが高ぶると落ち着けない衝動性の高さ，急な予定変
更や自分の思いと異なることが起きた場合に受けとめられないなど，こだわり
の強さが顕著になってきた。

3）援助方針Ⅱ

　母親は豪くんに対して，安定した関わりができていった。そんな母親のこと
を豪くんも大切な存在と思うようになっていった。しかし母親の養育に対する
疲労感が高まった際には，また不適切な関わりが行われる可能性があるため，
母親から豪くんの施設入所の同意を得て母子の交流機会を増やしていく。そし
て翌年度4月からの保育所入所を条件に，家庭引き取りを目指すこととなった。

　①　児童相談所の支援

　ひとまず3カ月後の豪くんの2歳の誕生日に1泊外泊ができるように，施設
での面会・外出の予定を組む。そして面会や外出の後には児童福祉司が母親と
連絡を取り，母子の様子の聴き取りを行う。自宅への外泊時には，豪くんが在
宅している時間帯に家庭訪問を行い，家庭での養育状況の把握を行う。

　②　乳児院での支援

　豪くんに対しては引き続き，衝動性のコントロールやアタッチメント構築と
いった情緒の安定を図るための関わりを継続する。母親に対しては，育児の困
り事やイライラする気持ちを話せる相手となれるように，まずは基本的信頼関
係を構築する。そのためにできるだけ特定の職員数名が，中心となって関わる
ことを施設内で共通認識とした。

4）援助方針Ⅱの経過

　週に1度，児童相談所内での面会を重ねていたものの，3カ月後には自宅へ
の外泊実現を目指すという，限られた期間の中で，面会・短時間外出・1日外
出や自宅への外泊へと段階的に進めていった。母親としては家庭引き取りまで
の計画が明確になったことで，豪くんとの関わりに対してより積極性が見える
ようになってきたことが印象的だった。

　乳児院としては，豪くんの衝動性の高さやこだわりの強さという行動特性が，関わりを難しくさせることが予測でき，母親に特性の理解や対応力をつけてもらうことが喫緊の課題と考えた。そのため母親に対してどのタイミングで豪くんの行動特性を伝えていくのか，言葉にならない豪くんの気持ちに寄り添うことの大切さをどう伝えるか悩んだ。また，母親と職員との信頼関係を築くチャンスの一つとするためには，どのような配慮が必要かも課題となった。

　職員会議で話し合った結果，日常生活や養育に携わるホーム職員は，豪くんの優しい言動やこの間の成長といったプラスのエピソードを伝えることとした。一方で家庭支援専門相談員からも同じようにプラスのエピソードを伝える。加えて豪くんのこだわりの強さから他児とトラブルになりやすいこと，事前の声掛けで衝動的な行動を未然に抑えることができる時もあるが，抑えられない時もあり，対応に苦慮している現状を素直に報告するようにした。そして豪くんが落ち着けた時の関わりを職員からも母親へ伝えるが，母親からも同様に職員へ教えてほしいとお願いする機会をもった。

　また母親自身，すぐに引き取れないのは，何が課題となっているのかをきちんと理解されている。そのため母親の方から叱った場面を細かく報告してもらうことができた。そのことで職員も「危険な時は『ダメ！』と制止する言葉で伝えてよいです。けれども余裕がある時には『手をつないで歩くよ』などと正しい行動を具体的に話すと豪くんに伝わりやすいです。きちんと歩けたら，その後には叱るのではなく『上手』『えらいね』と褒めてあげられますよ」などと，適切な関わりを示す機会となった。

　その後，外泊への行き渋りが出て，母親と職員でどう豪くんの気持ちを整理するか話し合うなど，前進と後退を繰り返した時期もあった。しかし母子で過ごす時間が増えるにつれて，豪くんの中で母親と一緒にいたい気持ちが高まっていった。

（4）経　　過

　関係機関での支援体制が確保できたこともあり，現在は保育所を利用しながら母子での生活を再開している。何よりも母親が頑張っている姿を見て，母方祖母が母子をできるだけサポートすると申し出られた。そのことが母親に安心

感をもたらし，引き取りへの自信につながったように感じられる。

　乳児院は月に1回2泊3日を基本に母親にとっても豪くんにとってもレスパイトのため，ショートステイ利用を受け入れている。母親は豪くんと離れた瞬間に，「もぉ～大変！　部屋の中で暴れまわって。結局最後は怒って泣かせてしまう」と，日常の養育で困ったことを勢いよく話される。豪くんのことを知っているからこそ，その様子が目に浮かび，母親の大変さに共感しながら，豪くんが落ち着ける環境をどうすれば作れるか共に考える。そんなやり取りを繰り返すうち，豪くんの可愛かった姿や母親が嬉しかった豪くんの成長のエピソードを話すようになっていった。

　また居室では，豪くんも自宅や保育所であった印象的だった話を次々する中で，「ママにごめんなさいしたの」と話題にすることもあり，「止まれなかったんだね。ママにどうしてほしかった？」「ギューってしてほしい」などと豪くんの気持ちの整理を行っている。そして豪くんが話した「母親にしてほしいこと」を母親へフィードバックすることができている。

　母親は，引き続き児童相談所の児童福祉司とも関係が良好である。要保護児童対策地域協議会の個別ケース会議で，母子の緊急一時保護の対応を打ち合わせていたが，そうした緊急対応を行うことなく過ごせている。

（5）解　　説

　家庭での不適切な養育が把握された場合，児童相談所の判断によっては子どもは親権者の同意がなくとも緊急一時保護されることがある。そのような家庭は，経済的貧困状態にあり，人とのつながりも希薄，正しい情報も得られていない。何よりも子どもを育てている親が，誰からも支えられていないことが多い。

　豪くん親子の場合，親子関係が良好である時がある一方で，うまくいかないことが重なった時に虐待行為へと発展してしまう。虐待行為となってしまう場合と，ならない場合の違いは何だろうか。母親のイライラが募っても再び落ち着いていく方法，虐待行為ではない方法で子どもと向き合う力を育むこと，「困った」といえる相手がすぐに頭に浮かべられることが求められ続けている。

　乳児院の職員は，母親へそれらがすぐに解決できる魔法のような関わりや言葉掛けを伝授できるわけではない。しかし母親とともに悩み，そして共に喜び

合えたことで少なくとも母親の孤独感を軽減できたのではないかと感じている。親であっても失敗もすれば，弱くもある。疲れた時には「疲れた」，困った時には「助けて」……と言ってよいのだということを伝え続けることが大事である。

┌─ 考えてみよう・話し合ってみよう ─

① 　理由にかかわらず，突然子どもを保護された親の気持ち，突然知らない人に知らない場所に連れてこられた子どもの気持ちはどういったものか，それぞれ想像してみよう。
② 　言葉で自分の気持ちを表現できない月齢（乳児～２歳程度）の場合，どのような親子関係のつなぎができるか，話し合ってみよう。

2　児童養護施設における支援
——児童虐待と家族再統合

（1）視　　点

　児童養護施設に入所している子どものほとんどは，家族がいながら，その家族と一緒に生活することができない子どもたちである。そして入所理由の多くは虐待であり，その背景には様々な要因がある。児童養護施設が担う役割は，傷ついた子どもへのケアはもちろん，子どもとその家族の再統合に向けた支援も重要である。そのために，子どもだけではなく，子どもの家族への支援も行っている。実際には，どのような子どもと家庭支援が行われているのか，児童養護施設の現場の支援事例について考えてみる。

（2）事　　例

1）家庭背景

　隆司くん（8歳）は，出生時から7歳まで母親と2人の生活を送ってきた。母親は隆司くんを妊娠中に隆司くんの実父からDV被害を受けて，隣町に転居してきた。母親の両親は健在であるが，経済的・精神的支援を得ることは難しく，単身で隆司くんを出産し，育ててきた。出産後には育児ノイローゼになり，隆司くんに大声で怒鳴り，近隣から通報されることもあった。

保健師の訪問の際には，隆司くんの育てにくさ（夜なかなか寝てくれない，1度泣くとパニックのような泣き方で1時間は続く等）を何度も訴えていた。隆司くんが小学生になった頃，母親は夜の仕事を始め，仕事先で出会った男性と再婚した。隆司くん・母親・継父との3人の生活が始まった。

2）一時保護・児童養護施設の入所

小学1年生が終わる頃，授業中に落ち着きがなく歩き回って学校の先生に注意されることが多くなった。ある日，先生が隆司くんの話を聞く中で，母親から叩かれたり蹴られることがあるとわかり，学校から児童相談所に通告があった。隆司くんも家に帰ることを拒否したため，その日に一時保護となった。一時保護の連絡を受けた母親は驚き，自分がしていることは虐待ではないと怒った。「躾のための体罰は悪くない」という主張を変えなかったため，隆司くんは児童養護施設に入所した。

3）入所後の隆司くんの様子

小学校2年生となり，児童養護施設（以下，施設）に入所してから半年が経過した頃，隆司くんの様子が心配な状態になった。学校での落ち着きがなくなり，施設内でのトラブルも増えてきた。学校の先生との懇談では，勉強についていけていないこと・クラスの中ですぐに言い合いになってしまうことを指摘された。その都度，施設で話をしようとするが，「俺は悪くない！」「なんで俺ばっかり責められるんだ！」と怒り，最終的には「どうせ俺が悪いんだろ」と拗ねてしまう。担当の女性職員には，就寝時に一緒にいてほしいと頼むような幼い姿もあるが，夜になると何かと理由をつけて大泣きして暴れることも多かった。

入所3カ月後から，月に1回，児童相談所にて，母親・継父との面会を行っていた。面会前後は浮かない顔をしたり，ソワソワしたりする姿が見られた。母親への気持ちを話すことはあまりなかったが，継父のことを1度だけ「怖い」と話すことがあった。面会場面では別人のように大人しい姿になっていた。

面会前後は明らかに学校・施設で落ち着かない様子であり，担当職員は，面会を行っていくことが隆司くんのためになっているのだろうかと悩んだ。

4）入所後の家族の様子

母親は，隆司くんの施設入所については「勝手にしたらいい」と怒りながら同意した。隆司くんが入所後，母親は児童相談所の児童福祉司に，母親自身も

両親に厳しくしつけられてきたことを話した。入所3カ月後から隆司くんとの面会が開始されると，母親は隆司くんを引き取りたい気持ちを話すようになった。しかし，面会中にも隆司くんが遊びの中でおもちゃを散らかすと大きな声で叱る場面もある。

継父は，母親の虐待行為に肯定的で「隆司が言うことを聞かないのが悪い」と話している。また継父は面会場面や職員からの電話の際に，母親に対しても高圧的な言動をとっている姿が見られる。隆司くんとの面会には同席しているが，隆司くんがなついている姿は見られない。

母親・継父共に隆司くんを早期に引き取りたいと話しているが，隆司くんへの関わりには良い変化が見られない。

（3）援助の方向性

主な方針として，生活が落ち着かなくなっている隆司くんの言動の背景にある「家族への気持ち」に寄り添うこと，家族での面会時間が安心して過ごせるようにアプローチをかけていくことにした。また，この家族に起きている問題を整理し，関係機関それぞれが役割を担いながら家族再統合を目指していった。

1）児童相談所による支援

① 　ケースの全体把握と課題整理

児童養護施設・学校・市町村と連携して家庭支援を行っていくために，それぞれの役割を明示し，進行管理を行っていく。

② 　母親・継父の養育スキルの獲得，社会資源の活用の検討

母親・継父と定期的に面接を行い，正しい養育方法を教えていく。並行して，隆司くんと母親・継父の面会を行い，隆司くんが安心して過ごせるよう，面会場面にも介入していく。

2）児童養護施設による支援

① 　隆司くんに寄り添う生活支援

担当職員を中心に，丁寧な生活の世話を継続し，温かい関わりを増やす。毎晩の就寝時間に「隆司くんと職員の2人だけの時間」を設定し，穏やかな気持ちで入眠できるよう，寝付くまで傍にいることを続ける。他児とトラブルがあった時にも，まずは隆司くんの話を聞くことに力を入れるようにした。

② 隆司くんの家族への気持ちを聞く

隆司くんが家族に抱いている気持ちを聞いていく。家でどのような生活をしてきたのかを聞き，そもそも施設入所になった理由は隆司くんのせいではないということを再度きちんと説明した。そして，家族と隆司くんの今後についても，隆司くんの気持ちを聞き，母親・継父への支援についても説明を行った。面会についても，どのような気持ちになっているのかを聞くことができるよう，面会後に担当職員とゆっくり過ごす時間をとった。

③ 隆司くんのことをアセスメントする

隆司くんがなぜ学校や児童養護施設で落ち着かなくなったのかを，日頃の生活の様子や話から，在宅時の生活や養育状況，学習の理解，発達の状態，人との関係のつくり方などについてアセスメントを行っていく。

④ 母親・継父と隆司くんの話をする

隆司くんと母親・継父との面会に同行し，隆司くんの言動について代弁したり，関わり方をアドバイスしたりする。また，母親とは電話や面会前後の時間で，隆司くんへの想いや隆司くんを養育していた時の困り感を聞いた。

3）学校による支援

・隆司くんが安心して通える支援（ケースの把握，個別対応など）。

・学習のしんどさに対する支援（加配教員の配置など）。

・児童養護施設との密な連携。

（4）経　過

隆司くんが落ち着かなくなった入所半年後から，さらに3カ月が経過した。隆司くんの生活は，少しずつ落ち着いてきた。児童養護施設では，毎晩の「隆司くんと職員の2人だけの時間」が定着してきて，隆司くんが職員に上手に甘える姿がよく見られるようになった。トラブルはあるものの，自分の言動や気持ちを振り返って話ができるようになってきた。担当職員には家族への気持ちをよく話すようになり，面会については「ママと2人で会いたい」という気持ちを話した。入所以前の時も継父がいる生活には戸惑いが大きかったようである。まずは母親と隆司くんの面会を設定し，母子関係の修復を図ることとした。

学校でも，隆司くんのケースを理解して先生が関わってくれるようになり，

トラブルは少しずつ減っている。学習面での遅れは，個別に取り出してゆっくり教えてもらう時間をとってもらうようになった。

　母親は，児童相談所の児童福祉司や施設職員に，隆司くんへの想いや今までの生活についてよく話すようになった。隆司くんの子育てに困った時に頼れる人がいなかったことも話した。最初に叩いてしまった日のことは今でも覚えている，とも話した。また，面会場面で不適切な言動をとってしまった後には，そのことを児童福祉司や施設職員と一緒に振り返ることができるようになった。母親自身，すぐに大声で怒鳴る継父への緊張から虐待がひどくなっていたことも話し，今後は継父に対しての行動変容のアプローチも大きな課題となった。

（5）解　　説

　本事例は，虐待を受けて児童養護施設に入所し，離れて暮らすこととなった家族と再統合を目指した事例である。児童養護施設に入所してきた子どもは，様々な傷つきを抱えている。まずは，虐待経験や分離体験などによる傷つきからの回復や癒しを目指した生活支援・心理的ケアを行っていく。そして，安心した生活の中で大人への信頼感を獲得していく。

　また，どのように家族と再統合していくのかも重要な支援である。ケースによって様々な家族再統合の形があるが，特に保護者が養育に参加できる場合には，施設が「保護者とともに」子どもを支援することが必要である。また，施設が「保護者を支える」ことも，子どもと家族の再統合を目指す上で大切な視点である。

　このケースの母親もそうであるように，入所児童の保護者も虐待を受けて育ってきたというケースは多くある。頼れる親族や知人がいない保護者も多い。虐待をした保護者を責めるだけでは，問題は解決しない。虐待は間違っていることを伝えながらも，保護者のしんどさにも寄り添うことが必要である。

　児童養護施設の支援は，「子どもとその家族に寄り添う」ことで，それぞれの形の再統合を目指していく支援である。

── 考えてみよう・話し合ってみよう ──

① 隆司くんが，入所半年後に生活が落ち着かなくなった要因は何だろうか。隆司
くんの気持ちを想像しながら，考えられることを話し合ってみよう。
② この家族の再統合を目指すための支援として，必要なことはどんなことだろう
か。考えられることを話し合って，整理してみよう。

3 児童心理治療施設における支援
――親子関係の修復

（1）視 点

　子どもが施設に入所するのは，家族と離れて生活をする状況に置かれるということである。児童心理治療施設における支援では，家族と離れて生活する理由を子どもと家族で共有し，そこにある課題を施設生活の中で解決しながら家族と子どもの関係性の変化を目指していくことが求められる。それは子どもと家族の思いをそれぞれに共有し，その家族にとって一番よい親子の距離感を見つけていく家族再統合への支援でもある。そしてさらに子どもが家庭復帰に至る上で地域とのつながりが重要となる。

　児童心理治療施設を退所した後，家族と子どもを地域で引き続き支援していく体制をつくるために，施設に入所中からどのような支援が必要なのかを事例を通して考える。

（2）事 例

1）家庭背景

　小学校5年生の正くんは，実母である母親と継父，弟の真くん（1歳）の4人家族である。正くんの実の両親は正くんが小学校1年生の時に離婚，その1年後に母親が現在の継父と再婚し，その後に弟が生まれている。また継父との再婚を機に現在の住所地に転居してきており，母親は近所に親しい友人がいない。

2）施設入所に至った経緯

　正くんは学校で落ち着きのない様子が見られ，授業中の立ち歩きや忘れ物が多かった。また，同級生からの冗談を聞き流せず相手を突き飛ばしケガをさせ

たこともあった。このようなトラブルが起きる度に，両親は学校に呼ばれ相手の子の保護者への謝罪を行ってきた。母親は正くんの繰り返される激しい行動の対応と真くんの子育てで疲れ，継父に正くんを注意してほしいとお願いするようになった。継父は何度も正くんに友達と仲良くするように話してきた。

　しかし正くんの言動に変化はなく，同様の行動が繰り返される中で正くんを厳しく叱責するようになり，次第に正くんを叩いて注意するようになった。そのような状況を母親も知っていたが，どうしてよいのかわからず正くんのことは継父に頼るしかない状況が続いていた。

　母親が祖母に正くんのことを相談したことがきっかけとなり，児童相談所に正くんの養育に関して相談することになる。児童相談所で母親は正くんの言動への困り感と，継父が正くんを叩いて注意する行動について相談した。児童相談所は正くんからも話を聞いた上で，正くんと両親との関係修復が必要であること，また正くんの落ち着かない行動に対する両親の疲弊感，正くんを身体的虐待から保護する必要性，そして正くんへの心理治療が必要であるとの判断から，児童心理治療施設の入所を決定した。

3）児童心理治療施設での正くんの様子

　正くんは施設に入所すると，担当職員を独り占めしようとしたり，些細なことで癇癪を起こして泣き叫んだりと不安定な状態が見られた。また，施設に併設されている学校（分級）では，授業に集中できず立ち歩き，他の子どもと言い争いや取っ組み合いをするなどの行動が見られた。さらに漢字の書き取りと音読の苦手さが顕著であることが把握された。

　施設に入所し1年が過ぎる頃から少しずつ「こうしてほしい」と自分の要求を言葉で伝えることができるようになった。また個別のセラピー（心理治療）では家族に対して「会いたい」という気持ちを表すようになった。感情の起伏も以前に比べて穏やかになり，友達と喧嘩した後は静かな場所でクールダウンをして気持ちを落ち着け，相手に謝ることもできるようになった。さらに入所以降続いていた夜尿はなくなった。

4）両親との面談

　正くんが施設に入所後，家庭支援専門相談員（以下，FSW）が両親との面談を担当した。両親同席の面談で主に話をするのは継父で，母親は口数も少なく

継父の意見に同調する姿が目に付いた。そこで，継父と母親と別々に面談の場を設定して正くんへの思いや考えを聞くことにした。継父は正くんに対して「何度言っても直らないから手を上げた。けれど，多少痛い思いをしてわからせることも，躾として必要だと思っている」と話した。母親は子どもがいる自分と再婚してくれた継父に感謝していると話し，「自分の子どもではない正のことを一生懸命考えてしてくれていることだから，私が余計なことを言ってはいけないと思って……」と継父に対して遠慮がある様子がうかがわれた。

それでも面談を通して両親共に，正くんと一緒に家族で再び暮らしたいと思っていることが把握できた。また，正くんが学校で様々な問題行動を起こすことに対して，親としてどうしたらよいのかがわからず，困っていることが把握できた。

(3) 援助の方向性

主な方針として，施設生活の中での正くんの成長と変化を家族と共有し，正くんと家族が一緒に過ごす時間をもちながら家庭復帰の可能性を検討していくことになった。また一方で，正くんの発達の特徴に関して家族に説明し，それに合わせた対応を学校に依頼することになった。これにより正くんの特性に合わせて家庭生活や学校生活を工夫することで，家族が抱えている困り感を軽減できるのではないかと考えられた。そのために施設内で生活担当職員，心理療法担当職員，FSW が情報共有を行い児童相談所と連携し，地域の学校や市の子育て相談の窓口にも支援の協力を求めていくことになった。

1) 児童心理治療施設による支援

① 正くんへの支援

・施設内カンファレンスを行い情報共有する。正くんの発達的な特性を施設の日常生活場面から把握し，必要な対応方法を検討する。

・セラピー（心理治療）を通して正くんの家族への思いを整理していく。

・家族との関わりを徐々に広げていく。まずは家族との面会から始めて，外出，帰省へとステップを踏みながら家族と過ごす時間を増やしていく。家族との関わりの後は正くんと面談をもち，家族への思いの確認を行う。

・正くんの発達的な特徴の学習面への影響を施設に併設されている分級の教員

に観察してもらう。その特徴に合わせて学校での対応を検討してもらう。

　②　家族への支援

・夫婦間で互いへの思いを伝え合う場を設け，夫婦としてどのように正くんと向き合い家族をつくっていくのか，話し合う面談を行っていく。

・両親とFSWとの面談で，施設生活の中で把握できた正くんの発達面における特徴を家族に説明し，対応に工夫が必要であることを理解してもらう。

・家庭復帰して地元の学校に通う上で，学校生活における配慮の必要性（通級指導が必要であること等）を説明し，両親の理解を得る。

・家庭復帰に向けて自宅への帰省練習を行い，その後地元の学校への「お試し登校（試験登校）」を実施することへの両親の理解と協力を求める。

２）児童相談所・地域による支援

・児童相談所の児童福祉司と正くんとの面談を定期的に行い，家族への思いや家庭復帰への思いを確認する。また施設職員と情報共有し支援方針を共有する。

・施設のFSWと児童相談所の担当者が一緒に家族との面談を行う。その中で家庭復帰に向けて家族の思いを確認し，家庭復帰後に必要な支援を一緒に検討していく。

・家庭復帰を見据え，地元の学校との情報共有の場を設ける。そこで，正くんの発達的特性を共有し学校における支援と配慮への理解と協力を求めていく。さらに地元の学校へのお試し登校（試験登校）の協力を依頼する。

・母親の子育て相談ができる場所として，市の相談員に支援協力を依頼する。両親に市が開催している子育てサロンへの参加を勧める。

（4）経　　過

　施設生活の中で，正くんの言動に落ち着きが見られるようになった。その中で正くんのもっている発達的な特徴が明確になってきた。正くんの得意・不得意を把握し，生活環境の中での配慮や，学校生活における工夫を考え，実践していった。さらにそれを家族とも共有し，正くんの発達的特性への理解をしてもらい，家庭生活の中で対応に活かしてもらうよう施設職員と一緒に考えることができた。セラピーでは，正くんの両親への思いを整理することを中心に進

めていった。その中で，正くんから両親に対して甘えたい気持ちが見られるようになった。

　このような正くんの変化を受けて，家族との交流を徐々に増やしていった。まずは正くんと両親との面談を行い，両親から「正が家に戻ってくることをお父さんもお母さんも待っているよ」と伝えてもらった。その後，面会や外出を行うなど段階的に家族との関わりを増やしていった。さらに夏休みを利用して長期間の自宅への帰省も行うことができた。

　両親は施設と児童相談所との面談に毎回参加し，その面談の中で正くんの変化と成長を感じ，正くんを家庭で引き取って家族一緒に暮らしたいという要望を出した。また，母親は面談の中で継父に対して過度に気を遣っている自分に気づき，子連れで再婚したことへの（継父に対する）負い目があったことを自覚することができた。継父はそんな母親の思いを知り，自分なりに「正くんの父親」になろうと必死であったこと，焦りがあったことを認めることができた。さらに，母親は「下の子の子育てに悩んでも相談する人が近くにいなくて……」と不安な思いを話した。そこで児童相談所の児童福祉司から地域の子育てサロンを紹介すると，継父と2人で見学に行くことになる。継父が自然と父親としての役割を担い，母親がそれに頼るという夫婦関係の変化が感じられた。

　このような家族それぞれの変化と，家族関係の改善が確認できたことから，家庭復帰に向け関係機関との協議の場を設けた。その会議には正くんの地元の学校（原籍校）も参加してもらい，正くんの発達的特徴を共有し，学校復帰後は通級指導が必要であるとの理解が得られた。さらに正くんが原籍校への登校に慣れるために，一定期間の試験的な登校を依頼した。関係機関が正くんと家族の現在の状況を共有することで，今後の対応策を検討することができた。原籍校の理解と協力を得ることができ，正くんは2週間の試験登校を無事にやりきり，家庭復帰となった。

（5）解　説

　本事例は，再婚家庭内における親子関係の不調により子どもの行動化が激しくなり，保護者から子どもへの躾がエスカレートして虐待の危険性が高まった事例である。本事例のように，親子関係の修復や整理が必要な場合，児童福祉

施設に子どもが入所することで一旦子どもと家族を分離することを有効に活用することができる。しかし，子どもにとって家族・地域との分離は大きな心理的負担を強いることになる。そのため施設職員は子どもが納得できるように，家族と離れて生活する理由や目的を説明する必要がある。施設の生活の中で，子どもは多くの大人（職員）に守られながら心身共にケアされ，過去の傷つき体験から回復し，家族への思いの変化や自分に自信をもつようになっていく。

　一方で家族に対する支援は FSW が中心に担い，子どもが家族と再び一緒に暮らすことができる可能性を検討し，家族へアプローチしていく。その際，親の大変さを理解し，親の思いに寄り添いながら支援をしていくことが求められる。本事例では，母親の継父への「負い目」，継父の「父親になろうとする気負い」といったそれぞれの思いを夫婦が互いに語ることができた。また子どもに発達的特徴が見られる場合は，子どもの行動特性や関わり方のポイントなどを家族にアドバイスすることが，親子関係の調整や修復に有効な支援となる。

　最後に，施設を退所し子どもが地域へ戻ることを見据え，地域に支援をつないでいくことが施設の重要な役割となる。子どもが施設を退所し家庭・地域に戻っていく時には手厚い支援が必要である。施設におけるリービングケア（退所支援）では，家族が地域の中で孤立することを防ぎ，安心して暮らせるように地域の支援者と家族をつなげていく視点をもち，支援することが大切である。児童心理治療施設における子ども・家族支援で大切なのは，子どもの支援と家族の支援は連動していること，そして地域での支援との連携を意識した上で，様々な視点からトータルに捉えて支援することである。

　── 考えてみよう・話し合ってみよう ──

　① 　子どもに家族と離れて施設に入所する理由を，子どもが理解し納得できるように説明してみよう（事例の子どもの入所理由を想定）。
　② 　子どもの言動に困り感を抱く親の思いはどのようなものか，想像して考えてみよう。
　③ 　地域の支援機関（学校・子育てサロンなど）と子ども・家族について情報共有する際，どのような点に留意して情報共有するべきか，具体的に考えてみよう。

4 母子生活支援施設における支援
—— DV被害家庭へのケアと生活づくり

(1) 視　　点

　母子生活支援施設に入所してから自立するまでに，どのような支援が行われるのかを学び，理解する。母子世帯になった背景や子どもを養育していく上での様々な課題について事例を通じて考えることで，母子の生活を支えることの必要性を感じ取ってほしい。

(2) 事　　例

1) 家庭背景

　島村さん（20歳）は，夫からのDV（暴力）と多額の負債を理由に母子生活支援施設に入所した。実の父母は，島村さんが中学校2年生の時に離婚した。島村さんは父親に引き取られて生活していたが，父親が再婚した後，継母との折り合いが悪く中学校卒業と同時に家を出て一人暮らしを始める。その後，トラック運転手の現在の夫と知り合い入籍をした。島村さんの実母にも新しいパートナーがいるため頼ることができないこと，日頃から実母とのけんかが絶えなかったという。夫との間の子どもは高志くん（6カ月）1人である。

2) 母子生活支援施設の入所と生活環境づくり

　島村さんの夫は，高志くんが生まれた頃から暴力的になり，生活費なども入れなくなる。島村さんは，隣に住んでいた民生委員の勧めで市役所の福祉課に相談に行き，母子生活支援施設への入所となった。夫との離婚はこれからであり，生活の立て直しに取り組んでいかなければならない。所持金も少なく，生活保護を受給する手続きも合わせて行った。

　母子生活支援施設での生活を始めた島村さんだが，初めての子育てであり高志くんを育てることについて自信がない状態であった。施設の保育士がその状況に気づき，養育支援を行うことになる。入浴のさせ方や離乳食への移行，予防接種のスケジュールなど，島村さんが子どもを育てていく中で不安に感じていることを一つひとつ寄り添いながら支援を行った。施設職員と信頼関係ができてくる中で，居室に訪問する度に，ゴミが捨てられず残っていること，野菜

の切り方がわからないということがあった。島村さんの話をじっくり聞いていくと，家事などを誰かに教えてもらったこともなく自己流でやるしかなかった，ということを話した。つまり生活スキル全般において支援が必要であることがわかった。

　父親と生活していたこともあり，掃除や洗濯・料理等の生活に必要なスキルも島村さん自身の育ちの中で十分に取得することなく，現在に至っている状況であった。そのため，保育士以外にも母子支援員が一緒に調理や掃除を行うことにした。その中で，「洗濯洗剤と柔軟剤の違いがわからない」「機嫌悪く泣き続ける子どもを，どうしてよいのかわからない」など様々な悩みが噴出してくる状況となった。母子支援員が付き添って洗剤の種類を説明し，洗濯の方法を教えたり，子どもが泣き続けている場合は，おむつや発熱がないか確認することなど，時間をかけて一緒に行う支援を継続した。徐々にではあるが，子どもを育てる環境としてより良い状況を準備できるようになってきた。高志くんもすくすくと成長する様子が見られ，母子共に生活が安定してきたことが感じられた。

（3）援助の方向性

1）夫との離婚

　島村さんは，夫との離婚を希望したため弁護士に相談して調停を起こすことにした。夫の暴力もあったことから，家庭裁判所での調停の時間を数十分ずらしてもらうなど安全に配慮しながら離婚に向けて進めていった。夫は離婚には応じるものの，長男である高志くんの親権に関しては譲れないことや面会交流を行うことを要求してきた。島村さんは，緊張して慣れない弁護士との打ち合わせや調停で精神的に不安定になってしまった。

　そこで母子支援員は，弁護士との打ち合わせの前に島村さんにゆっくり時間をかけて話を聞き，島村さんの思いをまとめることにした。事前に思いを聞き取ることで，弁護士に対して適切に思いが伝わるようになった。弁護士との間に入る支援を継続する中で，島村さんは自分の気持ちをはっきりと伝えることができるようになってきた。

　5回の調停の末に離婚が成立し，親権も島村さんがもつこととなった。夫側

から要求のあった面会交流については，高志くんが小さいこともあり，写真を送るという間接交流を経て，ある程度，高志くんが意思表示できるようになる数年後に再度話し合いを行うことにした。

2）債務の整理

夫が生活費を入れなかったため，島村さんは生活に必要なお金を借り入れて，そのままになっていた負債があった。それについても同じ弁護士に依頼をして解決していくことにした。借入金額が200万円を超えていることがわかり，自己破産をする方向となった。生活費等の金銭の動きを裁判所へ提出する必要もあるため，入所当初から母子支援員と一緒に金銭管理を行っていた。島村さんは入所するまで，電気代や水道代にいくらお金が掛かるのかなど計算することもなく生活をしていた。金銭管理を行うことで生活に掛かる費用が理解できるようになると，島村さんは生活の中での無駄使いを減らすなどの取り組みを自分でできるようになってきた。また，自立をして生活をしていくにあたりお金の使い方の大切さや，母子世帯で生活していくためには就労収入がどれくらい必要なのか等を計算できるようになってきた。必要な書類の提出，裁判所の手続きを経て自己破産が成立した。これを機に，自立に向けて生活を立て直していくことになった。

（4）経　　過──母子世帯として自立に向けて

様々な課題が解決し，母子世帯として生活が安定してきた。島村さんは就職先も決まり，今はパート社員として工場で働いている。高志くんも保育所へ入園し，落ち着いた環境の中で育っている。児童手当や児童扶養手当の申請もでき，順調に生活の立て直しができている。島村さんは，自立するために必要な貯蓄額を目標として仕事に励んでいる。入所当初から受給していた生活保護も，近々停止できる見通しも立ってきた。

休みの日は，高志くんと公園に出かけるなど母子での充実した生活が送れている。将来的に高志くんには何かスポーツをさせたいという希望があり，少年指導員に近隣のスポーツ教室について聞くなど，何年か先の自分たちの姿を思い描いているようである。

島村さんは，母子生活支援施設に入所したことにより，保育士や母子支援員

から掃除や洗濯，料理などの基本的な生活を送るためのスキル，子どもの離乳食や予防接種，健康診断などの重要性を学ぶことができた。島村さんは，「父親から教えてもらうことはなかったし，夫のもとにずっといたら，こんな生活はできていないと思う」と話すことがあった。現在，疎遠になっていた実母との交流ができるようになり，関係は良好である。高志くんと実母（高志くんの祖母）の関わりも上手くできている状況である。将来的には実母の生活する近隣に退所することも考えている。

（5）解　説

1）職員構成

　母子生活支援施設は，施設長・母子支援員・少年指導員・心理療法担当職員が配置されている。その他に保育士・個別対応職員などが加算職員として配置されている。母子支援員は，主に母親への関わりを中心に支援を行っていく。生活全般への支援，法的支援，就労支援など自立に向けての関わりが多い。少年指導員は，主に小学生以上を中心に関わり養育を支援している。必要に応じて学校や療育機関，医療機関などと連携して支援を行う。保育士の加算を受けていない施設では少年指導員が乳幼児の支援を行うこともある。

　保育士は，主に乳幼児の支援を行う。予防接種や成長過程における離乳食等の支援や発達状況について確認を行う。

　被虐待児個別対応職員は，虐待を受けた子どもに対する個別の対応を主に行う。両親による面前 DV も虐待として考えられているため，母子生活支援施設の中でも必要な職員といえる。個別的に寄り添い，被虐待児の安定に向けて支援を行う。

　心理療法担当職員は，DV を受けてきた母子をはじめ，精神疾患を抱えた母親へのカウンセリングなどの支援を受け持つ。心身の安定を図るために必要な職種である。

2）養育支援

　子育てに必要なことを教え，子育てに必要な環境を準備する支援である。ミルクの作り方，場合によっては子どもの抱き方も教える場合がある。特に若年の母親の場合は十分な情報をもたないまま出産を迎えているケースも多く，掃

除や洗濯など生活全般の多岐にわたって支援が必要となる場合が多い。

　そして，乳幼児への対応は主に保育士が対応することが多い。また，小学校や中学校へ通う子どもを育てる場合には，少年指導員が主に対応する。学習に対する支援をしたり，男子児童の場合にはひげ剃りの仕方を直接子どもに教えるなど，母子双方に対して展開することもある。生活の基盤となる環境整備と子育てに対する支援の双方を行う必要がある。

3）法的支援

　法的な手続きが必要な場合では，離婚や負債の整理など弁護士との連携や相談，裁判所に申し立てを行う支援もある。養子縁組や相続の関係など，内容は幅広い。それぞれの手続きには多くの書類を記入する必要があり，書類作成の支援なども行う。また近年では，外国人同士の離婚などに関わるケースもあり，入国管理局や各国領事館と連携する事例も出てきている。

4）自立支援

　夫との離婚の成立や負債の整理などが解決し，生活の基盤が安定してくると母子の自立に向けた支援へ移行する。退所に向けた居住先の確保や退所後に必要な社会資源（行政機関や相談機関など）との連携など，母子世帯として安心して社会で生活できるよう準備していく。親族との関係改善なども含まれ，退所後に母子ができるだけ安定して生活できる環境を整えることも支援の一つである。また必要に応じて退所後もアフターケアで関わっていく。

考えてみよう・話し合ってみよう

① 今，あなたが母子世帯として子どもを育てる生活を始めるとしたら，どのようなことに困るだろうか。

② 子どもを安定した環境で育てるには，どのような環境が必要だろうか。話し合ってみよう。

5　児童家庭支援センターにおける支援
——児童虐待と地域連携

（1）視　　点

　子育て支援では，特に母親と子どもの居場所となる子育てコミュニティの提供は重要である。それが，妊娠・出産期から切れ目のない支援の基盤ともなる。児童家庭支援センターでは保護を要する子どもの問題や児童虐待など深刻な問題について，保育士・社会福祉士・臨床心理士等が電話相談・来所相談・心理相談・家庭訪問等を行い，児童相談所等の専門機関と連携して地域で継続的に援助する。

　また本事例の児童家庭支援センターでは地域子育て支援拠点事業も展開しており，遊び場を開放し，地域の親子が交流する中，保育士等が母親との日常的な対話を通して子どもの成長を共に喜び，心配事を気軽に相談できる場を提供している。本節では，母親自身の抱える問題が大きく，児童虐待が懸念される家庭への地域連携の支援事例について考える。

（2）事　　例

1）家庭背景

　加藤さん一家は，父親（茂さん），母親（英子さん），長男りんくん（3歳），長女さらちゃん（2歳）の4人家族である。茂さんは41歳会社員で，英子さんは41歳専業主婦である。りんくんは医療機関で発達障害の診断を受ける。さらちゃんは保健所の1歳半健診で言葉の遅れを指摘され，子どもたちには発達面での心配がある。両家の実家とは折り合いが悪く疎遠であり，英子さんはワンオペ育児(2)に苦しんでいる。

2）心配な出来事

　10月，英子さんは子どものきょうだいげんかが生じた時に，りんくんが妹のさらちゃんにおもちゃを譲ってあげられなかったことに激高して，りんくんに馬乗りになって顔を何度も叩いた。英子さんは怒りたくないのに怒ってしまう自分を変えたいと思いつつ，変えられずにいた。英子さんはその状況を児童相談所の電話相談で打ち明けた。児童相談所の児童福祉司は，母親が1人で育児

を抱え込まず，夫や家族に協力してもらうこと，地域の社会資源を利用しながら子育てをしていくことについて助言した。それから2カ月が過ぎた12月，再び児童相談所に英子さんから電話相談が入り，英子さんは育児でイライラしてベランダから植木鉢を投げてしまい，自分でも抑えられない怒りがどんどん大きくなっていくこと，子どもの癇癪が激しくて育児でのイライラが増えたこと，子どもを叩いたり，夫にイライラをぶつけたりしていることなどを話した。そこで，児童相談所の児童福祉司が英子さんへの支援について検討し，託児付きで母親が相談できる場として児童家庭支援センター（以下，センター）を英子さんに紹介した。

3）児童家庭支援センターの相談員と母親との面接

英子さんは，子どもたちの発達の心配を抱えているが，療育支援機関へつながっていない。「本当は子どもに向き合いたい」という思いがあるが，できない自分を抱えきれず，茂さんを責めて罵倒したり，聞き分けのない子どもを叩いたりしてしまうという。そして「こんなに苦しんでいるのに，助けてくれる人がいない」と育児の孤立感を訴える。一方で，茂さんは家事と育児を手伝うが，英子さんの気持ちや子どもの気持ちを汲んだ対応が苦手であり，情緒的なサポートを求める英子さんの願いは叶わない。さらに英子さんは幼少期から被虐待体験があり，対人関係の苦手さから，気軽に話すママ友がつくれず，両親へ育児の手伝いを求めることもないまま，1人で子育てに奮闘している。

（3）援助の方向性

子どもたちへの心理的虐待・身体的虐待の心配があることが明らかである。また，子どもたちの発達面での不安があるが，母親は子育てを手伝ってもらえる状況になく孤立しがちである。よって，精神的に不安定な母親へのケアと育児困難感の軽減を図る方針を立てた。また，母親が必要に応じて社会資源を活用していく力を付け，家庭内外の風通しを良くして，家庭の養育能力を高めていくようにした。

1）児童家庭支援センターによる支援

①　子どもへの支援

・遊び場…センター内に大型遊具や，幼児向けのおもちゃ，絵本などがあり，

貸し出しも行う。子どもが遊びを通して楽しい時間を過ごす中で，情緒の安定を図る。また，子どもの遊びたい・関わりたいという気持ちを大切にして，子ども同士の関わり合いを結んでいく。

・託　児…センターの託児を利用する際は，子どもの甘えたい気持ちをしっかりと受けとめていく。また，子どもの変化を丁寧に見守り，着替えの際には，ケガや傷などに目を配り，センター内で子どもたちの様子について情報共有する。

②　母親への支援

・面　接…母親の精神的な安定のために週1回程度の心理面接を行う。

・託　児…面接時の託児と，その他に母親が子どもたちと安心して離れてリフレッシュできる時間をつくる目的での託児を受け入れる。

・遊び場…親子が安心して通えるように，スタッフが温かい声を掛けて，母子関係以外の関係を広げていく。そして，いつでも気軽に相談ができるよう保育士が対応する。子どもの発達にあった関わり方の工夫について，保育士の専門的知見より具体的に助言する。

③　父親への支援

・面　接…父親との定期的な面接を行い，父親の意向を確認して育児の相談にのり，父親の子どもたちとの関わりを支持する。必要に応じて，地域の社会資源の機能と役割について紹介する。

2）地域の支援者・施設による支援

・家庭訪問…民生委員[3]が月1回程度訪問し，母親を労い，頑張っているところを認めていく。子どもたちの安否確認を行う。

・地域の子育てサロン…母親と子どもたちの居心地の良い場の一つとなるよう，親子を温かく迎え入れて様子を見守る。

3）児童相談所による支援

・来所相談…両親へ子育てについての助言指導を行う。

・一時保護…子どもの安全を第1に考え，母親の精神的な不安定さが顕著な場合は，一時保護を検討していくこともできる旨を両親に伝える。

4）保健所による支援

家庭訪問や子育てサロンでの親子の様子及び関係機関の情報を集結して，家

族の現状を把握する。

5）要保護児童対策地域協議会による支援

　児童相談所・市の担当課・保健所・児童家庭支援センター等の関係機関が定期的に要保護児童対策地域協議会の実務者会議で集まり，各機関の家庭への支援状況を情報共有して，支援方針を検討し役割分担を確認する。

（4）経　　過

　親子でセンターの遊び場を利用することが少しずつ増え，弁当を持参してくつろいで過ごす。動きが激しい子どもたちへ保育士が関わる様子を見て，英子さんは子育てのモデルとして取り入れる。英子さんは子どもの頃，常に兄と比較されて，できないことを両親から責められて叩かれたことを話した。また，親に自分らしさを認めてもらえなかったので，自分が親にしてほしかったことのすべてを子どもにしてあげたいという強い思いがあるという。

　しかし，果てしない子どもの欲求に応えきれない自分を責め，さらに「何で私ばかりやらなければならないの」と日常的に茂さんを責め，時に激しく子どもたちへ攻撃を向けた。やがて英子さんは，自分が「求めすぎていたのかもしれない」と茂さんへの期待の高さと，「頑張りすぎて疲れてしまう」と子どもに向き合う自分のあり方に気づくと，少しずつ穏やかさを取り戻した。その英子さんの変化に茂さんはほっと胸をなで下ろした。

　りんくんが保育園に入園して園を楽しむようになる頃から，茂さん自身が父親参観や休日に子どもたちの行きたい所を尋ねて出かけるなど主体的に子育てに参加するようになる。気持ちを汲むことが苦手ではあるが，子どもたちに一つひとつ聞いて触れ合う茂さんと父親を慕う子どもたちの姿から，英子さんは色々な関わりがあってもよいのかもしれない，と少しずつ考え方を緩めていった。また，英子さんは「イライラを子どもにぶつけたくない」と，祖父母に助けを求めるようになる。そして，遠方から子どもたちに会いに来てくれる祖父母へ感謝するようになった。

　さらちゃんの言葉の遅れについて両親で話し合い，子どものために療育支援機関へ通いはじめる。さらちゃんが入園してからは，様々な行事に参加する子どもたちの姿を見て両親で喜ぶ。また英子さんは子どもの友達を預かるなど，

心のゆとりが生まれて周りの人を思いやるようになる。やがて，子どもたちへ手をあげることと茂さんへの攻撃がおさまった英子さんは，「心が荒れていた頃の自分から成長できた」と話した。

（5）解　　説

　本事例は，幼少期に被虐待経験のある母親が，発達面で心配のある2人の子どもたちに心理的虐待と身体的虐待を行っていた事例である。子育てで孤軍奮闘しているという思いの強い母親にとって，子育てを支える周りの人と複数の社会資源へ目を向け，自ら助けを求めることのできる環境を確保することが必要であった。児童家庭支援センターは，親子のそだちあいを地域で支える子育てコミュニティというネットワークづくりの一助を担った。そして，虐待を受けた経験のある母親の安心感を育み，孤立感を和らげるために，センターは母親が相談して支えられる場であることと，その経験を重ねる場としての役割を果たした。

　母親は，自分の思い通りに動いてくれない父親へ強い憤りを感じて攻撃したが，相手へ求めすぎる自分の依存の強さと子育てに頑張りすぎる自分のあり方に気づく。やがて，周りの人へ子育てのサポートを願い出るようになる。子育ての中で周りの人に自分の思いが受けとめられ，子どもがかわいがられて喜ぶ姿から，母親が周りの人へ感謝し，周りの人との関係性が変わっていった。そして，母親は少しずつ子どもとの適度な距離を保てるようになっていった。

　虐待のリスクが高い家庭の子どもの安全を守り，母親の思いを軸とした支援を行うためには，児童相談所等の専門機関と協働していくことが重要である。さらに，地域の援助者が対話を重ね，支援の網の目をきめ細かにして，家庭を見守っていくことが大切である。

―――　考えてみよう・話し合ってみよう　―――

①　あなたが，遊び場担当の保育者ならば，母親にどのように接した方がよいだろうか。また，その時にどのようなことに気を付けるべきだろうか。考えられることを話し合って整理してみよう。

②　親から虐待を受けた母親から，「虐待を受けた親は虐待をするというけれど，

虐待したくなかった」と言われたら，どう答えたらよいだろうか。

③　母親は「心が荒れていた頃の自分」から人を思いやるようになるなど，心の変化がみられた。母親の気持ちの変化の過程（プロセス）を書き出してみよう。

注

(1)　厚生労働省「児童養護施設入所児童等調査結果」（平成30年2月1日現在）。

(2)　ワンオペとはワンオペレーションの略で，飲食店等で行われていた1人ですべての仕事をこなす勤務の意味からきている。パートナーの単身赴任や残業が多いこと，近隣に頼れる人がいないことにより，夫婦の一方（多くは母親）に過度の家事・育児負担がかかっている状態が「ワンオペ育児」と呼ばれる。

(3)　民生委員法により厚生労働大臣から委嘱され，地域住民として福祉的な相談や支援活動を行う。児童福祉法により「児童委員」を兼ねる。児童委員は地域の子どもを見守り，子育て不安や心配ごとの相談・支援を行う。児童委員には児童に関することを専門に担当する「主任児童委員」がいる。

参考文献

・第5節

蔭山英順監修，後藤秀爾編著『統合保育の展開——障がいの子と育ちあう』コレール社，2002年。

柏女霊峰・橋本真紀編著『保育相談支援 第2版』ミネルヴァ書房，2016年。

第 10 章　障がい児への支援

1　児童発達支援施設における支援
——療育と機関連携

（1）視　　点

　障がいのある子どもが身近な地域で療育を受ける場所として，児童発達支援事業所がある。児童発達支援事業所では，子どもの実態を把握し，保護者と共に子育てをしていくという視点に立ち，子どもの発達・家庭環境についてアセスメントを作成し，療育を行っている。実際の療育指導の様子も毎回参観してもらっている所もある。利用するにあたり，児童発達支援事業所でできること，また，家庭でも取り組んでほしいことを伝え，子どもの発達を支えていく体制を築いていくことが大切である。事例では，児童発達支援事業所の療育を利用している親子への「家庭支援」について振り返り，療育機関や保育所などで，どのように家族を捉え，支援を展開していったらよいのかを考える。

（2）事　　例

1）家庭背景

　太郎くん（年長）は第2子で，父母，4歳上の姉，1歳下の弟の5人家族である。父親は仕事が長続きせず，定職についていない期間も長かったため，借金もあり生活は困窮していた。そのため母親は，いくつかのパートを掛け持ち，子どもたちが就寝後の夜間に働くこともあった。太郎くんの他にも，姉と弟にも発達支援が必要であった。

2）生育歴と利用するまでの経緯

　太郎くんは，総合病院で出生時体重が600gと，極低出生体重児として生まれた。定期的に小児科・眼科等を受診し，発達や視力等の経過を診てもらっていた。市の乳幼児健診で発達について継続的に見ていくことになり，2歳頃よ

り児童発達支援事業所の親子療育に参加した。しかし，第3子も同様に極低出生体重児として誕生したため，弟の養育にも手をかけなければならなくなり，療育には通える状況ではなくなり，退所することとなった。その後，保育所の未満児保育の利用と医療機関の言語・作業の訓練を開始した。保育所では加配の保育士が配置され，集団生活を送った。そして年中児になり，太郎くんは発達支援の必要な弟とともに児童発達支援事業所の利用を再開した。

3）保育所での様子

・玩具を使用して遊んでいる時は，ある程度その場にいられるが，片づけを伝えられると切り替えが上手くできず，寝転がったり部屋から出て行ったりして落ち着かない。給食は好きで，食べている間は席に座っている。

・登園の際の身だしなみは整えられてはおらず，季節に即した衣類ではなかったり身体の大きさに合っていなかったりした。また，顔や手足，衣服等の汚れが目立ち，アトピー性皮膚炎による引っかき傷や出血も見られた。

・毎日同じことが繰り返される園生活はある程度理解しているが，目に入る事象に反応しやすい。気持ちが移りやすいため，個別に声をかけるが制御できない。

・同じクラスにいる発達が気になる子どもと一緒になって，ふざける等の逸脱行動をしてしまう。その子どもが先に帰宅すると機嫌を損ね，泣いたりする。

4）家庭状況

・父親は，新たに仕事を紹介され働き始める。母親も以前は4カ所ほどの仕事を掛け持ちしていたが，半年前から日中と夜のパートの2カ所に減らし，できる限り子どもと関われる時間を作るようにした。しかし家事に追われ，なかなか子どもたちと向き合うことが困難であった。

・母親の実家は遠方であるため，ほとんど帰省していない。父親の実家は近隣にあるが，関係は良くない。両親共に頼れる人はいない状況であった。

（3）援助の方向性

1）病院での発達検査と療育手帳

総合病院の小児科医師から太郎くんは，自閉スペクトラム症の可能性，弟はADHDの可能性があると言われ児童精神科の受診を勧められ，小児科での発

達検査の結果から，療育手帳の取得が可能かもしれないことを説明されていた。母親は取得できるものであれば取りたいと考えていた。児童精神科の受診時に療育手帳が取得できる可能性など，母親が相談したいと思うことを一緒に整理し，保護者とともに太郎くんの発達を考えるだけでなく，姉弟も含めた家族を支える存在として理解してもらえるように心がけた。

　太郎くんは弟とともに療育手帳を申請し，判定はB2（軽度）であった。

　姉は登校を渋ったり，登校しても帰宅後に隠れて大量のお菓子を食べてしまったり，ゲームばかりやっているため，頻繁に父親に叱られている。姉は母親が仕事から帰るまでの過ごし方が上手くできない状況にある。

2）支援の利用につなげる

　母親との相談では療育手帳の判定結果から，特別児童扶養手当の支給は難しいかもしれないが，診断書を添えて申請してみることになった。

　姉の発達も保護者は気になったため，児童精神科に受診したところ，ADD（多動を伴わない注意欠如障害）と診断された。姉への支援として通常学級だけではなく，通級指導教室を利用することや，週2回程度の放課後等デイサービスの利用等が考えられることを話し合った。そのために，相談支援専門員につながるように支援した。

（4）経　　過

　母親は，勤務先と相談して療育や病院受診に通う日を週に1日設定することにした。しかし，母親1人で太郎くんと，弟を連れていくことは難しいため，1人ずつ交代で連れて行っている。しかし，姉が学校で同級生から，からかわれるような言葉を言われたと話すので心配している。また，母親は，「申請した特別児童扶養手当の申請が通り，口座に振り込まれ大変ありがたかった。今まで借金に追われ，子どもが望むようなクリスマスプレゼントやケーキを買えなかったので買ってあげたい」と話された。

　以前は，子どもたちは帰宅後けんかをすることが多かったが，最近は，姉が週2回の放課後等デイサービスを利用することで子どもたちは穏やかに過ごしている。本人も放課後等デイサービスを楽しみにしている。太郎くんは週1回であるが，全日の療育を利用し，少人数での活動に意欲的に取り組み，発語も

増え喜んで通っている。このような状況を踏まえ，保護者との話し合いによって，今後，以下のような点も検討した。

- ・母親との相談の中で姉への同級生からのからかいについては，保護者が担任の先生に相談してみることになった。
- ・特別児童扶養手当は，必要に応じて生活のために使わなければならないこともあると思うが，子どもたちの将来のために少しずつ貯えられるとよいことを話し合う。

（5）解　　説

　療育機関では，子どもの発達支援だけでなく，養育している保護者支援・家庭支援はとても重要である。本事例は，面談を通して母親の悩みについて一緒に考え支援した事例である。

　太郎くんとともに姉弟も含めて，子どもたちにとって保育所・学校・療育機関などが自己肯定感を培う場となっている。太郎くんの家族が安心して暮らせるように，関係機関が連携を図り支援した。家族が安心して暮らせることが，子どもの成長には大切なことである。

　そして太郎くんをはじめ，それぞれの子どもたちの障がい特性を踏まえ，その時に必要な家庭支援についても，保護者とともに考え進めていかなければならない。

　太郎くんの発達支援目標は，①身の回りのことや持ち物の管理ができること，②勝手に動き回るのではなく家族と手をつないで移動できること，③他者の話に耳を傾け理解して行動に移せること，④簡単な言葉でのやり取り（会話）ができること，⑤自分の要求が通らなくても我慢できること，などとした。また，母親には，①太郎くんの良い行動を褒めること，②身支度など自分でやろうとする意欲を認め，見守ること，③子どもの興味があることを一緒に楽しむこと，④生活の中で言葉のキャッチボールをすること，⑤おとなしく部屋で過ごすように強要しないで，公園などでの体を使った遊びの機会を作ることを提案した。

　これらのことは，すぐにできるようにならなくてもよいこと，長期的に考えていくことなど，保護者に寄り添いながら支援することを忘れないようにしなければならない。

┌───┐
─ 考えてみよう・話し合ってみよう ─

① 本事例のエコマップを作成し，どのような関係機関が連携を図り，どのような支援ができるのか考えてみよう。
② あなたが太郎くんの保育所，児童発達支援事業所の担任保育者だったら，1日のスケジュールに沿って，太郎くんにどのような支援を考えるか整理してみよう。
└───┘

2　放課後等デイサービスによる支援
──重症心身障がい児と家族

（1）視　　点

　放課後等デイサービスでは，下校後や休日の支援が中心で限られた短い時間の中で子どもたちに寄り添っていくことが求められる。障がいのある子どもは，自分の思いがうまく伝わらず，気持ちを聞かれないまま支援が進められることもあり，全身から発せられる子どもたちの思いを受けとめ，家族とともに支えることが大切である。また，家族への支援も養育者のみでなく，きょうだいの揺れる気持ちにも目を向ける必要がある。ここでは，放課後等デイサービスを利用する重症心身障がい児とその家族への支援事例について考えてみる。

（2）事　　例

1）家庭背景

　小野寺さんは，母親，小学校6年生の翼くん，小学校4年生の太一くんの3人家族である。太一くんは先天性の脳性麻痺があり，座ったり話したりすることが難しい。ごはんも自分で食べられない。そのため，生活のほとんどに介助が必要であり，特別支援学校に通っている。小野寺さんは39歳でパート勤務をしている。仕事がある日は，近所に住む母方祖母が子育てを手伝ってくれる。

2）放課後等デイサービスの利用

　太一くんは発作もあるため，発作の度に母親は発作の時間や長さなど見守りながら記録している。夜中に発作が起きたり，生活リズムがずれることで昼夜逆転したりすると母親の負担は大きくなる。今までは何とか母親と祖母で翼くんと太一くんの生活を支えてきたが，太一くんが小学校4年生になり身体も大

きくなってきたため，介助の負担も大きくなってきた。月・水・金の下校後と隔週の土曜日に放課後等デイサービスを利用している。

　兄の翼くんは，太一くんが生まれた時から一緒に過ごすことが多かったため，デイサービスを利用しはじめた時は，離れて過ごすことに慣れるためにも時間が必要だった。そのため，放課後等デイサービスに翼くんも時々顔を出し，母親・翼くん・太一くんで遊んで過ごしたり，スタッフと一緒に翼くんもおやつ作りをしたりしていた。

3）放課後等デイサービスでの様子

　言葉での会話ができない太一くんは，「いいよ」などの返事はニコッとしたり明るい声で伝えてくれる。「いやだよ」などの返事の時は顔をしかめたり，反応がなかったりする。顔の表情や手足の動きの変化を見ながら，おやつを誰と食べたいか，おむつを交換してもよいのか，絵本を読むかなど太一くんの思いを確認しながら太一くんのやりたいことをして過ごした。

　座位が取れないため，スタッフが抱きかかえて座った状態の景色など，寝た状態から見える壁面や天井を装飾し，太一くんの見える世界を広げる工夫や配慮をしている。また，看護師やリハビリのスタッフにより身体をほぐしたり，食事前のマッサージをしたりなど専門的な関わりも生活の中にとりいれる。

　学校が休みの時は，おやつ作り，公園への外出，買い物，地域のイベントの参加など家族やスタッフ以外の人との関わりも大切にしながら過ごしている。

4）母親・祖母・翼くんとの関係づくり

　放課後等デイサービスを利用しはじめた当初は，太一くんがデイサービスに慣れることや，小野寺さんが安心して預けられるようになるため，小野寺さん・翼くん・太一くんの3人で一緒にデイサービスで過ごす時間をつくった。その際に保育者は，太一くんの好きなことや苦手なこと，発作時の様子，食事の方法など小野寺さんに聞きながら見本を見せてもらい，太一くんの関わり方を教えてもらった。

　放課後等デイサービスでの家族との関わりは，基本的に子どもを家に送迎した時や家族が子どもを迎えに来た時に話すことが大半である。またデイサービスを利用した日は，その時の様子を記した記録票も家族と情報共有できる方法である。太一くんの送迎時に小野寺さんや祖母の表情を確認しながら，太一く

んのデイサービスでの様子や変化，気になることなど話をする。太一くんの発作などが続いている時などは，小野寺さんの疲労や体調に気遣いながら話をし，太一くんの様子だけでなく，太一くんを支える小野寺さんや祖母を支える。

5）翼くんの変化や心配なこと

翼くんは何度もデイサービスに来ては太一くんと一緒に遊び，行事にも参加していた。「次にデイサービスに行ったら，○○をやってみたい」など翼くんもデイサービスの中でやりたいことが出てきていた。しかし，小野寺さんの予定の関係でデイサービスで遊べない時は，翼くんが拗ねてしまうこともある。

また祖母が出迎えてくれる時，口頭で連絡を伝えたことが小野寺さんに伝わっていない時があった。発作が多い時は睡眠時間も大幅に減るが仕事を休むことはできず，母親の負担が大きくなっている。仕事の休みの時くらいしか身体を休めることができないが，太一くんや翼くんがいることで常に見守りが必要な状況となり，母親はゆっくり休むことが難しい状況であった。面倒を見てくれる祖母も，体が大きくなってきた太一くんの介助が大変になってきており，1日中見ることは難しい。

（3）支援の方向性

1）母親の負担への支援

太一くんが放課後等デイサービスを利用しはじめたことで，家と学校の行き来だけだった生活から，もう一つの居場所となるところができた。太一くんにとって大きな環境の変化・経験であるが，家族にとっても同じである。いつも一緒にいた翼くんにとっても，太一くんと離れて過ごす経験は初めてであり，それぞれの関係性を大切にしながら，太一くんの居場所の保障と翼くんへの寄り添いも行っていく必要がある。

また，発作が多い時や生活習慣がずれた時の小野寺さんへの支えは，翼くんや太一くんの生活に大きく影響があると考えられる。そのため，母親の負担への支援も行っていくこととなった。

2）放課後等デイサービスによる支援

① 　スタッフ間の連携

・太一くんの発作時の対応や情報の共有を行った。食事介助など，太一くんに

負担が少なく楽である方法で行う。

・送迎時の母親，祖母，翼くんの状況や様子を共有した。

 ② 太一くんへの支援

・デイサービスで色々な経験ができるよう，太一くんの気持ちを聴きながら過ごす。

・太一くんが伝えてくれる表情の変化やしぐさを細かく受け取り，スタッフがどのように受け取っているのか言葉にして伝えていく。

・寝ていても抱っこで座位を取っていても，太一くんから見える視界を意識して壁面などをつくっていく。

・理学療法士や看護師など専門的なスタッフからリハビリや身体をほぐしてもらったり，嚥下がうまくいくようマッサージしてもらったりする。

 ③ 母親・祖母への支援

・送迎時に声をかけ，仕事や子育てなど労い，ゆっくりでいいことを伝える。

・太一くんの様子や発見など，何気ないことを少しの時間で話し，関係をつくっていく。

・発作に関しても，看護師の見立てやアドバイスを伝えるとともに何か不安なことがあればいつでも相談してもらえるよう話す。

・休日のデイサービスの利用を増やすことができること，発作などで朝食が食べられなかった時は，デイサービスで食べることもできることを伝える。

 ④ 翼くんの支援

・送迎時に姿がある時は声を掛け，表情や様子を気にかける。

・太一くんの利用に合わせ，一緒にデイサービスに来てよいことを伝える。

（4）経 過

　太一くんもデイサービスで過ごすことに慣れてきて，色々な保育者とおやつを食べたり遊んだりすることができるようになった。また，保育者だけでなく他の子どもたちや地域の人との関わりも増えてきている。翼くんは，3カ月ほど何度かデイサービスに来て太一くんと一緒に遊んでいたが，それ以降はデイサービスに来なくなった。母親にそのことについて聞いてみると，「今は，私と過ごしたいという思いが出てきたみたいで」と話された。保育者は「それも

とてもよいことですね。太一くんのことは任せて下さいね」と伝え，翼くんに対して「デイサービスに来てね」というメッセージはあえて伝えないが，来たくなったらいつでも来てもいい雰囲気をつくっておくようにした。小野寺さんは仕事と子育ての両立が変わらず大変そうだが，太一くんや仕事のことを保育者に話すことが増えてきた。

（5）解　　説——気持ちに寄り添い，ゆっくり歩みを支える

　放課後等デイサービスは，下校後や休日の支援が中心であるため，学校のある日は保育者が子どもたちと関われる時間が少ない。その中で，子どもたちのやりたいことを思いきりやりきれるよう支えていくことが求められる。そのためには，言葉に限らず子どもが伝える気持ちを受けとめていく必要がある。

　障がいのある子どものきょうだいも，一緒に生活をしていることで時に複雑な思いを抱えている。揺れる気持ちに寄り添いながら，きょうだいが抱えている思いを支えていくことも支援の一つである。家庭支援は，保護者だけでなく祖父母やきょうだいなど家族全体を捉えながら行っていくことが大切である。

　保護者への支援では，仕事をしながら子育てをしていることも多いため，子どもの状況によっては睡眠も確保できない，断続的な睡眠が多いことを理解しながら送迎時など短い時間で関係をつくっていくことが必要である。子どもが楽しくデイサービスで過ごしていることがわかることで保護者は安心でき，また気持ちに寄り添ってもらえることで，保育者に不安や心配を話せるようになる。子どもと家族がゆっくり進んでいけるよう丁寧に，限られた時間を積み重ねていくことが大切である。

考えてみよう・話し合ってみよう

① 太一くんがデイサービスを利用しはじめて，兄の翼くんにはどのような気持ちの変化があっただろうか。

② 放課後等デイサービスで働く保育者として，障がいのある子どもと，きょうだいへの支援は，事例の他にどのようなことができるか話し合ってみよう。

③ 仕事をしながら障がいのある子どもときょうだいを育てる家族にとって，どのようなことが辛く感じ，またどのようなことに喜びを感じるだろうか。

3　レスパイト事業による支援
──子どもの居場所づくり

（1）視　　点

　保育等を利用している子どもの中には，発達障がいを抱えている子どもは少なくない。保育所や認定こども園・幼稚園などでの集団生活，友達とのトラブル，コミュニケーション等の理由で不登園に陥った子どもへの支援が課題となっている。

　このような子どもたちには，ミクロ・メゾ・マクロの3つの視点からの支援が求められる。マクロ的な子育て支援施策においては子ども・子育て支援新制度により，認定こども園の整備や給付，地域・子ども子育て支援事業の充実が図られている。本事例では，何らかの要因とともに，友達にからかわれたことをきっかけに不登園となった発達障がいの子どもと家族の支援について，事例を通してミクロ・メゾの視点から考察を行う。NPO法人が実施している，ひとり親子育て支援のレスパイト事業を利用した不登園に悩む母子家庭への支援事例から考える。

（2）事　　例
1）家庭背景

　翔くん（5歳）は母親と小学校1年生の姉，母方祖母の4人暮らしである。父親は翔くんが3歳児健診で発達障がいの診断を受けたために，夫婦間で子育てに相違が生じて離婚した。離婚後は，実家に戻り祖母と暮らしはじめた。

2）こども園での様子

　昨年までは姉と一緒に母親に送迎をしてもらい，元気にこども園に登園していた。今年度は，母親の仕事の都合で祖母が送迎することになった。また，保育部から幼稚部になり，新しい先生・新しい入園児童が増えて環境が大きく変化した。翔くんは，幼稚部の新しい環境に馴染めず，1人で過ごすことが多かった。友達に声をかけられても上手く話すことができず，笑われたり，からかわれたりしていた。

　5月のある日に，翔くんは，新入園児の雅樹くんと砂場で叩き合いの喧嘩を

250

250

してしまった。発端は，翔くんが砂場で作ったトンネルを雅樹くんがからかって壊してしまったため，翔くんは怒って雅樹くんを叩いたことから始まった。担任の保育者は母親に連絡を入れた。母親は翔くんが先に手を出したことについて厳しく叱った。

その後もたびたび雅樹くんとトラブルを起こすことはあったが，翔くんは母親との約束を守り，手を出すことはしなかった。

3）心配な出来事

小学校1年生の姉が夏休みに入ると，翔くんはこども園を連続して欠席する日が多くなった。母親が翔くんに登園前に頭痛や腹痛の理由を尋ねると，雅樹くんに会うのが「嫌だ」と泣きながら話した。お姉ちゃんが夏休みだからこども園には行きたくないと訴えた。母親は翔くんを無理やりこども園に通園させることは，逆効果であると考えた。姉が夏休みの間は気分転換に休ませることにした。母親はこども園に「しばらく休ませます」と連絡を入れた。連絡を受けたこども園の担任の保育者は母親の話を聞き，園長に報告を行った。

4）母親との面談

翔くんがこども園を欠席するようになり1週間が過ぎた頃に，担任の保育者と主任保育者が家庭訪問を行った。翔くんは姉とゲームをして元気に遊んでいた。夏休みの平日は，NPO法人が実施しているひとり親子育て支援のレスパイトに参加をしている。当こども園や他の保育所から数人の子どもが利用している。土曜日，日曜日は，こども園の友達の潤くんや和也くんと遊ぶことが多い。

担任と主任の保育者は，母親と翔くんの今後について話し合った。母子家庭で母親が仕事（看護師）をして家庭を支えているために，普段，翔くんとの時間がなかなかもてていないこと，翔くんのこども園での「つらさや」「悲しみ」を十分に理解してあげられなかった後悔があった。また，今の翔くんはこども園に行きたいと思っていないので，再び友達と元気に遊びたいと思うまでのんびりさせてあげたい，と気持ちを吐露した。母親は，初めて翔くんの発達障がいに対してどのように受けとめて子育てをしたらよいのか，不安な気持ちも打ち明けた。また，雅樹くんに対しては距離を置くように配慮してほしいと要望を伝えた。担任と主任の保育者はこども園に戻り園長に報告を行った。

5）レスパイトサービスでの翔くんの様子

翔くんは不登園になってしばらく経ってから，NPO 法人が実施しているひとり親子育て支援のレスパイトサービスに参加するようになった。以前に当法人が夏休みに実施していた日帰りキャンプに参加していたことがきっかけである。

母親が NPO 法人の理事長にこども園での出来事を相談した。理事長は，レスパイトサービスが翔くんの「第3の居場所」となるのであれば，利用することに意味があるだろう，と利用を快諾した。理事長は，夕方のスタッフミーティングで母親から聞いた翔くんとのコミュニケーションの注意事項を説明した。翔くんとのコミュニケーションでは，翔くんが伝えたいことをゆっくり丁寧に傾聴することを共通認識として，スタッフで確認し合った。

レスパイトサービスには，週3〜4日通っている。他の保育所の子どもたちも通ってきている。レスパイトサービスでは，「お絵かき」「おもちゃ遊び」「昆虫探し」「水遊び」「お昼寝」などのメニューが組まれている。

職員とボランティアの大学生が，子どもたちの支援をしている。最初の頃，翔くんは1人でお絵かきなどをしていたが，ボランティアの大学生の服部さんが関わるようになり，少しずつ話をするようになった。他の子どもたちとも職員やボランティアがそばにいるため，関われるようになっていった。

（3）援助の方向性

こども園では，翔くん（5歳）のケースカンファレンスが実施された。先日の家庭訪問の報告が担任及び主任の保育者から報告された。ケースカンファレンスにおいて，こども園における支援・翔くんと母親に対する支援に関する目標は次のように決定した。また，個別支援計画は表10-1の通りとなった。

　　長期目標：元気にこども園に登園できるようになる。
　　短期目標：友達（雅樹くん）との関係の改善。

（4）経　　過

不登園中は，家族で旅行に行ったり，姉や潤くんや和也くんと遊んだり，レ

表10‐1　翔くんの個別支援計画

支援内容	担当職員	方　　法	目　　的
こども園とNPO法人の職員との定期的なケースカンファレンスの実施	園長 主任保育者 担任保育者 他の保育者・看護師 NPO法人職員	園長とNPO法人職員が定期的に連絡を取り合い，登園に向けた支援を話し合う。	翔くんの問題の共通認識。 登園に向けた協働支援。
こども園の翔くんに対するクラスでの話し合い	主任保育者 担任保育者	クラスの園児同士が話し合う場を設ける。主任保育者と担任保育者は園児の発言を注意するのではなく，障がいの捉え方を学べるように助言する。 園児たちの翔くんの良い所の認識。	障がいを差別化しない正しい障がいの捉え方の学習。
翔くんが過ごしやすいこども園の環境作り	主任保育者 担任保育者	潤くんや和也くんを含めた小グループでの活動の提示。	グループワークにおける相互作用の活用。
母親に対するフォーマル・インフォーマルの社会資源の情報提供	園長 主任保育者 担任保育者	主任保育者，担任保育者が家庭訪問をした際に，母親の困りごとに対して社会資源の情報提示をする。	地域における家庭の孤立化の予防。

出所：田部宏行作成。

スパイトで職員や大学生ボランティアと接したりして，翔くんは楽しく過ごした。潤くんと和也くんは，こども園で翔くんのことを話し合ったことを告げた。みんな，翔くんが欠席していることを寂しがっていることを伝えた。翔くんは，小さな声で「雅樹くんは？」と尋ねた。潤くんや和也くんは「雅樹くんもだよ」と答えた。

　翔くんは不安な気持ちの中，母親に送られてこども園に登園した。校門では，担任の保育者が笑顔で出迎えた。担任の保育者は，不登園の期間に数回家庭訪問をしたために，翔くんとも仲良くなっていた。潤くんと和也くんも元気に声をかけてくれて砂場で遊んだ。3人で遊んでいると担任の保育者と雅樹くんがやってきた。翔くんは，少し緊張した表情を見せた。雅樹くんは3人の会話に加わることなく砂遊びをしていた。担任の保育者が意図的に4人に話しかけることで雅樹くんも会話に入ることができた。

（5）解　　説

　本事例は，母子家庭で発達障がいを抱える園児が，こども園で友達にからかわれたことがきっかけで不登園になったケースである。こども園におけるソーシャルワークでは，園児と「家庭環境」「こども園等の保育環境」「地域環境」の3つの環境調整が必要となる。本事例では，1人の園児が友達とのトラブルにより不登園になったケースであり，不登園の子ども自身に対する支援は，臨床心理的には「元気」を取り戻すことである。ソーシャルワークにおいては，子どものストレングス（強み・長所）と社会資源のストレングス（強み・長所）を結び付けることが重要である。支援者は母親の子どもの最善の利益のアドボケイト（代弁）を尊重することが求められる。

　こども園の担任の保育者が孤立することなく，園全体で取り組み，保護者・レスパイトサービスを行う NPO 法人が協働して，チーム体制で個別支援計画を立て，役割分担に基づく支援が実施（メゾ的視点）されたことは評価できるであろう。さらに個別支援計画においては，個別支援（ミクロ的支援）としてこども園では「クラスでの話し合い」「グループワークにおける友達遊び」が実施された。NPO 法人では安心できる人間関係づくりが実施された。不登園になった子どもと家庭を，こども園や NPO 法人といった地域の社会資源の協働システムの中で支えることができた。

　　　考えてみよう・話し合ってみよう

① 本事例におけるジェノグラム・エコマップを作成しよう。
② あなたの地域の社会資源を調べよう。
③ 不登園に陥る子どもの背景要因と不登園児と家族支援を考えてみよう。

注
⑴　障がいのある子どもが身近な地域で発達支援を受けられる場所であり，児童発達支援を行う施設である（児童福祉法第6条の2の2）。児童発達支援については，第2章5参照。

第11章

子ども家庭支援の現状と課題

1　保育者の専門性の向上

（1）高度な専門性が求められる保育士

　これまで見てきたように，保育所保育士には高い専門性が求められてきている。他の児童福祉施設との対比でいえば，地域によっては乳児院や児童養護施設との垣根が低くなっている現状にある。「登園を嫌がる子ども」「トイレットトレーニング」（第7章）などの事例は，もはやどこの保育所でも見られる当たり前の実態であり，「特別な配慮」として挙げられた「子育て不安」等の事例についても，これまで以上に大きな課題として保育所に重くのしかかる事例といってよい。

　こうした事例に対応しうる子ども家庭支援が，「新たに」求められているかといえば決してそうではない。実は保育所が児童福祉法で施設として位置づけられた当初から，子育て家庭はもちろん，その地域まで包含して支援するべきとされていた。厚生省初代保育課長であった吉見静江は，「保育所の第一の責任は子の保育にあり，第二はその家庭環境の充実向上にあり，第三には社会環境の開拓改善にある」「第一の保育はもとより保母本来の使命であるが，第二はこれを相当徹底的になすためには専門のケースワーカーを必要とするのであって，…（中略）…そして保母と緊密なる連絡の下に子どもの入所の決定に際しての家庭調査その他欠席児童の家庭の訪問，そこにある問題の解決に対する助力等ケースワーカーとしての仕事を進めることによってその子の育成を容易ならしめることに努力している。第三は，保育所の隣保的機能の発揮であって，所長その他施設の責任者はその所在地の児童福祉に対する思想の普及徹底，地区福祉施設の拡充強化等この分野の開拓に努力して地区的児童福祉の増進に努めるべきである」と述べている。[1]

保育所が子どもの保育だけでなく，その子の家庭環境の充実向上，さらには社会環境の開拓改善を行う施設であるとすれば，家庭環境や社会環境の変化に敏感に対応する保育所法制度であってしかるべきである。

（2）保育者の専門性向上に向けたバックアップはあるか

　もっとも，政府が事例に見られるような変化に何も対応していないわけではない。これまでも，保育所保育指針の改定とそれに伴う保育士養成課程の改変などが行われてきた。さらに，処遇改善を目的に新設された「保育士等キャリアアップ研修」も専門性を向上させる手段といえる。

　保育士等キャリアアップ研修とは，保育現場におけるリーダー的職員の育成に関する研修のことで，2017年から各都道府県等で行われている。研修は，専門分野別研修とマネジメント研修，保育実践研修の3つに分けられている。専門分野別研修の専門分野を列挙すると，①乳児保育，②幼児教育，③障害児保育，④食育・アレルギー対応，⑤保健衛生・安全対策，⑥保護者支援・子育て支援の6つである（1分野15時間以上）。保育現場で，それぞれの専門分野に関してリーダー的な役割を担う者が研修の対象となっている。

　本研修の「ガイドライン」によれば，たとえば「保護者支援・子育て支援」研修のねらいは「保護者支援・子育て支援に関する理解を深め，適切な支援を行うことができる力を養い，他の保育士等に保護者支援・子育て支援に関する適切な助言及び指導ができるよう，実践的な能力を身に付ける」であり，その内容として，保護者支援・子育て支援の意義，保護者に対する相談援助，地域における子育て支援，虐待予防，関係機関との連携，地域資源の活用の5つが挙げられている。目新しい点は，「虐待予防」が1つの柱になっている点と，「関係機関との連携，地域資源の活用」の「具体的な研修内容（例）」の中に，「『子どもの貧困』に関する対応」が盛り込まれている点である。また，障がいや発達障害，医療的ケア児の保育については，別の科目「障害児保育」で学ぶことになっている。しかし，外国にルーツのある子どもの保育についてはガイドラインには盛り込まれておらず，都道府県等の研修実施機関に任されている。

　保護者支援・子育て支援が行われる場面は，このようにクラス担任の場合もあれば，特に「特別な配慮」を必要とする事例であればクラス担任を窓口に園

長ほか全職員に及ぶ場合もある。いわば，「リーダー的な役割を担う」職員だけでなく，全職員にスキルアップが求められている。筆者はこのスキルを「保育ソーシャルワーク」と考えている。

「保育ソーシャルワーク」とは「保育とソーシャルワークの学際的・統合的な概念として位置づけられ，子どもと保護者の幸福のトータルな保障をめざし，その専門的知識と技術をもって，保育施設や地域社会における特別な配慮を必要とする子どもと保護者（障がいや発達上の課題，外国にルーツをもつ子どもや家族，育児不安，不適切な養育，虐待や生活上の課題）に対して行われる支援」[2]である。「保育ソーシャルワーク」を全職員のスキルにした上で，「特別な配慮」をもつ子ども・家庭が集中しているような地域など，必要に応じて保育所における相談援助の専門職として「保育ソーシャルワーカー」を設置することも検討の余地がある。

政府は2020年度新規事業として「保育所等における要支援児童等対応推進事業」を立ち上げた。これは，保育所等（保育所，認定こども園または小規模保育事業所）において，保育士等が有する専門性を活かした保護者の状況に応じた相談支援などの業務を行う地域連携推進員（仮称）の配置を促進し，保育所等における要支援児童等（要支援児童，要保護児童及びその保護者等）の対応や関係機関との連携の強化，運営の円滑を図るものである。

この地域連携推進員（仮称）の業務は，①保育士等が有する専門性を活かした保護者の状況に応じた相談支援，②市町村や関係機関と連携し，子どもの状況の把握・共有及び地域の専門機関や専門職等との関係性の構築，個別ケース検討会議に参加し，状況の提供及び共有，③他の保育所等への巡回支援などの実施，④運営の円滑化のため，地域の子育て支援や虐待予防の取組等に資する地域活動への参加等の実施，となっている。「保育ソーシャルワーカー」の制度化と見てよい。

（3）「質の高い保育」こそ最善の「子ども家庭支援」

2012年に子ども・子育て支援法が成立し，2015年4月から子ども・子育て支援新制度（新制度）がスタートした。新制度は①質の高い幼児期の教育・保育を総合的に提供，②保育の量的拡大・確保，③地域における子ども・子育て支

援の充実の3つを目的としている。

　子ども家庭支援に最も適しているのは，乳児保育を含む「質の高い保育」である。新制度がスタートして5年以上経つが，「質の高い保育」ばかりか「保育の量的拡大・確保」という目的も達成されていない。新制度が「質の高い保育」を実現するための手段としたのが職員配置基準の改善である。3歳児を20対1から15対1に，4・5歳児を30対1から25対1に，1歳児を6対1から5対1に改善する予定だったが，予算確保できないという理由から3歳児の改善以外は見送りとなっている。

　筆者は，「質の高い保育」にするには実践検討会が必要不可欠と考えている。そのためには，日常の実践を意識的に丁寧に行える職場環境はもとより，日常の実践を振り返られる時間と空間，実践を振り返り文字にして実践記録にする時間，書いた実践記録を相談できる仲間，そして実践記録を検討できる職員集団や専門職集団との複数の「三間」が用意されなければならない。すなわち，労働環境や職場環境の改善・充実が子ども家庭支援の課題である。

2　施設養護における家族再統合

（1）施設を利用している子どもと家族

　児童福祉施設には，乳児院や児童養護施設などの子どもが暮らしている施設と保育所や児童発達支援センターなどの子どもが通所する施設がある。本節では，児童養護施設などの子どもが暮らしている入所施設における家庭支援を考える。

　施設を利用している子どもたちの家族について考える時，子どもたちが施設に入所した理由が参考になる。厚生労働省による「児童養護施設入所児童等調査の概要」（2018年2月1日現在）によれば，養護問題の発生の主な理由は以下のようになっている。児童養護施設に入所している子どもの場合，父親あるいは母親の放任・怠惰が17.0％，父親あるいは母親の虐待・酷使が22.5％，父親あるいは母親の精神疾患が15.6％，養育拒否が5.4％，破産等の経済的理由が4.9％となっている。さらに，児童養護施設の子どもたちの中で虐待経験のある子は65.6％もいた。また入所時の保護者の状況では両親または1人の親がい

る児童養護施設の子どもは93.3％であった。

　児童養護施設のほとんどの子どもたちには親がいるが，虐待・親の放任といった保護者からの不適切な対応があった家庭であることが多い。また保護者の疾患，経済的困窮といった支援が必要な家庭も多い。このことは乳児院など他の社会的養護の施設に入所している子どもの家庭においても同じようである。障害児入所施設については厚生労働省調査（2019年3月26日時点）によれば，福祉型・医療型ともに措置による入所は虐待（疑いあり），保護者の養育力不足という理由が多い。障害児入所施設に入所している子どもたちの家庭も，社会的養護の施設の子どもたちの家庭と同じように虐待があり，不適切な養育環境であることが多い。このように施設に入所している子どもたちの家庭には，長期的かつ多様な支援が必要であることが多い。

（2）施設を利用している子どもと家族への支援

　施設では，子どもたちの将来を見据えながら日々の暮らしを育んでいる。そして，施設に入所したほとんどの子どもたちには親や家族がいる。子どもたちの将来を考える際，子どもだけでなく親や家族のことも含めて考えなければならない。特に，子どもの家庭復帰や家族再統合を目指している場合は，家庭への支援は重要なこととなる。

　家庭への支援で大きな役割を果たすのが児童相談所である。児童相談所は入所した子どもの保護者に対して，必要に応じて児童福祉司指導などを行う。児童相談所は，子どもとの面会等の約束の実行，子どもとの関わり方，生活の改善など子どもとの生活が可能になるために，必要な様々なことを指導する。そして，指導を受け問題が改善したことが確認できたら，子どもたちは家庭復帰することができる。

　そして一方，施設においては児童相談所から示された計画等に基づき，家族の状況を見ながら段階的に支援を行っている。たとえば最初は家族との面会を行う。その面会の際に職員も同席することから始める場合もある。そして家族で外出する。外出の際も職員が同伴することがあったり，外出時間を少しずつ長くしたりする。その後，自宅への1泊の外泊，連泊といったことを実施している施設が多い。

また，子どもが施設をいずれ退所して家庭に戻っていくにあたり，安心して地域で生活できるようにするために，関係者会議がしばしば開催される。関係者会議には，児童相談所職員だけでなく，家族と生活することになった時に子どもたちが通うことになる学校の先生や保育所の保育者，市町村の福祉担当課職員，民生委員などの子どもと家族を取り巻く地域の関係者が参加する。また面会や連絡が滞りがちな家庭の場合，施設は家庭訪問などを行い，保護者とのつながりが途切れないようにしている。さらに施設では退所した後も子どもと家族の支援（アフターケア）も行っている。

　このような施設における家庭支援は，家庭支援専門相談員（FSW）が中心になって行われることが多い。家庭支援専門相談員は，社会福祉士や精神保健福祉士などの資格を有する者といった任用の要件がある専門職員であり，児童養護施設，乳児院，児童心理治療施設，児童自立支援施設に配置されている。施設の子どもたちの家庭支援を行う時，家族と関わるだけでなく，施設内の職員との連携，施設外の様々な機関や専門職員との関係調整などをしなければならない。そのため職員連携，地域におけるソーシャルワークといった視点をもった専門性が要求される。子どもたちの家庭支援を考える時，このような専門性をもった家庭支援専門相談員は，すべての施設に必要な職種であると考える。

（3）子どもと家族への支援のために

　家庭復帰を前提にして，施設に入所する子どもたちは少なくない。子どもたちが再び家族と一緒に同じ家に暮らすということは，子どもたちにとって大切なことではある。しかし，家族が一緒に生活することだけでなく，子どもと家族がよい関係を再構築し，再び問題が生じないようにすることが重要なのである。

　そして，施設は子どもたちを養護するとともに，退所した子どもが自立できるように援助を続けなければならない。そのため施設に入所した子どもの自立のために，必要な時には家族への支援も行わなければならない。このように，施設ではアフターケアについても考えなければならないことである。そして，施設における家庭支援を行う時に忘れてならないことは，その支援は子どもにとって最もよいことであるのか，子どもが望んでいることであるのかというこ

とである。

3　子育てしやすい社会の実現に向けて

（1）孤立した育児から見守られる育児へ

　日本の子育ての現状として，子どものいる家庭の多くが感じていることに，子育ての孤立，不安，負担感の3つが挙げられる。これまで見てきたように，地域に根づくことが難しい家庭環境（転勤，単身赴任，離婚の増加）による孤立した育児，子育てに協力してもらえる家族・親族が身近に不在，近隣との付き合いが疎遠であること，少子化により地域に子育て家庭が少ないなど，孤立感の背景には様々な要因がある。子育ての孤立をなくすためには，母親・子育て中の家族が交わることができる場を提供することが大切である。同じ境遇にある子育て中の母親同士だからこそわかり合える子育ての困難や不安感はお互いに対話し，共有することで不安の解消，心身のリフレッシュにつながる。子育て家庭がつながりにくい現代社会において，身近な地域の中で，子育てサークルや親子教室，子ども食堂など，子育て中の親と子どもが集いやすい居場所づくりの場などで，何気ない会話ができる交流の機会を意図的に設けていくことが必要である。

　また，育児の孤立，不安，負担感を「安心」に変えるためには，妊娠から出産後，その後の育児に関して一貫した体制で身近に相談でき，専門的なアドバイスが受けられるシステムが望まれる。フィンランドを例にすると「ネウボラ」という心と体の健康に関わる出産・育児の相談所が，各居住地区に点在している。母親のお腹の中に子どもが誕生した時から就学までの間，ネウボラで定期的に子どもの成長を観察し，医師による定期健診，予防接種，歯科検診，育児の悩み相談が無料で行われる。あるネウボラでは担当の保健師の部屋は温かみのあるデザインの机や椅子が並び，おもちゃの用意された部屋で子どもを遊ばせながら40分という相談時間でゆったりと話を聞いてもらうことができる。ネウボラでは病院，保育園，学校との密な連携もされており，必要な情報やサポートをスムーズに得ることができる。

　このように，育児に関わる相談と対応の一体的・統一的な仕組みがあること

で，乳幼児期の子育て家庭は見守られている安心感をもつことができるであろう。日本でも「ネウボラ」を基にして，子育て世代包括支援センターを設置し，社会で子育てを見守る体制がつくられている。この仕組みを十分に活用し循環させていくために，様々な施設や機関・専門職がつながり協働し合うことが求められる。

（2）錯綜する育児情報・支援量の充足と質保障

　様々な情報が飛び交う現代の社会では，SNS等を通じて手軽に育児に関する情報を得ることができる。離乳食の進め方，誤飲やけいれんが起きた時の対処法，ベビーシッターや託児といった預け先など情報を簡単に検索することが可能であるが，一方で誤った内容や不確かな情報も数多く掲載されている。そのため，より適切で正確な，信頼のおける育児情報を得られる仕組みが必要である。

　インターネット上の多様な情報を取捨選択し，確かな情報を得る方法を情報提供することも必要である。たとえば，自治体や専門職（医師・保健師・助産師・保育士等）が監修したSNSのサイトを設けるなど，信憑性，根拠のある育児情報を発信し，子育て家庭が周知しやすくし，身近に利用できるようにすることが必要である。またSNSや溢れるネット情報に振り回されず，頼りすぎないことも大切である。顔を合わせて言葉のやり取りを交わし合える育児交流の場・つながりをもてる場は，SNSで多くの情報を得るよりも確かな安心感をもたらしてくれるだろう。

　もう一つの課題として，子育て家庭への支援において利用のしやすさの保障，また支援量の充足と質保障の問題がある。子ども家庭支援を行う施設や機関で様々な支援を展開していても，敷居が高く利用しづらいという場合も見られる。子育て家庭の心の「よりどころ」となって安心感が得られるよう，気軽に利用しやすい支援環境づくりを心がけることも大切である。

　また多様な子育て支援や保育の支援が設けられていても，その地域で数量的に充足されていないために，必要な家庭が利用できていない課題もある。たとえば，保育所の待機児童問題や，一時預かり事業を実施していても常に予約がいっぱいで利用ができない，病児保育があっても自宅や勤務先から遠方で利用

しづらいといった例がある。地域ニーズを把握し，子育て支援の量を充実させていかなければならない。さらに保育が多様化して企業型保育，小規模保育，ベビーシッターなども増えてきているが，人材の専門性や質が問われている。支援機関による保育事故防止や保育の質の保障，向上も不可欠である。

（3）子育て負担の課題と社会への働きかけ

　現代では共働き家庭が増え，父親の育児休業や働き方の見直しがいわれているが，その一方で依然として父親が早朝から深夜まで仕事中心で平日のほとんどが不在，父親が単身赴任で休日以外は不在といった家庭も少なくない。子どもが父親と顔を合わせて会話する時間がなく，実質的に父親不在の家庭もある。そのような家庭では，母親のひとり育児，いわゆる「ワンオペ育児」（第 9 章 5 参照）となっており，母親が 1 人で仕事，家事，育児のすべてをこなさなければならないため，精神的・身体的負担が増大している状態がある。このような家庭では，深夜遅くに帰宅する父親との会話も減少し，母親は家事・育児負担が過重となり，ストレスが蓄積，深刻化した場合は親のストレスが子どもに向かい，不適切な養育・虐待が生じるケースも少なくない。

　こうした家庭においては，まず母親の精神的，体力的負担を十分に受けとめ，心境を聞いて支え，適切な相談支援，保育の支援等とつなげていくことが必要である。そして，ひとり親家庭を含め，このような子育て家庭の実情について，支援に関わる保育者が声を上げていき，社会全体で育児負担の軽減につながる支援の充実，子育て家庭の働き方の改善や父親の育児休業取得の推進等，社会変革の必要性を社会に働きかける，いわゆるソーシャルアクションも必要である。

　また子育ての負担感については，子どものいる世帯における経済的負担感がある。日本における子どもの貧困化の現状について，第 1 章で触れたように，子どものいる世帯の貧困化，特にひとり親家庭においてはより深刻化している。『子どもの貧困白書』では，世帯の経済的困難は，子どもにとって「不十分な衣食住」「学習環境の不足」「低学力・低学歴」「低い自己評価」「不安感・不信感」「孤立・排除」「虐待・ネグレクト」などをもたらしやすいと述べられている。このような家庭における経済的負担増や貧困化が続く中では，子どもの育

ちがゆがめられていく。子どもの貧困化は親の就労状況と深い関連があり，子育て家庭の就労の安定，困窮する子育て家庭の経済的保障・子どもに対する公的支出の充実といった政策的課題も忘れてはならない。

このように，子育て家庭を社会・地域全体で支えていく仕組み，環境づくりが必要である。家族基盤が不安定な状況であると，心身のゆとりがなくなり，最も弱い立場の子どもに影響が及び，育ちが阻まれ，深刻化すると虐待につながることもあるだろう。そのような悪循環のサイクルに陥らないように，地域・社会が早い段階で歯止めをかけていけるよう根本的な支援策が必要である。

また地域ぐるみでセーフティネットをつくることも重要であり，保育・福祉・医療・教育現場などを中心として子どもを守る地域ネットワークづくりが求められている。その地域ネットワークにおいては，それぞれの施設・機関等が重層的につながり合っていくことが欠かせない。そしてその中で大切なのは，複眼的視点のもと，監視の目ではなく，見守りの目を持つことであるだろう。最初から子育てが完璧な親はいない。子どもが育っていくと同時に親も親として少しずつ育っていく。そして親が心のゆとりがもてると子育ての喜びを感じ，より一層子どもを愛おしく感じることができる。

さらに親が穏やかな目で子どもを見るようになることで，子どもが安心感をもち，自己肯定感を育み，自然と笑顔が増えていくだろう。このような親子関係・家族の好循環を生み出すためには，子育てしやすい社会・地域づくりを一人ひとりが意識して創造し，社会全体で子どもの育ち，家族を支え合う観点が求められる。その第一歩として，子どもと家族へ温かいまなざしをもちつつ，お互いに関わり合っていくことが大切である。

注
(1) 吉見静江「保育所」厚生省児童局編『児童福祉』東洋書館，1948年，120-121頁。なお，原文は旧漢字であるが本文では新漢字に修正している。
(2) 伊藤良高「保育ソーシャルワークとは何か」日本保育ソーシャルワーク学会監修，鶴宏史・三好明夫・山本佳代子・柴田賢一責任編集『保育ソーシャルワークの思想と理論』（保育ソーシャルワーク学研究叢書①）晃洋書房，2018年，8-9頁。

参考文献

・第 2 節

厚生労働省子ども家庭局・厚生労働省社会援護局障害保健福祉部「児童福祉・施設入所児童等調査の概要（平成30年 2 月 1 日現在)」2020年。

厚生労働省社会・援護局障害保健福祉部障害福祉課障害児・発達障害者支援室「障害児入所施設の現状（平成31年 3 月26日時点)」2020年。

前田敏雄監修，佐藤伸隆・中西遍彦編『演習・保育と相談援助 第 2 版』みらい，2014年。

二宮祐子『子育て支援』萌文書林，2018年。

・第 3 節

子どもの貧困白書編集委員会編『子どもの貧困白書』明石書店，2010年。

全国保育士養成協議会監修，西郷泰之・宮島清編『保育者のための児童家庭福祉データブック』中央法規出版，2020年。

渡辺久子・トゥーラ・タンミネン・髙橋睦子編著『子どもと家族にやさしい社会　フィンランド』明石書店，2009年。

あとがき

　本書を利用してくださった皆さんは，本書を基に子どもと家庭への支援についての学びを深められたことと思います。子どもと関わる仕事を目指して学んでいる方，保育所，幼稚園，施設などで子どもと家族を支えている方などに役立てていただける内容と思っていただければ幸いです。

　子どもと関わる現場で働きたいと思っている人，そういった現場に関わっている私たちは，誰もが子どもの幸せを願っています。子どもたちが幸せになるためには，子どもたちが暮らす家庭が安定していることが大切です。家庭が安定するためには家族の皆が幸せに感じられるようにすることが大切です。そういった家族の中で暮らせることが子どもの幸せにつながります。

　本書での学びは，子どもと家族が幸せになるための支援に役立てていただけるものだと思っています。そして，子どもや家族が幸せになるための支援の実践と理論・技法について学ぶために，本書を役立てていただけると幸いです。子育ての現場では，よりよい支援活動ができる人が求められています。よりよい支援活動を実践するためには，理論に基づいたものでなければなりません。そうでなければその実践は，子どもを中心とした支援の軸を見失ってしまうこと，またその場限りの空虚なものとなってしまうことがあります。本書は有意義な実践により，社会貢献のためのお手伝いができるものと思っています。子どもと家族の幸せに役立てていただき，すばらしい社会をつくることにつながることを心から願っています。

　2022年3月

吉村　讓

索　引

著者紹介 （所属，執筆分担，執筆順，＊は編者）

＊吉　村　美由紀（編著者紹介参照：第1章，第4章1・3，第8章4，第11章3）

徳　広　圭　子（岐阜聖徳学園大学短期大学部幼児教育学科教授：第2章1・2）

豊　田　和　子（名古屋柳城女子大学こども学部教授：第2章3）

遠　藤　由　美（日本福祉大学教育・心理学部教授：第2章4）

井　原　哲　人（白梅学園大学子ども学部准教授：第2章5）

加　藤　由　美（名古屋文化学園保育専門学校教員：第3章1〜4）

＊藤　田　哲　也（編著者紹介参照：第3章5・6）

加　納　愛　美（瑞穂市保健師：第4章2，第8章1）

田　邉　沙　織（豊田市事業所内託児施設保育士：第4章4，第8章7）

水　野　香　代（子ども家庭支援センター麦の穂心理療法担当職員：第4章5）

浦　田　雅　夫（京都女子大学発達教育学部教授：第5章）

＊吉　村　　譲（編著者紹介参照：第6章1・2，第11章2）

小　田　良　枝（名古屋芸術大学人間発達学部准教授：第6章3，第8章8）

長　棟　李　奈（児童養護施設合掌苑保育士：第6章4）

平　田　朋　美（岐阜市子ども・若者総合支援センター専門アドバイザー心理士：第7章1，第8章3）

簗　田　美智代（元・瑞穂市立保育所所長：第7章2・4）

田　丸　みどり（金城学院大学・岡崎女子短期大学非常勤講師：第7章3）

栁　澤　友　美（恵の実「ホップくん」管理者：第8章2）

加　藤　智　功（母子生活支援施設きーとす岐阜リーダー・少年指導員：第8章5，第9章4）

小 堀 智恵子（熱田福祉会保育士：第8章6）

原 田 裕貴子（すみれ乳児院家庭支援専門相談員：第9章1）

貝 田 依 子（児童養護施設三光塾主任児童指導員：第9章2）

池 戸 裕 子（児童心理療育施設桜学館児童指導員：第9章3）

福 田 晶 子（子ども家庭支援センターさくらセラピスト：第9章5）

武 内 由 美（瑞穂市役所幼児教育課子育て相談員：第10章1）

児 玉 あ い（元・放課後等デイサービスゆう保育士：第10章2）

田 部 宏 行（障害者地域生活サポート相談所青空理事長：第10章3）

田 部 直 美（障害者地域生活サポート相談所青空支援員：第10章3）

中 村 強 士（日本福祉大学社会福祉学部准教授：第11章1）

編著者紹介

吉村美由紀（よしむら・みゆき）

2008年　日本福祉大学大学院修士課程修了。
現　在　名古屋芸術大学教育学部准教授，全国児童養護問題研究会編集部委員。
主　著　『施設で育った子どもたちの語り』（共編）明石書店，2012年。
　　　　『しあわせな明日を信じて2──作文集　乳児院・児童養護施設の子どもたち・3年後の便り』（監修）福村出版，2012年。
　　　　『みらい×子どもの福祉ブックス　子ども家庭福祉』（共著）みらい，2019年。
　　　　『五訂 保育士養成課程 福祉施設実習ハンドブック』（共編）みらい，2019年。
　　　　「社会的養護研究 Vol. 1」（共編）創英社，2021年。

吉村　譲（よしむら・ゆずる）

2004年　日本福祉大学大学院修士課程修了。
現　在　岡崎女子大学子ども教育学部教授。
主　著　『人が人らしく生きるために──人権について考える』（共著）唯学書房，2013年。
　　　　『生活を創る子どもたちを支えて』（共編）福村出版，2013年。
　　　　『社会的養護の若き実践者のために「どうしようこんなとき2」』（共編）三学出版　2017年。

藤田哲也（ふじた・てつや）

2011年　日本福祉大学大学院修士課程修了。
現　在　岐阜聖徳学園大学短期大学部幼児教育学科専任講師。
主　著　『しあわせな明日を信じて2──作文集　乳児院・児童養護施設の子どもたち・3年後の便り』（共著）福村出版，2012年。
　　　　『外国人の子ども白書──権利・貧困・教育・文化・国籍と共生の視点から』（共著）明石書店，2017年。
　　　　『外国人の子ども白書──権利・貧困・教育・文化・国籍と共生の視点から 第2版』（共著）明石書店，2022年。
　　　　『みらい×子どもの福祉ブックス　社会的養護II』（共著）みらい，2019年。
　　　　『みらい×子どもの福祉ブックス　社会的養護I』（共著）みらい，2020年。
　　　　『子どもの理解と保育・教育相談』（共著）みらい，2021年。

「そだちあい」のための子ども家庭支援

2022年4月30日　初版第1刷発行　　　　　　　　　　（検印省略）

定価はカバーに
表示しています

	吉　村　美由紀
編著者	吉　村　　　譲
	藤　田　哲　也
発行者	杉　田　啓　三
印刷者	江　戸　孝　典

発行所　株式会社　ミネルヴァ書房

607-8494 京都市山科区日ノ岡堤谷町1
電話代表 (075)581-5191
振替口座 01020-0-8076

© 吉村美由紀ほか, 2022　　　　　共同印刷工業・新生製本

ISBN978-4-623-09358-8

Printed in Japan

「そだちあい」のための社会的養護

遠藤由美編著
Ａ５判／276頁／本体価格2500円

子どものニーズをみつめる児童養護施設のあゆみ

大江ひろみ・山辺朗子・石塚かおる編著
Ａ５判／304頁／本体価格3000円

ジェネラリスト・ソーシャルワークにもとづく社会福祉のスーパービジョン

山辺朗子著
Ａ５判／224頁／本体価格2500円

ソーシャルワーカーのための養護原理

北川清一著
Ａ５判／244頁／本体価格2800円

福祉専門職のための統合的・多面的アセスメント

渡部律子著
Ａ５判／272頁／本体価格2800円

主体性を引き出す OJT が福祉現場を変える

津田耕一著
Ａ５判／232頁／本体価格2500円

―――――ミネルヴァ書房―――――
https://www.minervashobo.co.jp/